우리 민족의 나아갈 길

한국 민족 정신 사상

Korean People Ideology

김연경 편저

편저자 **김연경**

중앙대학교 사회개발대학원 지역사회개발학과 석사.
1급 정사서, 1급 전문카운슬러, 문헌연구가.

우리 민족의 나아갈 길
한국 민족 정신 사상

© 김연경, 2019

1판 1쇄 인쇄__2019년 03월 20일
1판 1쇄 발행__2019년 03월 30일

편저자__김연경
펴낸이__이종엽
펴낸곳__글모아출판
　　　　등록__제324-2005-42호

공급처__(주)글로벌콘텐츠출판그룹
　　　　주소__서울특별시 강동구 풍성로 87-6, 201호
　　　　전화__02) 488-3280 **팩스**__02) 488-3281
　　　　홈페이지__http://www.gcbook.co.kr
　　　　이메일__edit@gcbook.co.kr

값 15,000원
ISBN 978-89-94626-79-6 03190

우리 민족의 나아갈 길

한국 민족 정신 사상

Korean People Ideology

김연경 편저

글모아출판

민족정신은 우리들의 마음 심층에 자리 잡고 있으면서 우리의 주체성을 형성한다. 그러면서 이것은 문화교류의 역사를 따라 외래의 종교와 사상들을 받아들인다. 그리하여 민족사상을 형성하게 되는 것이다. 한국사상은 결코 고정화되어 있는 것이 아니라 민족정신을 기초로 하고 형성되어 가는 것이다. 풍류도가 한 때는 도교를 받아들이기도 했다. 신라와 고려시대에는 불교를 받아들여 우리의 사상을 형성해 갔으며, 조선왕조시대에는 유교를 받아들여 우리의 사상을 형성해 갔고, 오늘날에 와서는 기독교를 받아들이면서 또한 우리의 사상을 형성해 가고 있다. 그러나 이것은 결코 유행 따라 종교사상을 바꾸어가는 줏대 없는 한국을 말해주는 것이 아니다. 다만 우리의 영성이라 할 넓은 민족정신이 세계 종교들을 받아들여 자신의 것으로 만들면서 성장해 가는 것을 뜻한다.

우리의 민족사상은 실로 세계 종교사상들을 흡수하여 이룩한 새롭고도 방대한 것이다. 한국의 지도자들은 물론이고 장차 한국문화를 이끌어갈 학생들은 마땅히 우리의 민족사상을 습득하지 않으면 아니 된다. 자신의 사상적 전통을 모르고는 우리의 주체성은 물론 정체성마저 잃게 될 것이기 때문이다.

활발한 국제화 시대에 살면 살수록 자신의 정체성이 분명해야 한다. 아무리 국제화 시대가 된다 해도 우리는 한국인으로서 우리의 문화를 발전시키면서 국제사회의 일원이 되어 인류의 복지향상에 공헌하게 되는 것이다. 우리는 결코 미국의 일부이거나 일본의 일부가 될 수는 없는 것이다. 우리는 한국인으로서 한국문화를 지킬 때 스스로 행복할 수도 있는 것이며, 또한 세계문화 발전에 공헌할 수도 있는 것이다. 그러나 오늘날 한국의 문화적 실정은 자못 혼미와 자아상실의 위기감을 불러일으킨다. 한마디로 민족정신과 민족사상에 대한 관심이 흐려져 가고 있다고 해야 할 것이다.

오천 년의 역사가 이어지고 있다고 한다. 우리의 것은 무엇인가, 우리의 정신은 무엇인가, 우리의 주체성은 무엇인가 다시 한 번 생각하게 되었다. '기록하는 민족만이 살아남는다'는 잠언과 더불어 가치있는 기록을 되새기며 확인하는 민족으로서의 긍지를 다시 한 번 다지자는 뜻이 여기에 담겨지는 것이라고 할 수 있다.

올바른 역사의 기록은 하루아침에 이루어지지 않는다. 천릿길도 한 걸음부터라는 말이 있지만 올바른 역사는 '오늘의 올바른 기록은 내일의 올바른 역사가 된다.' 조급한 마음에서 우리의 마음 사상 주체성을 찾아보려고 하였으나 마음대로 되지 않았다.

이 책은 우리 민족의 나아갈 길 한국 민족정신 사상을 위해 앞서간 학자 선배님들의 연구 노력한 온고지신(溫故知新)—옛것을 익히고 나아가서 새 것을 창조하려고 노력하였으나 마음대로 되지 않았다. 옛것을 새로이 밝히는 데 새로운 노력을 더욱 경주하였다.

그동안 정신적 안정으로 김중권, 안태경, 김영안, 이의현 박사님, 사랑과 지혜로 김성태, 김재원 목사님, 백광재 동문님께 감사드린다. 그리고 출판을 받아주신 홍정표 사장님께 감사드린다.

언제나 새로운 의욕을 주는 안순희, 김희선, 김희정, 김승석에게 무한한 사랑을 전한다.

　　그러나 또 다시 남북한 이데올로기가 대두되고 있다. 북한은 공산주의 남한은 민주주의 통일론 언제까지 대립되어야 하는가? 자유 민주평화통일만이 우리 민족의 살아갈 길이다. 남북한 우리 민족 간의 갈등과 전쟁을 포기하고, 하나님의 사랑과 은혜로 우리의 살아가는 길은 만국의 인류를 구원하신 하나님을 구원으로 계층, 지역, 남한과 북한 자유 민주평화통일을 위해 하나님께 축원기도한다.

2019년 2월
강천서방에서 김연경

차 례

머리말 _____ 5

제1장 한국전통사상의 개관

1. 홍익인간과 전통윤리관 ···································· 13
2. 홍익인간과 민족주체사상 ······························· 21
3. 인간의 가치관 ··· 31
4. 자연과 인간의 관계 ·· 39

제2장 예절과 효도·충효사상

1. 예절과 효도 ·· 56
2. 효도란? ·· 59
3. 충효일치사상의 한국적 전개와 특징 ··············· 63

제3장 화랑도와 삼국통일

1. 화랑도의 개관 ··· 77
2. 화랑도의 연원과 5계 정신 ······························ 89
3. 화랑도의 가치관과 조직체제 ·························· 95
4. 통일을 위한 저력으로 ···································· 99
5. 신라사회와 화랑도의 역사적 전개 ·················· 106

제4장 풍류·신명·신바람·신명풀이

1. 풍류도와 민주적 인간상의 확립 ················· 131
2. 한적 영성의 형이상적 구조 ················· 139
3. 한국인 신명·신바람·신명풀이 ················· 147

제5장 세속오계·새마을운동·국가개조

1. 세속오계 ················· 166
2. 새마을운동 ················· 170
3. 국가개조의 비전 ················· 178

제6장 현대평화사상과 기독교

1. 한국의 사상과 평화 ················· 199
2. 한반도의 평화적 완전통일과 삼신일체사상 ················· 220
3. 기독교는 침묵하며 행동하는 종교이다 ················· 241
4. 기독교는 한국문화의 소금과 빛인가? ················· 244

참고문헌 _____ 248
국가와 민족을 위한 기도문 _____ 249

제1장

한국전통사상의 개관

전통사상의 개관을 논술하기 전에 전통이란 무엇인가를 알아보기로 한다. 우리들은 흔히 전통이라 하면 옛날 고루한 것이므로 별 쓸모없는 것으로 생각한다. 우리가 옛것을 배우고 역사적 사실을 배우는 것은 고전에 "溫故而知新"이라는 뜻이 있듯이 과거의 여러 사실을 이해하고 파악해서 잘못을 거울삼아 두 번 다시 전철을 밟지 말고, 좋은 사실들은 현실에 적용하여 현대적 의의를 찾자는 데 역사나 고전을 배우는 보람을 가질 수 있듯이 우리의 전통문화나 전통윤리사상도 그와 같은 의미와 관련을 지니고 있다고 하겠다.

그러므로 옛것이 없다면 전통이란 말조차 없는 것이다. 그렇다고 전통이란 옛것만을 전부 말하는 것은 아니다. 전통이란 그대로 하나의 계통을 오늘날까지 전한다는 의미이다. 하나의 계통이 있기 위해서는 과거의 역사와 문화 및 사상이 있었다고 전통이 있는 것도 아니다. 전통이란 과거에도 있었고 미래에도 있어야만 한다. 그러므로 현재에도 있는 것이지만 과거에도 있었던 것이 아니면 안 된다. 전통이란 과거부터 현재·미래까지 계속해서 있는 것이라는 뜻이 아니라, 변화하는 역사 속에서 변치 않는 것으로 즉, 변화하면서 변치 않는 것이 곧 전통이다. 그러면 변화하면서도 변하지 않는 것이 무엇일까 하는 것이 문제점인 것이다.

천지만물 중에서는 시시각각으로 변화하고 조성되고 또 소멸되는데 변화하지 않는 것이 무엇일까? 삼라만상은 변화하지 않는 것이 없다. 춘하추동의 사계절을 보더라도 봄의 따스한 분위기 속에서 싹이 트고 여름의 기후에 알맞게 성장하고 가을이 되면 결실을 가져오고 겨울에는 시들어 없어진다. 이같이 만물은 시시각각으로 변화를 거듭한다. 그러나 사계절이 바뀌고 또 거듭 시작되는 그 자체는 불변이다. 그것은 변화하는 가운데서 변화하지 않는 것은 우리 눈으로 우리 오관으로 감지할 수 없다.

그러나 전통은 자연의 법칙을 두고 말하는 것은 아니다. 그것은 역사의 개념이기 때문이다. 따라서 전통은 우리 인간의 역사에 있어서 그와 같은 것이 있다면 그것을 일러 전통이라 말할 수 있다. 그것은 우리나라의 역사적 흐름 속에서 그 맥락을 찾는다면 의리정신이다.

환언하면 전통이란 고정된 관습이나 인습과는 구별되는 것으로 우리 자신들이 스스로 긍정하고 신뢰하는 마음으로부터 문제되는 것이다. 이것은 우리가 반드시 지켜나가야 할 보편타당성이 있다고 말할 수 있는 가치의식이요, 누구나 그 보편타당성을 자각하고 이를 계승하여 자기창조를 형성해 나갈 필요성을 느끼게 하는 것이다. 역사적 변천이 있더라도 이를 넘어서 자기동일성을 유지하는 것이 전통이라 할 수 있다.

한국전통사상은 특정시대의 사상을 고정화하여 이를 강조하는 성질의 것이 아니고 선조들이 남긴 정신과 사상을 다시 음미하고 재창조함으로써 항상 새롭게 이어져야 할 것이다.

이와 같은 전통개념의 의미를 살려 우리나라의 역사 속의 전통사상의 개관을 살펴보기로 한다.

1. 홍익인간과 전통윤리관

1) 홍익인간의 전통윤리관

단군신화에 대한 기록은 ≪삼국유사≫, ≪제왕운기≫, ≪세종실록지리지≫ 등에서 찾아볼 수 있는데 ≪삼국유사≫에는 곰과 호랑이가 사람이 되려는 것과 환인 천제의 아들인 환웅은 본래 하늘 세계의 신으로서 인간이 되려는 의지, 이것은 자연 상태에서 인간 상태로 바꾸려는 역사적 의지로 볼 수 있다. 여기에 역사의 시작이 있고 역사의 이론이 있으며 자연 그대로가 아니고 자연을 바꾸어 인간다운 인간으로 변혁하려는 역사적 의지로 볼 수 있다.

따라서 우리 민족이 인간을 중심으로 하여 세계를 보려는 신앙중심사상으로 그 맥을 갖고 있음을 볼 수 있다.

또 환웅이 이 땅에 와서 단군을 낳고 나라를 열게 된 건국이념으로서 '홍익인간'을 말하였는데 이것은 인간세계를 다스리고 만백성을 교화하는 원리로 삼은 것이다. 홍익인간의 깊은 뜻은 최초 우리 민족의 윤리사상의 바탕이 되었고 민족의 주체의식을 형성하는 힘이 되어 인간중심주의를 형성하는 전통사상의 연원이 되었던 것이다. 이같은 전통사상은 신라의 화랑정신, 천도교의 인내천 사상 등에 이르기까지 가치관 문제에 영향을 주어 왔다.

홍익인간의 윤리적 정신 속에는 인류애와 박애의 정신이 나타나 있다. 천의에 의한 인간애는 마음의 덕으로서 인이나 겸애와 같은 무조건 인간애로 생각할 수 있다.

한편으로 인간을 유익하게 함이란 하늘로부터 부여받은 진실무망(眞實無妄)한 환웅의 선의지 영향으로 타인을 사랑하고 이롭게 함이며, 여기에서 바람직한 가치관을 찾아볼 수 있는 것이다. 이 같은 환웅이 인간에게 선의지사상(善意志思想)을 마치 고전의 충서(忠恕: 충실하고 동정심이 많은 사상)이나, 맹자의 측은지심과도 상통하는 것이다. 우리 민족은 나라가 형성될 때부터 남을 사랑하는 정신을 갖고 있었다는 것은 우리 민족의 자각된 민족주의 주체정신의 표상이요, 인본전통의 연원이 된다고 볼 수 있다.

원래 우리 한국인의 뇌리 깊이에는 '사람중심', '나라중심', '가족중심'의 정신적 핵을 가지고 있었다. 즉, 정신적 물질은 각각 하늘(天)과 땅(地)을 대신하며, 하늘과 땅 사이에 있는 존재가 사람(人)이라는 생각이 우리의 고유한 전통사상이다. 그리하여 경천애인(敬天愛人) 하나님=하느님(the Almighty God)을 공경하고 인류애를 사랑함이라고 할 수 있다.

2) 화랑의 정신

화랑의 정신은 단군신화에서부터 배태된 고신(古神)도 사상에다 유교 불교 도교의 사상에서 융화된 것이 바로 화랑정신이라 볼 수 있다. 특히 원광법사의 세속오계인 '사군이충, 사친이효, 교우이신, 임전무퇴, 살생유택'이란 오계 속에서 화랑정신을 엿볼 수 있다. 충, 효, 신이 유가적 요소라면 살생문제는 불교적 요소인인 듯하다. 서로 도의를 닦고 시와 음악을 즐기는 것, 명산과 산천을 찾아 즐기는 것, 등은 도교적인 요소가 많이 포함되어 있다고 하겠다. 삼국사기에 의하면 화랑도에는 겸손, 검소, 관용이란 삼덕행이 있었다. 이 같은 삼

14

덕은 그 당시의 윤리사상의 기초라 볼 수 있으며, 인간 도의실천의 덕목으로 볼 수 있다.

또 우리가 여기에서 주의해야 할 것은 화랑정신(花郞精神)은 외래적 사상인 유(儒), 불(佛), 도(道) 사상만으로 이루어진 것이 아님을 이해해야 한다. 그 속에는 고래로부터 면밀히 내려온 전통적 고신도 사상이 뿌리 깊게 내재하고 있음을 알아야 한다. 김유신의 경우를 살펴볼 때 그가 무술을 연마할 때 깊은 산 속의 석굴에서 하늘에 맹세했다는 기록에서 엿볼 수 있다. 김유신과 같은 화랑은 고신도 사상 위에 외래적인 유, 불, 도의 사상을 조화하여 민족과 국가의 발전에 이바지했음을 알 수 있다.

다시 말하면 화랑정신 속에서 충효사상(忠孝思想)은 비록 외래적 사상의 수용이라 할지라도 고래의 고신도 사상 위에 융화되어 확고한 전통윤리사상(傳統倫理思想)의 초석을 이루었다고 할 수 있다.

3) 여말의 의리사상

주자학이 고려·충렬왕 때 원나라로부터 안향(1243~1306)에 의해 전래된 후로 오경을 중심으로 한 인간가치관에 대한 해석과 평가가 여러 양상으로 나오기 시작했다. 특히 사회적 변동과 정치적 혼란으로 새로운 역사관과 현실의 정세에 대한 비판의 소리가 높아짐에 따라 성리학자 간의 견해는 이대 양상으로 나타나게 되었다.

하나는 고려 말의 정치적 혼란과 사회적 문란, 특히 국민경제의 피폐로 1고려조를 더 이상 유지하기가 불가능하다고 생각했던 신세력파와 고려조를 지속하면서 쓰려져가는 사회와 정치를 중흥하려는 보수 세력파로 나누어지게 되었다.

이 때 역사적 상황에 대한 판단과 재래로부터 내려오던 의리를 중심으로 한 윤리관에 대하여 다 같은 성리학자이면서 그 입장과 견해가 다르게 나타났던 것이다. 즉 의리를 중심으로 한 보수 세력과 현실상황에 대처하는 신세력으로 양립하게 되었다. 주자학이 전래된 이래 백이정(白頤正), 이색(李穡)에 이르기까지는 불교와의 대립의식을 가졌으나, 정몽주(鄭夢周), 정도전(鄭道傳) 이후부터는 그 입장을 달리하여 그들의 역사관과 가치관의 대립을 나타나게 되었다.

정몽주의 도학사상과 의리사상의 흐름은 성리학자인 길량(吉兩), 김숙자(金叔滋), 김종직(金宗直), 김굉필(金宏弼)에게로 각 전수되었던 것이다. 또 이 같은 사상은 퇴계(退溪), 율곡(栗谷)에게로 맥락이 이어져서 이조전통윤리사상의 근간을 이루었고 특히 임진왜란과 병자호란의 양란 때에는 의병사상으로 연결되었음을 생각할 때, 이것이 바로 선비정신의 발로라 하겠다.

그러므로 조선조의 도학사상의 정통을 말한다면 정도전 계열보다 정몽주 계열의 학맥을 연원으로 보아야 한다. 그 이유로는 인간의 내면적 정신을 강조하고 만고불변의 도덕의식을 주장하는 의리사상에 주력하고 있기 때문이다. 반면에 정도전 계열은 인간성의 개발보다 그 당시 상화에 대처하는 만큼 관념적 의리나 인간가치관보다 인간의 의지적 연마와 지식개발, 문화의식을 개발하는 데 중점을 두는 역사관이나 가치관을 자주 말하고 있다.

이상에서 찾아볼 수 있듯이 고려 말 성리학파 중에서 이학파(理學派)는 의리사상(義理思想)을 주안으로 한 절의파(節義派)에 속하고, 이를 보수파(保守派) 또는 사림파(士林派)라고도 한다. 기학파(氣學派)는 훈구파로서 혁신파에 속하는 경향이 많았다. 그러나 정몽주파의 절의사상은 선비적 기풍과 의리사상의 강상(綱常: 사람이 지켜야할 근본적인 도리)을 뿌리내린 윤리적 정통으로서 조선조에 선비적 가치관을 확립하는 데 그 공적이 크다고 할 수 있다.

4) 조선 도학자의 전통윤리

이조가 성립됨과 동시에 건국이념으로 숭유정책을 감행하게 되었다. 그러나 무오사화, 갑자사화의 양대 사화로 김종직, 김일손(金馹孫) 등과 김굉필(金宏弼), 정여창(鄭汝昌) 등 많은 성리학자들이 희생되었고 또 기묘사화(己卯士禍), 을사사화(乙巳士禍)로 도학자로서 의리정신에 투철한 사람들이 많은 수난을 당했다. 이와 같은 사대사화로 말미암아 사림들의 선비정신은 그 당시 사회의 귀감이 되었고 의리정신은 확고하게 부각되어 갔던 것이다. 그래서 이 16세기는 유교이념을 기초하여 이룩된 사회라고 할 수 있고, 의리사상을 심화(深化)하여 온 도학자들이 가장 심한 곤란을 당한 시기로 볼 수 있다.

특히 성리학의 쌍벽을 이루고 있는 퇴계·율곡에 와서는 인간가치관 문제를 더욱 심도 있게 다루어 더욱 선비정신과 의리정신을 천명하였다. 중국의 성리학자들은 우주본체론 문제에 더 중점적으로 구명하였다면, 한국의 성리학자들은 인간의 내면적 가치관에 더 관심을 기울이고 있으므로 인간의 성리에 대한 문제이면서 선악과 정사(正邪: 올바름과 사악함)와 관계되는 의리정신에 힘쓴 것임에 분명하다. 그래서 한국의 성리학자는 인간성의 본질문제를 구명하는 본체론적인 측면과 역사적 사회적 상황에 있어서 행위의 준칙과 규범을 제시한다고 하는 현실적 윤리측면을 동시에 구비하고 있다.

특히 선비들이 임진왜란, 병자호란의 양란을 통하여 국가의 충과 의로 나타난 것이 바로 선비들의 의리정신이라 볼 때, 이 같은 정신은 하루아침에 이룩된 것이 아니라 단군의 '홍익인간'의 발로인 의리정신을 시발점으로 하여 고래로부터 면면히 내려온 우리 민족의 전통윤리의 맥락이라고 볼 수 있다.

더군다나 이조의 퇴계와 율곡의 인심도심문제에 있어서 인간가치관의 중요성을 강조함으로써 의리사상에 입각한 전통윤리가 확고하게 되었음을 알 수 있다.

5) 실학파의 전통윤리

우리나라의 실학사상은 성리학의 연속으로 생각하는 학자도 있고, 성리학의 반동으로 일어난 별개 독립된 사상이라고 하는 학자들의 견해로 나눌 수 있다. 초기 실학자들은 대부분 성리학사상을 잘 이해하고 있는 상태에서 실학사상을 생각해 냈기 때문에 성리학의 연장이 실학으로 보는 견해라고 볼 수 있고, 후기실학자들은 성리학의 반동으로 독립된 실학으로 보는 경향이 있다. 특히 임진왜란과 병자호란의 양난 이후로 사회가 피폐할 대로 피폐하여 특히 이용후생의 경제적인 면을 강조할 시대적·역사적 요청에서 실학이란 새로운 학파가 형성된 것으로 이해할 수 있다. 반계 유형원(磻溪 柳馨遠, 1622~1673)을 비롯하여 성호 이익(星湖 李瀷, 1680~1763) 홍대용(洪大容, 1731~1783) 등을 거쳐 다산 정약용(茶山 丁若鏞, 1762~1836)에 이르러 더욱 발전을 보게 되었다.

특히 홍대용은 학문에 있어서 의리의 학, 경제의 학, 사장(詞章: 시가와 문장)의 학으로 나누고 어느 하나도 빠질 수 없으며 그리고 의리학(義理學: 사람으로서 지켜야할 바른 도리)이 학문의 근본임을 말하였다.

생각건대 실학파의 윤리관을 종합해 보면 정덕(正德), 이용(利用), 후생(厚生) 세 가지에서 이용, 후생에 중점적으로 말하고 있음은 역사적·시대적 조류에 부합한 주장이라고 생각할 수 있다. 그러나 관념적이고 가치관의 근원인 정덕을 경시한 것은 아니라고 본다. 고전에 '근본이 선 다음 길이 있게 마련'이란 것과 '덕(德)이 근본이요 재(財)가 끝이 된다'라고 하였는데 근본과 끝을 모르고 실학사상을 주장한 것이라고 보지 않는다. 성리학자들이 너무 관념적인 문제에 치중하여 현실의 문제를 잘 모르고 있기 때문에 이용, 후생의 경제적·사회적 문제를 강조한 것이라고 본다.

특히 우리가 생각할 점은 정덕, 이용, 후생의 조화(調和)에 있다고 본다. 이 삼사가 조화를 이룬다면 고래로부터 면면히 이어온 전통적 가치관(傳統的 價値觀)이 잘 정립되어, 사회적으로 정치적으로 전통윤리관인 의리정신이 잘 발휘될 수 있을 것이다. 따라서 사회의 안녕질서가 유지되어 윤리관이 확립된 평화로운 사회가 이룩될 수 있을 것이다.

이상과 같이 우리나라의 전통사상은 단군의 '홍익인간'이란 건국이념 속에서부터 배태되었고 삼국시대로부터 고려 전기에는 중국으로부터 유입된 유학적 불교적(儒學的 佛敎的) 윤리사상이 근간을 이루어 왔으며, 고려 후기에 안향(安珦)에 의해 원나라로부터 주자학이 전래됨으로써 도학사상이 전통윤리사상의 원류가 되었다. 이는 조선 중기까지 지속되었다가 후기에는 실학사상(實學思想) 속에서 전통윤리사상으로 정립되었다. 전통윤리사상이 고래로부터 현대에 이르기까지 이어온 맥락은 바로 의리윤리라고 볼 수 있는데 이것은 단순하게 이루어지는 것이 아니라 지덕(知德)을 겸비한 바람직한 인간가치관이 정립되고 자기주체의식이 확립되었을 때 비로소 의리정신이 발로된다는 것이다.

현대는 전통윤리관이 사라지고 물질만능, 배금주의로 인간성 소외라는 것이 오늘날 사회의 실정이다. 이에 대해 어떻게 하여야만 전통윤리관을 확립해서 현세에 바람직한 인간가치를 정립하느냐 하는 것이 중차대한 문제인 것이다.

2. 홍익인간과 민족주체사상

1) 홍익인간의 뜻

홍익인간은 널리 사람을 유익하게 한다는 뜻이다. 이 '널리'라는 말 속에는 삼라만상이 사람과 관계되지 않는 것이 없으니 인간은 자연과 더불어 상호 유익한 삶이 되어야 한다는 것이다. 사람이 사람만을 위하다 보면 자연을 해치는 문화를 개발하여 공해를 만들고 인간과 인간의 관계를 불식하는데서 이타와 투쟁으로 약육강식인 전쟁의 역사를 만들어 가게 되는 것이다.

홍익인간의 정의

'홍익인간'이라 함은 모든 인간이 자연의 섭리에 입각한 자율적인 협동으로 행복한 생활을 추구하는 데 있다(弘益人間). 이를 위해서는 사람과 협동과 조화를 바탕으로 한 인간교육 환경개선이 필요하고(理化世界) 인간 상호 간의 신뢰조성을 위한 인류도덕의 사회제도가 이루어져야 한다(敬天愛人). 이 이념이 한민족의 철학이며 전통사상이다.

인간은 안으로 인간의 위계질서인 윤리도덕을 숭상하고 밖으로 자연을 사랑하고 모든 동식물들이 조화 있게 생존해 가도록 유지해 나가는 것이 인간의 행복한 터전을 이룩하게 되는 것이다. 이러한 절대적 진리를 우리의 조상들은 믿어왔고 또한 실천해 왔던 것이다. 홍익인간의 이념을 우리나라의 개국이념으로 삼은 것이 세계의 최초이며 인류의 번영과 평화를 이룩하는 데 기초를 이루었던 것이다. 그러면 홍익인간의 이념에 대하여 역사적 기록으로 한번 살펴보기로 한다.

아득히 먼 옛날 문화와 교통이 발달되지 못했던 시대에는 수백 년 수천 년을 자연과 더불어 서서히 인간문화가 진화되었으리라, 이것은 현재 고고학에서 차츰 증명되고 있다. 이처럼 한민족이 형성되고 집단생활을 하게 되면 거기에는 자연히 질서가 필요하고 교화가 필요하게 된다. 그래서 우리나라의 건국신화가 생긴 것이다.

이것은 세계사 속에서 이 지구상 곳곳에서 이루어졌던 문화의 기원 설화에서 발견되는 것이다. 희랍 신화와 그리스 신화 등에서 엿볼 수 있으며 그보다 훨씬 오래인 우리나라의 건국신화에서 분명하게 엿볼 수 있게 된다. 오랜 역사 고서로서 우리나라에는 ≪환단고기≫가 있다.

여기에 기록을 보면, BC 3898년에 환웅임금이 있어 도읍을 아사달에 정하고 나라를 세워 이름을 배달이라 하였다. 고기에서 옛날에 환인이 항상 천하에 뜻을 두고 인간세상을 탐내거늘 아버지가 아들의 뜻을 알고 삼위태백(三危太伯)-지금의 백두산을 내려다 보매 가히 인간을 널리 이롭게 할 곳인지라 이에 천부인(天符印) 밑에 내려와 이곳을 신시(神市)라 이르니 이분을 환웅천왕(桓雄天王)이라 한다. 그는 풍백(風伯)·우사(雨師)·운사(雲師)를 거느리고 곡(穀)·명(命)·형(刑)·선악(善惡) 등 무릇 인간의 360여 가지 일을 맡아서 인간세계를 다스리고 교화하였다.

환웅께서는 원주민인 호족과 웅족이 환웅을 섬기고 사람 되기를 원하므로 이들을 굴속에 수도장을 만들어 어려운 교육을 수련 중, 호족은 성질이 사납고 참지 못해 이탈하였다고 하며 웅족은 끝까지 참고 견디며 교육을 수련하여 환웅께서는 이를 받아 들여 천민과 똑같은 대우를 하니 이때부터 웅족과 천민이 결혼을 하게 되었다 한다. 환웅께서는 재위 94년에 세상을 떠났으며 아들 거불리 환웅부터 대를 이어 18대 거불단 환웅까지 1,565년의 역사를 이루었다. 그 후 손이 끊기어 새로운 왕을 구하던 중 환웅 왕족에 단씨와 웅씨 여인에게서 소생한 단군을 추대하니 성품이 어질고 영특하여 천하사를 달관

하는 도력이 높은 인재인지라 온 백성이 이 분을 선출하여 임금이 되니 때는 요나라와 같은 때였으며 기원전 2333년 10월 3일 국호를 조선이라 하고 초대 임금이 되셨다. 단군왕검께서는 환웅천왕의 교시를 이어받아 교화경을 널리 펴시고 치화경을 바탕으로 나라 백성을 크게 교화하니 온 백성이 착하고 예의바른 도덕사회를 이루었다고 한다. 또한 왕검께서는 후손에게 십계훈을 남겼으니 그 해석은 다음과 같다.

하늘은 하나이며 그 속에 만물이 있으며 너희 또한 하늘몸속의 세포와 같은지라 하늘이 명하는 이치대로 살아가면 오래 살 수 있지만 그렇지 않으면 일찍 죽고 병들고 고생되는 괴로운 삶은 면치 못한즉 오직 자연법칙의 이치에 따라 선하면 선의에 씨앗을 낳고 악하면 악의 씨앗이 몸속에 자리 잡아서 못 살고 가난하고 병들고 요절하는 것이 다 자신이 쌓은 죄이니 자연의 이치대로 서로 돕고 사랑하며 협력하고 단결하여야 너희가 영원토록 행복할 지어다. 이 말을 명심하여 대대로 이어가라는 교훈이 오늘날 건국이념이 된 홍익인간이념이다.

왕검께서는 재위 93년 동안 나라를 다스리다 묘향산에서 화천하시여 그분의 시신이 없다고 전하며 그 후 묘향산에 사당을 모시고 대대로 나라에서 재를 올렸다는 기록이 있다. 지금의 마니산 정상에 재단도 왕검의 아들 부루를 시켜 단을 쌓고 하늘에 재를 올리던 곳이며 대대로 그 행사가 이어지고 있다. 왕검께서 BC 2333년 무진년 10월 3일을 조선 역사의 초대 임금으로 오늘의 단기 기원이었으나 환웅시대의 연대를 합하면 BC 3898년이 된다. 그러므로 우리 민족의 역사는 단일민족으로 이어 온 것이다. 왕검의 대를 이어 47대 고연가 단군께서 손이 끊기여 이때부터 독립된 국가로 분리되어 신라·백제·고구려의 삼국시대로 이어졌다고 한다. 그 후 부여가 그 맥을 이었다고는 하나 부여의 사록이 없어 안타까운 것이다. 지금 다소나마 전해진 비서도 부여의 사록에서 전해진 것이라 한다. 이때의 사록 중에는 ≪환단고기≫·≪천부경≫·≪삼일신고≫·≪성훈팔리≫ 등이 있다.

2) 홍익인간이념의 원리

① 자연법칙 사상

자연은 우주를 말하는데 우주는 어떻게 되어 있으며 어떠한 관계 법칙으로 존재하며 우주와 인간과 만물의 관계를 구체적으로 연구해 보기로 한다.〈하늘의 개념〉

하늘은 끝도 없고 위아래가 없는 모든 위성이 점유하고 있는 공간을 말한다. 우리 인간이 살고 있는 곳은 우주 안에 있는 태양계의 지구이며 태양계는 우주의 한 개체로서 지구와 더불어 여러 개의 위성으로 구성되어 있다.

오늘날 과학은 수많은 태양계가 있으며 그 위에 또 다른 은하계가 있고 무한한 위성이 존재한다고 한다. 이와 같이 우주는 넓은 신비세계로 형성되어 있음을 알 수 있다. 마치 우주는 그릇을 포개듯이 태양계는 은하계 안에 있고 은하계는 또 다른 은하계 안에 있게 된다. 그러므로 지구를 태양계가 안고 있듯이 전체가 하나이면서 형상으로는 분리된 것처럼 보이는 것이다. 이는 우리 인간에게는 심장·위장·신장·간장·폐 등으로 분리되어 있는 것 같이 보이지만 인간의 신체를 보면 하나이듯이, 전체 위성은 일체이며 그 안에 개체인 위성들이 존재함을 알 수 있다.

② 우주는 개체의 집산이다.

우주는 형상과 공간으로 분리된다. 그러나 현미경으로 예리하게 관찰하면 공기 1mg에 수억 개의 세균과 생명체가 있음을 알 수 있다. 이렇게 본다면 이 우주 안에는 크고 작은 개체들로 집산되어 있음을 알 수 있다. 다만 눈에 보이는 것을 형상이라 하며 눈에 보이지 않는 것을 공간이라 했을 뿐이지 우주 전체는 유형물로 가득 차 있는 것이다.

③ 전체와 개체는 일체

다만 우리는 이 우주가 일체이면서 모든 태양계와 은하계가 그 모습을 달리하고 있으나 내면의 원리는 공통된다는 것을 알 수 있다. 예를 들어 어느 나무의 열매의 씨를 심으면 똑같은 나무 열매가 열림을 알 수 있다. 더구나 현대과학은 우리의 몸은 수억 개의 셀 수 없는 세포로 구성되어 있으나 그 사람의 세포 하나만 검출하여 조사해 보면 그 사람의 성격, 모습, 조직을 알 수 있듯이 실로 전체는 개체와 같으며 그 구성은 전체원리대로 되지 않은 것이 없다.

④ 위성은 조화체

우주에는 많고 부족함이 없으며 모든 개체가 생존해 나갈 수 있는 충분한 요소가 배분되어 있음을 알 수 있다. 인간은 호흡을 할 때 공기 중의 산소를 마시고 탄소가스를 배출한다. 그러나 식물은 이와는 반대로 산소를 배출하는 것을 보아도 상대성 공동체임을 알 수 있는 것이다. 이와 같이 모든 위성이나 생물·무생물 할 것 없이 개체가 취하고 버리는 것이 상대에게는 필요한 요소가 됨을 알 수 있다. 이러한 점들을 볼 때 서로의 조화가 잘 이루어진다 할 수 있는 것이다. 이 조화가 그대로 잘 보존되어야 하는데 인간이 이것을 파괴하여 조화를 깨뜨리는 것이다.

오늘날 인류문화는 가장 기본적인 공기를 오염시키고 자연조화를 깨뜨리는 결과를 낳게 되었다. 방에 연탄을 피우면 탄소가스가 많아져 사람이 생명을 잃게 되는 것을 볼 때 원래의 조화상태인 것을 인력으로 많게 하거나 적게 하여도 조화가 파괴되는 것이다. 자연은 풍화작용과 지질의 변동으로 적당히 조화를 유지하면서 변형해 가고 있다. 그러나 인간의 물질 남용으로 자연을 훼손하고 파괴하는 까닭에 기상의 이변이나 질병 등으로 인간은 자멸하고 있다는 것을 알아야 할 때가 온 것이다.

인간이 건강하다는 것은 신체 각 기관이 조화의 유지로 원만한 혈액순환이 이루어지기 때문이다. 사람이 음식물을 잘못 섭취하였을 때 어느 한 기관에 열이 발생하여 병을 얻게 된다. 열은 곧 그 기관에 균을 말하는데 그곳에 많은 균이 세포를 해치게 되므로 혈액순환은 정상을 잃게 되고 인체는 자연히 조화를 잃게 되어 병이 드는 상태가 되는 것이다. 마찬가지로 자연파괴는 지구의 병을 만들게 하는 원리가 되는 것이다.

그러므로 자연의 조화가 깨질 때 인간은 자멸하게 되고 인간의 신체적 조화가 깨질 때 인간은 질병이 발생하거나 재앙이 따르게 되는 것이다.

⑤ 위성과 협동

우주의 모든 위성과 개체들은 협동으로 이루어져 있다. 큰 위성들은 작은 개체들로 작은 개체들은 더 작은 개체들로 조직화되어 있는 협동체인 것이다. 태양계는 태양계의 위성으로 사람은 오장의 구성으로 나름대로 협동체인 하나의 원리로 이룩되어 있는 것이다. 인간의 모든 신체의 구조는 그 기관의 능력을 배양하는데 전체 세포의 결합으로 이루어졌다는 것을 알 수 있다.

가령 간장에서 심장으로 피를 보낼 때 간장에 전체 세포의 결합 없이는 심장으로 피를 보낼 수 없다. 설령 있다하여도 부분결합이므로 이루어진 병든 상태인 것이다.

다시 말한다면 간염이나 간암이라 하는 것은 간의 부분 세포가 그 기능을 잃은 상태를 말하는데 그 현상이 곧 전체 세포가 그 기능을 잃은 상태를 말하는데 그 현상이 곧 전체 협동이 없이 이루어지는 질병 상태로 나타나는 것이다.

이와 같이 우주의 삼라만상은 모든 개체가 협동체인 동시에 완벽한 능력을 소유하고 있음을 알 수 있다. 만약 그렇지 못하다면 자연의 파괴와 천재지변임을 알 수 있게 된다. 또한 인간은 자신의 주체의식에 의하여 인격이 형성되며 가정을 이루어 나간다. 그 가정이 협동체가 되지 못할 때 그 가정은 유지되지 못하는 것이다. 가정의 원만한 협동체가 그 사회에 반영되어 협동사회가 이룩되는 것이다. 그러므로 협동은 자연의 원리이며 인간에게는 삶의 수단이 되는 것이다. 국가의 애국도 세계의 평화도 이 협동 없이는 이룩되지 못한다.

⑥ 만상은 생사의 문이 있어 조화를 갖는다

사람이 태어나서 죽는 것처럼 모든 위성도 시간성이 있을 뿐이지 생사의 문은 어쩔 수가 없다. 인간은 태어나면서 늙을 때까지 세포는 시간성으로 새로운 세포가 생기고 죽고 하는 연속 속에서 성장하게 된다. 인간의 수명이 100년이라 한다면 그 순간까지 낳고, 죽는 세포의 수요는 이루 헤아릴 수 없이 많다. 이렇게 본다면 이 우주에 모든 위성은 우주 속에서 크고 작은 개체들이 생과 사의 시간의 차이를 가지고 이 우주를 이루어 가면서 에너지가 되고 있다.

인간의 모든 세포는 인간의 생명 연장과 에너지를 만들어주는데 그 생사가 인간을 위해서 있음을 알듯이 인간 또한 전체 자연 질서에 순응하면서 흡수하게 되는 생사의 문을 알 수 있다. 내가 낳은 것은 우연이 아니고 필연적인 것이며 죽음 또한 필요에 의해서 죽게 됨을 알 수 있다.

이는 달이 커졌다 다시 작아지는 원리와 같은 것이다. 그러므로 우주는 모든 개체의 변화를 요구하는 것이다. 그것만이 우주의 순환과 영원한 생명을 유지하는 수단이 되기 때문이다.

태양계도 없어졌다 다시 생기고 은하계도 마찬가지고 인간이나 만물 또한 같은 것이다. 그러나 그 속에는 우주의 세포로서 어차피 변화해야 하는 숙명임을 알게 된다. 우주가 있으므로 인간이 있게 된다. 우주와 자연의 연장을 위해서 내가 죽는다면 미래의 내 자손의 끝없는 삶의 터전이 되질 않겠는가.

나는 자연에서 태어나 자연으로 헛되지 않게 나의 맡은 바 책임을 다했을 때 미래의 자손들은 나의 존재를 인식할 수 있게 해주는 것이다. 역사가 그렇고 철학이 그렇고 문화가 그러하듯 만물은 죽지 않고 변화할 따름이며 영원한 것이다.

⑦ 민족의 주체사상

우리의 고대사를 잠깐 살펴보았다. 우리 조상의 건국이념이 '홍익인간'이었고, 생활철학이 또한 '홍익인간'이었다. 그리고 오늘날 교육헌장에도 명시하고 있다. 이처럼 홍익인간의 이념은 우리 민족의 전통사상이며, 우리 민족의 주체사상이다.

단군설화에서도 말한 것처럼 우리 민족은 하늘백성이다. 하느님이 직접 인간으로 크게 이롭게 하려는 이념을 세운 곳이 바로 한국이기 때문이다. 그래서 우리 민족은 다른 민족들이 믿고 있는 하느님의 피조물이라는 신념과 다르다.

아득한 옛날부터 인본주의와 인존사상을 이 세상에 펴서, 온 인류의 평화와 번영을 가르쳤던 우리의 조상들이라는 것을 다시 한 번 깊이깊이 생각해야 한다.

오늘날 물질문명의 본질을 이루고 있는 석유가 중동지역에서 대부분 생산되고 있다. 그러나 중동지역은 그 원료는 가지고 있지만, 그 석유 원료로써 모든 물질문명을 먼저 개발하지는 못하였다. 그렇기 때문에 자동차, 비행기, 섬유 등 모든 생활필수품은 오히려 역수입하고 있다. 이처럼 우리는 사상과 이념의 정신문화의 원료는 가지고 있다. 그러나 그 가공의 기술이 부족하였기 때문에 오히려 정신문화의 가공물을 역수입하게 되었다. 그 예가 서양의 종교와 철학을 수입하여 그것에 맹종하려는 현상이다.

사랑, 박애, 자비하는 사상은 홍익인간이라는 원료에서 유출되었다. 다만, 우리는 원료를 가지고도 갖가지의 가공기술이 부족하였기 때문에 도리어 그 가공품을 최고인양 받아들이고 있는 것이 오늘의 실정이다. 이제라도 늦지는 않았다. 우리 민족의 정통(正統)사상인 홍익인간의 이념은 세계 인류의 정신문화의 원료이다. 이 원료를 가지고, 부분적으로 갖가지 가공을 하고 있는 세계의 정신문화에 대하여 우리는 원료인 홍익인간의 이념이 제대로 잘 배합되었는가 아닌가를 판단하여야 한다. 이것이 우리의 조상에 대한 보답이며 하늘백성의 후예로서 해야 할 사명이다.

이처럼 한 민족의 주체사상은 쉽사리 없어질 수도 없고, 또한 쉽사리 이루어지는 것도 아니다. 오랜 역사 속에서 시련과 고난을 겪으면서 면면히 이어지는 것이기 때문이다.

이와 반면에 그 민족이 주체사상과 정통사상이 없어지면 그 민족은 망하고 만다. 바꾸어 말하면, 민족의 정신문화가 없어지면, 그 민족은 타 민족에게 흡수되어지고 마는 것이다.

홍익인간의 이념은 자아를 위주로 자신과 더불어 만유의 공존과 협동을 정립하는 데 있는 것이다.

한 가정에서, 나는 가정의 안녕과 행복한 가정을 이룩하고 지키는

데 일익을 담당하고 있으며, 내가 어질지 못하고 나 한 사람으로 인하여 그 가정은 파괴될 수도 있고, 나 한 사람의 노력으로 전체 가족의 화합을 이룬다면 나 개인의 능력이 얼마나 큰 것인가를 우리는 느낄 수 있다. 이와 마찬가지로 국가에 있어서도 국정에 의견을 제시하여 정치를 바로 할 수 있게도 되는 것이니, 우리는 데모나 군중시위가 당연지사로 여기는 민주이념을 초월하여 진정으로 정치인의 어려운 점이 어디에 있고 어떠한 관계로 구석까지 미치지 못하나 하는 것을 지혜 있게 생각하면서 이를 대화로써 깨우치고 사회활동으로 오류난 점을 계몽하기에 이른다면 설혹, 그 사회가 혼란하고 어렵다 할지라도 나 개인의 역량의 한계가 미치는 한, 모든 국민의 모범이 되어 민족을 일깨워서 복된 사회를 이룩할 수도 있는 것이다. 이와 나는 가정에서나 국가에서나 없어서는 안 될 사명감을 느끼고, 가정도 내 것이 되고, 국가도 내 것이라는 관념으로 적극성을 갖는다면, 이것이 바로 우리가 사는 이 땅에서 주체성을 뜻하는 것이다. 그러므로 한 나라의 흥망성쇠는 그 나라 국민 각자에게 주체성이 있느냐, 없느냐에 좌우되는 사실을 똑똑히 인식하고, 각성해야 한다고 생각한다.

이러한 주체성이 없는 사회 속에서는 물질문명이 고도의 성장을 이룬다 하여도 정신의 혼란에서 오는 파괴와 몰락의 결과만을 낳게 되는 것이다. 물질문명이나 정신문명이나 어느 것이든 인간을 유익하게 하지 못하는 것은, 주체의식인 홍익인간 이념에 위배되기 때문이다. 따라서 정치, 경제, 문화, 사회, 종교 등 모든 분야가 그 나라 주체사상과 철학을 바탕으로 널리 민족을 이롭게 하는데 그 목적이 있어야 한다. 그러므로 세계의 어느 민족보다 먼저 홍익인간의 이념을 신봉하며, 실천해온 우리 민족은 자랑이 아닐 수 없다.

일찍이 우리 조상들은 웃어른을 숭배하고 아래 사람을 사랑하고,

남의 어려운 사정을 내 일같이 참여 협동하는 미풍양속이 지금도 우리 농촌에 가보면, 찾아 볼 수 있다. 이것은 서로를 사랑하고 협동하는 것은 곧, 내가 그 사회 속에서 유익하게 사는 법을 알았기 때문이다. 만약, 남을 업신여기면 그 사람이 나를 업신여길 것이니, 모두가 자기 자신을 위하여 도덕과 윤리를 잘 지키자는 것이지, 남을 위해서만은 결코 아닌 것이다. 그러므로 우리 조상들은 하늘의 이치에 순종하고, 자연을 사랑했으며, 동식물까지도 함부로 살생을 금해서 서로 사랑하고 서로 돕는 사회제도가 이루어졌던 것이다.

이 세상에 인간이 살고 있는 한, 이 이념이 아니고서는 인류의 평화와 행복은 있을 수 없다. 그러므로 위대하고 훌륭한 정신문화의 원류인 홍익인간의 철학을 우리도 이제부터 잘 가공하여 인류 세계에 본받게 해야 한다.

3. 인간의 가치관

1) 인간이란 무엇인가?

도대체 사람은 어디서 왔다가 어디로 가는가? 어떠한 관계로 생명을 유지하며, 어떻게 살아야 잘 사는 것인가? 이와 같은 생각은 사람이기 때문에 마땅히 하게 되는 것이며, 사람이기 때문에 이것을 알고 살아야 한다.

사람이 사람의 위치를 모르고, 또 삶의 가치를 모르고 살아가는 데서 전쟁과 파괴가 일어난다. 그리고 투쟁과 경쟁이 생긴다. 여기에서 인간은 나의 개체의 존재를 잘 모르기 때문에 전체를 망치고, 나 스스로도 망하게 되는 것이다.

오늘날 우리는 과학과 물질문명의 풍요 속에서 살고 있다. 아무리 과학이 발달하여 로켓을 타고 달나라를 간다 해도 인간은 인간 이상도 못되고 인간 이하도 못된다.

사람의 형상인 신체의 모습과 크기는 달라도 그 신체의 구조인 오장육부와 이목구비(耳目口鼻)는 변함이 없다.

천 년 전의 인간이나 오늘의 인간이나, 아프리카의 인간이나, 동양의 인간이나, 인간의 그 구조는 동일하다. 이래서 인간은 평등하고 인간의 개체는 동일한 것이다.

그런데, 세상의 인간들은 인간의 유익한 과학이나 물질을 개발하지 않고 그보다 사람을 죽이고 살인 무기와 파괴의 물질을 서로 경쟁하면서 만들어 내고 있다. 이것은 인간의 근본을 모르고 인간의 방향을 모르기 때문이다.

물고기가 살 수 있는 곳이 어항이냐? 시냇물이냐? 바다에서냐? 하는 세 가지의 구분을 놓고 생각해 보자. 이들이 살아가는 과정을 살펴 볼 때, 어항 속에 있는 물고기는 사람으로 하여금 먹이를 공급받으나, 시냇물이나 바다에 사는 고기는 자연적이고 천연적으로 스스로 먹이를 취하게 된다. 어항의 물고기는 사람이 먹이를 공급하여 주지 않으면 죽을 것이고, 시냇물이나 바다의 고기는 자연적으로 물이 마르면 죽게 된다. 또 바다의 고기가 민물로 옮겨도 죽게 된다. 이렇게 이들의 생물에게도 각기의 생명체에 알맞은 환경과 영양의 공급이 있어야만 그 생명을 유지해 갈 수 있다.

이 지구상에 나무가 없고 하천과 바다가 오염된다면 인간은 충분한 산소를 마실 수 없고 모두 오염된 음식물을 섭취하게 되어 마침내 인간의 죽음을 예상할 수밖에 없다. 그러므로 우리가 사는 지구가 오염되지 않게 자연을 보호해야 하며, 인간의 지혜로 이를 조화해 나갈 수 있도록 노력하여야 한다. 이처럼 인간도 우리가 살고 있는 환경, 크게 말하면 이 태양계이고, 작게는 이 지구 위가 사람이 살 수 있는 환경이다.

이러한 이치에 따라서 인간도 그 위치에 따라 살고 죽는 결과를 가져온다.

인간이 살고 있는 이 지구는 먼저 태양계와 어떠한 관계가 있으며, 또 인간과 지구는 어떠한 관계가 있는가 하는 것이다. 그리고 태양계와 지구의 순환하는 원리를 알아야 인간도 그 전체의 원리 속에서 자신의 개체를 유지할 수 있기 때문에 그 원리대로 살아 갈 수 있게 된다.

여기에서 인간이 잘 살아가느냐, 또 죽게 되느냐 하는 것을 알게 된다. 구체적으로는 인간이 인간다운 올바른 길을 걷고 있는지도 알게 된다.

현대의 과학이 우주의 베일을 하나하나 벗겨가고 있지만 아직도 그 원인을 알지 못하고 연구와 실험의 과정에 있다. 우리가 살고 있는 이 지구는 태양계의 부속품이며, 일부분이다. 인간이 살고 있는 이 태양계 외에도 크고 작은 태양계가 수없이 있다는 증명이 되어가고 있다. 그렇다면 이 태양계는 어떠한 것이며, 또 영원히 존재하느냐, 아니면 유한의 과정에서 어떻게 변화하고 있는 것인가.

일찍이 동방의 해 돋는 나라, 한국에서 위대한 성인이신 단군께서 하늘나라(태양계)의 섭리를 인간들에게도 가르쳐주기 위하여 홍익인간이란 이념을 가지고 그것을 구체적으로 밝히었다. 이것이 홍익인간을 하기 위하여 밝혀놓은 단군의 ≪삼일신고(三一神誥)≫이다. 이 ≪삼일신고≫에는 하늘의 이치를 설명한 천훈(天訓)과 신(神)의 이치를 설명한 신훈(神訓)과, 하늘나라의 이치를 설명한 천궁훈(天宮訓)과 세계의 이치를 설명한 세계훈(世界訓)과 인간의 진리(眞理)를 설명한 진리훈(眞理訓)으로 되어 있다(『동방의 밝은 빛』, 인간학회 참조).

우리가 하늘이라고 하면 저 창공을 생각하게 되는데, 그것이 하늘이 아니라 태양계로 말하면 태양과 지구와 그 밖의 모든 별들이 있는데 그 공간이 바로 하늘인 것이다. 하늘의 개념을 두 가지로 해석할수 있다. 첫째로 하늘의 개념은 앞에서 말한 것처럼 태양계의 공간을의미하고, 둘째로는 우주의 섭리를 의미한다. 이 종교적으로 무턱대고 믿는 사람들은 없을 것이다. 왜냐하면 인간의 지성이 1세기 때나, 15세기 때와는 달라졌기 때문이다.

현대는 우주의 섭리에까지 연구되어 가고 있으며, 지구 밖의 목성, 화성, 달, 그 밖의 태양계 전반에까지 우리 인간의 지혜가 미치고 있다는 사실이다. 이처럼 하늘이 무섭다, 하늘이 벌을 내린다, 하늘처럼 우러러 본다는 등의 이른바 숭천사상(崇天思想)은 동양의 전통사상이다. 그런데 여기에 담긴 숭천사상 즉, 하늘을 숭배하는 사상은 저푸른 공간을 보고 말하는 것이 아니라, 우주의 섭리 다시 말하면, 태양계의 모든 별들의 그 순환하는 법칙에 의하면 우리 인간이 존재하고 또 그 법칙에 따라 인간의 번영이 가능하기 때문에 그 우주의 섭리를 무섭게, 어렵게 여겨서 그것에 따라야 한다는 것을 옛날의 성현들은 하늘이라는 개념을 그렇게 절대적이고 지고지상(至高至上)의 존재로 설정하였던 것이다. 그래서 오늘날 우리가 하늘이라고 하면 우주의 공간을 뜻하게 되는 것이다.

더 깊이 철학적으로·이야기한다면 태양계, 나아가서 우주의 순화법칙 즉, 우주의 섭리를 뜻하게 된다.

이리하여 하늘의 법칙에 따른다. 또는 하늘의 이치에 쫓아라, 하는것이 모두가 우주의 순환원리에 쫓아야만 인간이 생존할 수 있다는뜻이다.

그러한 우주의 원리 속에서 인간이 태어났고, 또 인간이 살아갈수 있기 때문이며, 그 원리 그 법칙에 어긋나는 것은 인간의 진리가 아닐 뿐만 아니라 우주의 원리(섭리)에 어긋나기 때문이다.

예를 들면, 만약 지구가 태양을 1년 365일에 시간도 어김없이 돌고 있는데 그것이 어긋났다고 한다면 어떻게 되겠는가, 한번 생각해 보아도 알 수 있다.

이처럼 우주의 태양이나 인간이 살고 있는 이 지구나 또는 다른 별들도 그 순환하고, 즉 살아가는데 서로가 부딪치지도 않고 헐뜯지도 않고 다만 서로가 인력을 가지면서 공존해 가고 있다.

이것이 바로 우주가 존재하는 섭리이며, 또한 지구에도 만물을 존재하게 하는 섭리인 것이다.

가장 가깝게 살펴보자.

사람의 신체구조가 곧 바로 앞서 말한 바와 같이 우주의 순환원리(섭리)에 따라 이루어진 것이다.

인간의 오장육부의 존재와 순환원리를 살펴보아도 알 수 있지 않은가! 사람의 심장을 태양이라고 보면 그 밖의 간장, 위장, 신장, 폐 등은 태양계의 위성에 해당된다. 이처럼 인간의 신체구조로 보아서 심장이나 간장이 서로 따로 따로 논다고 생각해 보자. 그렇게 되면 그 사람은 병이 들게 되고, 아니면 죽어가는 사람이 되는 것이다. 그래서 건강한 인간은 이 오장육부가 맡은 바 질서를 유지해가며 기능을 다하는 때인 것이다.

이와 같은 이치는 인간과 인간과의 관계에서도 마찬가지이다. 내 몸의 오장육부와 같이 남의 존재도 나의 존재를 위하여 있다는 것을 잊어서는 안 된다.

작게 말하면 내 몸의 오장육부의 존재원리처럼 크게는 태양계의 존재원리가 곧 바로 인간의 존재원리인 것이다.

다시 말해서 개체는 전체와 통하며 전체는 개체를 위하여, 또는 개체는 전체를 위하여 존재 한다는 원리이다.

이것이 우주의 섭리이며 인간의 진리인 것이다. 따라서 사람의 몸속에도 태양이 있고, 달이 있고, 별이 있고 하늘이 있다. 이 지구 위에 존재하는 자연이나 만물이 모두가 태양계의 구성과 같이 개체도 조직이 되어 있는 것이다. 이와 같이 하늘은 한없이 크고 작은 개체가 대자연 속에서 서로가 밀착되어 있으며, 어느 것 하나라도 생명체가 아닌 것이 없다.

말하자면, 태양계도 전체로 보면 큰 몸을 가진 하나의 생명체인 것이다.

사람이 눈으로 보아서, 보이고 움직이고 자라나는 과정만 가지고 생명체, 무생명체로 구분하고 있지만, 사실은 태양계 내에서 기생하고 있는 세포에 불과하다.

이처럼 인간도 몸속에 수많은 세포들이 합하여 하나의 인간이란 생명체를 이루어 그것을 자라게 하는 것이다.

인간이 태어나고, 자라고, 늙고, 병들어 죽어가는 과정이 시간적으로 빠를 뿐이지 저 태양계의 과정과 같은 것이다. 따라서 만물은 작은 개체가 모여서 또 하나의 개체, 사람이나, 동물, 식물 등을 형성하게 되고, 그 개체는 또다시 모여서 사회나 국가, 또는 이 지구 위에서의 존재를 가능하게 하는 것이다.

그러므로 전체를 떠난 개체를 생각할 수 없으며, 반대로 개체를 떠난 전체가 있을 수 없다.

이와 같은 원리에서 볼 때 전체를 무시하는 개인주의는 진리가 아니며 또한 개인을 무시하는 전체주의도 진리에 어긋나는 것이다. 이것은 마치 손바닥을 보고 손 전체를 말하는 것과 같고, 손등만을 보고 손 전체를 이야기하는 것과 같다.

이러한 이치에서 오늘의 인간들은 삶의 진리에 있어서 새로운 인식을 가져야 될 것이다.

그것은 서로 협동과 조화로써 개체와 전체의 평화와 번영이 기약
될 수 있기 때문이다.

2) 삶의 가치관

인간이 만물의 영장이라고 말한다. 왜 만물 가운데서 인간이 가장
영리하고 고귀할까? 인간은 생각할 능력, 즉 사고할 수 있는 동물이
기 때문이라고 한다. 따라서 사람이 동물과 다른 것은 생각하고 창조
하는 능력을 가졌다는 사실이다.

사람도 모든 만물과 같이 생명을 유지하는 본능을 가졌음은 물론
이다. 그런데 그 본능을 조정하고 억제하는 능력이 다른 동물에게는
없으나, 사람에게만은 가지고 있다. 그래서 사람은 창조하고 개발하
며, 진리라는 우주의 섭리에 따라 무한하게 번영해 가는 것이다. 그
리고 또한 다른 만물을 지배하고 그들을 인간에게 유익하게 이용할
줄도 안다.

벼가 자라나서 열매를 맺으면 벼 포기는 말라 버린다. 사과도 꽃이
떨어지고 열매가 영글고 그 열매가 빨갛게 익으면 떨어진다. 이처럼
만물은 지구가 자전하듯이 순환의 원리에서 태어나고, 자라고, 그리
하여 어느 한도에 가면 없어졌다가 다시 또, 태어나고, 자라고 그리하
여 죽는다. 이러한 원리를 옛날의 성현들은 알았기 때문에 불교에서
는 윤회설을 말했고, 기독교에서는 영혼의 영원성을 말했던 것이다.

그러나 다만, 여기에서 사람의 씨는 반드시 사람이 된다는 것은
아니다. 왜냐하면 모든 생명체의 원소는 즉, 핵은 같은 것이다. 다만
그 원소의 결합의 비율에 따라 사람과 다른 동물과 식물이 구분된다.

그것은 ≪삼일신고(三一神誥)≫에서 밝혀 놓은 것처럼 사람은 성
(性), 명(命), 정(精)을 골고루 다 가진 것이고, 다른 만물들은 성, 명,

정을 골고루 가지지 못하고 어느 한쪽에 치우치게 가졌다. 예를 들면 동물은 명과 정은 가졌으나 성이 없다. 다시 말해서 사람처럼 이성이 없다. 그래서 사람도 이성을 잃어버리면 개와 돼지처럼 동물의 본능만 남게 되는 것이다. 이와 같이 사람에게는 교육과 수양이 필요하다.

이러한 원리에서 볼 때 오늘날 사람의 제 위치를 지키고 있는 이가 얼마나 되는가를 알게 될 것이다.

물욕, 색욕 이것들은 모든 동물들의 본능적인 욕구이다. 그러나 이와 같은 욕구는 그 생명체의 유지에 필요한 만큼 필요하다. 아무리 먹기를 좋아하고 욕심을 내어도 자기의 위장의 한도 내에서 필요할 뿐이다. 배부른 사람에게 또 밥을 먹고 싶은 욕심이 나지 않는 것은 바로 이와 같은 원리이다. 색욕도 마찬가지이다. 제 아무리 정력이 강하다 해도 한번 정욕을 채우고 나면 다시 체내에서 정력이 보충되지 않으면 정욕이 솟아나지 않는다.

옛날에 좋은 집을 천 칸이나 가졌어도 사람의 잠자리는 고작 8척의 침대면 족하고, 좋은 논밭이 수만 지기라도 사람의 먹는 한도는 고작 하루의 밥 세끼면 족하다고 하였다. 이와 같은 이치 속에서 사람이라는 고등동물이 개와 돼지처럼 그 동물의 본능에만 매어달려 필요 이상의 욕구를 한다는 것은 얼마나 슬픈 일이겠는가! 그뿐 아니라 남에게 도움을 주지 못할지라도 남을 해쳐가면서 자신의 욕심만을 채우려는 사람들이 있다면 이것은 어떻게 해야 옳을 것인가?

눈에 보이는 살인이나 강도만 죄가 되고 나쁜 것이 아니라, 보이지 않는 마음의 죄도 살인이나 강도와 못지않게 나쁜 것이다.

독재의 군주가 백성을 못살게 하는 것이나, 사업가가 종업원을 박하게 대우하면서 돈만 벌고 있는 것이나, 장사꾼이 거짓말을 하여 나쁜 물건을 속여 파는 것이나, 그 밖의 모든 생활면에 있어서 인간의 양심을 속이면서 개인만의 욕구를 충족시키려는 수단은 그야말로 살인이나 강도와 똑같은 나쁜 소행이 되는 것이다. 이러한 생각과 행동이 이 인간세상에서 계속되는 한, 이 세상은 평화와 자유가 유지될 수 없을 것이다. 그러면 인간의 가치는 무엇인가를 대략 짐작이 갈 것이다.

인간이 다른 동물과 다른 점이 앞서도 말한 바와 같이 생각하고 창조하는 능력을 가졌음이다. 이 생각과 창조의 능력이란 곧 삶의 원리를 알고, 그 원리에 따라 지나침도 없고 부족함도 없이 살아가는 능력이다.

그런데 이러한 인간의 능력을 자신만의 욕구를 충족하는 데 총동원되고 있다면 어떻게 될까? 각자가 개인주의로 개인 욕구대로만 살려고 한다면 그 사회는 항상 투쟁과 경쟁이 있을 따름이다. 이러한 현상을 없애기 위하여 정치가 필요하고 법률이 필요한 것이다. 그러나 그 정치와 법률이 바로 진리에 어긋나지 않아야 한다. 진리는 곧 우주의 섭리이며, 우주의 섭리는 곧 협동과 조화이기 때문이다.

오늘날 우리나라의 단군의 홍익인간 사상이 세계의 인류의 사상으로 평가되는 것도 바로 인간의 위대한 가치관을 갖기 때문이다.

저 아프리카의 정글 속에서 문둥병 환자들과 고락을 함께하고 그들의 병을 고쳐주면서 한평생을 살다간 '슈바이처'를 온 세상 사람들이 존경하는 이유는 무엇인가? 그것은 곧 남을 내 몸과 같이 생각하기 때문이며, 내일의 건강한 후손을 위한 크고 넓은 사랑이었기 때문인 것이다.

그러므로 인간의 삶의 가치는 돈이나 명예나 권력이 아니라, 나이외의 사람이나 만물에게 협동하고 조화하는 데 있다는 것이다. 이것이 바로 안정된 사회 속에서만이 자신의 복된 삶을 영위할 수 있는 것이며, 내일의 후손이 이 땅에서 행복하게 살기 위해서는 인간은 언제나 사랑과 봉사의 정신으로 임해야 하는 것이다.

4. 자연과 인간의 관계

1) 태양계의 변천

오늘날 과학자들은 지구의 연령을 40억 년, 태양계의 나이를 약 50억 년으로 추산하고 있다.

그렇다면 태양계의 나이는 인간의 나이에 비교하여 인간의 연령으로 보면, 지금 몇 살이나 되었을까?

태양계의 나이를 추산하기에는 앞에서 말하였듯이 삼라만상은 개체로 존재하면서 개체 속에는 전체의 생리적 조건과 동일하다는 결론이 나온다. 다시 말하면, 전체가 운동하는 거나, 개체가 운동하는 것은 견해 차이는 있으나 그 법칙은 비례되는 것이다. 그리하여 인간은 인간 개체의 신체적인 조건을 들어 태양계가 운행하는 동작과 인간의 오장이 움직이는 관계를 비교한다면 근사치한 해답이 나올 것이다.

태양계가 운행하는 것과 인간의 오장육부가 움직이는 것은 꼭 같은 이치이다.

사람은 1분에 보통 성인 30세부터 40세를 기준으로 하여 70번 맥박이 평균치한 것은 모든 생명체가 상한선의 중간이 완성체를 이루기 때문이다.

인간의 맥박이 1분에 70번 뛴다는 것은 태양계로 말하자면 지구가 태양을 70번 공전한 것에 비교된다. 따라서 인간의 1시간 맥박을 60으로 곱하면 4천 2백 맥박이 되고, 1일의 맥박 수는 4천 2백에 24를 곱하면 10만 4백이라는 맥박 수가 나온다.

그러면, 태양계의 지구가 1자전하는 시각에 인간과의 계산은 지구가 태양을 360도 1회전한 것을 말하며, 혈맥이 한 번 뛰는 것과 같다.

그러므로 사람의 피가 인체를 한 번 돌았다는 것은 지구가 태양을 1회전한 것과 비교된다.

수치는 10만 대 1이 되니 여기에 365일을 곱하면 태양계의 1일은 인간의 3,650만 년과 같은 계산이 나오는 것이다. 또 지구가 일자전하는 10만 년을 주야로 구분하여 낮이 5만 년 밤이 5만 년이 되는 것이다. 이 5만 년을 생명체의 분리법칙인 사상으로 나누면 1만 2천 년이 된다.

우리가 살고 있는 자연 속에도 춘하추동의 4계절이 1년으로 되어 있으니, 계절마다 생명체가 변화하는 과정을 보게 된다. 여름에 나온 벌레는 가을이 되면 없어지며, 또 가을에는 다른 생명체가 나온다. 이와 같은 이치로 보아 인간이 1만 2천 년 계절로 본다면 지금 하절기에 태어나서 자라다가 가을이 오면 기온과 습도가 맞지 않아 살지 못하고 대기 중의 생명체로 환원해 있다가 다시 하절기가 오면 인간 부활의 시기로써 인간의 유한 역사는 1만 2천 년의 역사이며, 이 역사가 이 지구상에서 수없이 되풀이 되었고, 또한 앞으로도 반복될 것이다.

오늘날 역사가들의 말을 들으면, 서양에서의 인간문화는 6천 년이고, 동양의 즉, 한국의 문화기원은 7천 년이 된다고 한다. 동양의 7천 년 역사추론은 이 시대의 인간의 발전과정으로 보아서 과학문화의 극한에서 정신문화의 전환점에 이르렀으니 이것은 마치 식물들이 결실기에 접어든 것과 같은지라 1년 중 7월과 인류역사 7천 년은 같은 비례가 된다 하겠다. 따라서 1만 2천 년에서 인류 역사가 이미 7천 년을 경과하였으니, 앞으로 5천 년이 남았다고 하겠다.

종교에서 말하는 관점도 일리가 있다고 할 것이다. 곡식도 다 익으면 좋은 열매를 남기듯, 사람도 철이 들면 사람노릇을 하게 되는 것처럼 미래의 세계에서는 인간들에게 전쟁, 질병, 기근 등이 없는 좋은 세상이 될 것으로 믿어진다.

그러나 인간의 7천 년 역사에 도달한 지금이 위험한 고비라고 생각한다. 그것은 1년 중 7월 달에는 기후의 이변이 많은 시기이다. 만물이 성장하여 결실을 맺게 되기까지에는 그 결실에 기여할 수 있는 기후조건이 필요하기 때문에 7월에는 홍수가 나고, 번개가 치고, 또 거센 바람이 불고, 비가 오므로 해마다 7월이 되면, 인간들도 지붕을 고치고, 울타리를 튼튼히 하며, 하수구를 보수하고 산사태에 대비하는 등 기후의 이변에 대처하게 된다. 이와 같이 인류역사가 7천 년의 결실기에 이르렀기 때문에 인류세계에서도 이변이 일어나게 될 것이다. 그러므로 닥쳐올 이변을 막기 위하여 어떻게 대처해야 할 것인가?

현재 과학문명의 발달로 많은 위험을 안고 있다. 가장 큰 것은 대기오염이다. 이른바, 공해이니 전쟁무기는 생산하지 말아야 할 것이며, 화학물질을 남용하지 말아야 할 것이다.

사람이 감기에 걸리면 추운 곳이 더워져서 전신에 열이 나는 이치는 몸에 균이 도를 넘어 기승을 부리기 때문이다. 태양계의 생명체 속에 살고 있는 인간 또한 세균과 같은 존재이다.

그러면 오늘의 과학은 한도를 넘어서 태양계에 기승을 부리며 지구를 오염시키고 있으니 태양계인 지구에게 이변이 오는 것은 당연한 이치인 것이다. 따라서 인간은 닥쳐올 미래를 생각하고, 이에 대비하기 위하여 세계 각국은 새로운 과학의 개발로 인류의 자멸을 막아야 할 것이다.

또한 태양계의 건강을 보호하는 방편으로 사는 길만이 오래 오래 이 땅에서 인류가 살 수 있는 길이다.

2) 자연과 인간

풀포기 하나에도 나름대로의 생명이 있다. 사람의 눈에 보이지 않는 미생물에게도 생명이 깃들어 있다. 이 지구상에 존재하는 만물은 나름대로 필요하고, 존재의 가치를 지니고 있는 것이다.

이것은 우주의 무수한 별들이 존재하는 것처럼 개체의 존재는 전체의 존재를 가능하게 하기 때문이다.

그리하여 자연을 사랑하고 아끼지 않으면 안 되는 것이다. 사람이 사람을 사랑하고 아끼는 것처럼 자연의 존재물에 대해서도 사랑하고 아끼는 것이 진리이다. 이러한 진리를 배반하고 인간은 자연을 마구잡이로 파괴하고 있다. 이 같은 행위는 자연의 파괴에 그치는 것이 아니라 나아가서는 인간들 스스로의 파멸을 초래하게 된다는 원리를 깨달아야 되겠다.

그래서 성현들은 미물에게도 살생을 하지 말라고 하였다. 인간의 생명이나 만유의 생명의 원소는 동일하기 때문이다. 그 생명체의 결합에 따라 만유의 모습과 생태가 다를 뿐이며, 또 시간과 공간에 따라 형상과 생태가 다를 따름이다.

만물의 기원 즉, 어떻게 해서 만유가 생겨났는가? 이에 대하여 지금까지 세 가지의 이론이 있다.

첫째로, 조물주에 의하여 모든 만물이 창조되었다는 설이 있고, 둘째로, 마음 즉, 정신에 의하여 만물이 창조되었다는 유심론이 있고, 셋째로, 물질의 진화에 의하여 만물이 창조됐다는 유물론이 있다.

여기에서 첫째의 이론은 신 자체가 존재공식에서 벗어나기 때문에 말하자면 어떻게 생긴 그 무엇이 어디서 어떻게 존재하며, 어떤 작용으로 만물을 창조하는가 하는 자기규정이 존재공식에 적용되지 않기 때문에 그것은 있을 수 없는 것으로 이야기가 될 수 없는 것이다.

둘째의 이론은 마음이란 것, 자체가 존재공식에서 벗어나기는 하나, 인간의 인식권(認識圈) 밖에 존재하는 존재물(存在物)을 없다고 규정할 수 없는 것처럼 마음의 존재를 하나의 원소로 인정한다면, 그것이 만유의 창조원리가 될 수 있는 것이다.

그러나 그것은 어디까지나 우주(宇宙)의 섭리(攝理) 속에서만 가능하다는 것뿐이다.

셋째의 이론은 인간의 인식권 안에서만 만유의 존재를 인정하려는 것이다. 그런데 인간의 인식권 밖에도 존재하고 있다. 눈에 보이지 않은 저 대기권에도 원소핵(元素核)이 존재하고 있다는 사실이다.

불경의 반야심경에는 색즉공(色卽空)이고 공즉색(空卽色)이라 하였다. 색을 유-있다는 것, 공을 무-없다는 것으로 해석하면 유와 무는 상관개념을 지니게 되는 것이다. 무극이 태극이라도 개념도 끝이 없으면서도, 끝이 있다는 의미로서, 있던 것이 없어지고, 없던 것이 있게 되는 원리가, 무엇인가 하는 것이다.

따라서 자연적으로 존재하는 것은 그 처음부터가 자주적으로 마음의 현상까지 나타낼 수 있는 자주로서 존재하는 핵이라고 보아야 할 것이다. 다시 말하면 자연의 만유는 스스로가 그 스스로에 의해 자신을 현상되게 하는 소질을 가지게 된다는 뜻이다.

사람과 만물이 다 같이 근원적으로 성품과 목숨과 정기로 이루어졌다. 다만 그것을 완전하게 골고루 가지게 되었으나 다른 만유는 그것을 치우치게 가졌다는 것이다(『동방의 밝은 빛』, 974쪽 참조).

그러므로 자연계에서 있다가 없어지고, 없던 것이 또 나타나는 것은 현상이 바꾸어지고, 달라질 뿐이지 그 원소는 항상 존재하며 동질의 원소의 조화와 결합으로 존재물은 계속되는 것이다. 사람도 죽고 또 태어나는 원리가 바로 이러한 이치에서이다.

3) 인간과 환경

삼라만상의 존재는 인간의 인식범주에서부터 우주 만물을 인정함에 있어서, 그 균형과 조화가 필요한 것이므로 이의 균형과 조화를 이루지 못하면 어느 한 개체가 파괴되거나, 또는 어느 한 개체가 너무 커져서, 결과적으로는 전체의 균형을 잃고 모두가 그릇되게 되는 것이다.

인체를 이루고 있는 모든 가치관과 세포가 상호 밀접한 관계를 유지하면서, 하나의 인간이란 개체를 만들고 있는 것은 개체의 세포가 스스로의 맡은 바 사명을 다하는 데서 전체라는 인간의 유지와 건강이라는 현실이 가능한 것과 같다.

이것이 인체에서 어느 부분이 강하고, 어느 부분이 약하면, 인간은 균형을 잃고 건강을 유지할 수 없는 것처럼, 우주자연에도 어느 것이나 부족해지고, 많아져서 넘치면 거기에는 이상 현상이 나타나서, 그 가운데 살고 있는 인간과 동식물까지 균형의 도를 잃게 되어 창조와 능력을 상실하게 되나니, 그 결과는 적게 말해서 인간의 생명관계와 크게는 대자연의 존속여부까지 파급된다는 이론이 나오게 되는 것이다.

그러므로 홍익인간의 질서는 대자연의 균형과 조화를 이루면서 우주질서를 창조해 가고 있는 원리를 말하는 것이다.

인간은 현실적으로 눈에 보이는 것만 가지고 인간의 유익한 환경이라, 또는 필요성이라고 생각하고 있지만, 사실은 눈에 보이지 않는다고 해서, 또는 인식의 세계의 밖이라고 해서 자연의 섭리를 외면하고 살아간다. 이것은 바로 인간의 무지를 스스로 증명하는 것이 된다.

따라서 자연과 인간관계의 그 원리를 깊이 깨닫고 알아서, 그에 적응하는 환경조성을 이룩하는 것이 오늘에 살고 있는 인간들의 사명이며 과학의 본질이기도 한 것이다.

그러므로 우리가 살고 있는 이 땅은 원래는 산소와 질소가 잘 조화된 것이었으나 인간의 사용과 이용의 용도에 따라, 현재에는 이 지구의 토질이 산성화의 일변도에 이르고 있다는 것이다.

토지 땅이 산성화(酸性化)되면 식물이 병약하고, 병균에 전염되어 모든 열매, 즉 과일이나 곡식의 열매가 결실 맺기 어렵게 되는 것이 그 원리이다. 따라서 토지 땅의 산성화를 억제하고 알카리성과의 균형 잡힌 토양을 이룩하여, 모든 곡식물이 잘 결실 맺는 원리를 먼저 알아야 할 것이다.

현재 토질이 산성화되는 데에는 부지불식간(不知不識間)에 막대한 화학약품, 즉 화학비료로 인하여, 또는 화학약품으로 인하여, 그 결실이 마침내는 인간에게 해로운 독을 준다는 사실이다.

이와 같은 현상은 곧 토지 땅이 산성화된 것은 땅의 균형과 조화를 잃은 데서 비롯된 것이므로, 그것은 한쪽이 너무 부족한 현상, 즉 대자연의 섭리에 어긋나는 일이었기 때문이다.

그리하여 우리의 선조들은 같은 토지 땅에다 같은 식물을 계속적으로 재배하지 않았고, 번갈아 가면서 토양의 균형을 유지시켰으니, 그것은 산성이 된 토지 땅에는 알칼리성을 낳는 콩과 같은 식물을 심어 산성을 중화시키는 것을 알았고, 풀씨를 심어서 영양공급을 하여서 인체에 유익한 열매(결실)를 생산토록 하였던 것이다.

그러나 서구문명이 들어오면서부터 화학비료와 살충제 등의 농약으로 인하여 토양이 피폐하게 되었다. 근본적인 토양의 관리를 외면하고 당년의 수확만을 도모하다가 보니 해마다 병균의 발생이 늘어나게 된 것이다.

인간은 음식물을 자연에서 섭취하고 있으므로 자연의 병적요인이 인간과 직결됨은 당연한 사실이다.

벼의 별구라는 병충을 잡아먹는 것은 메뚜기이다. 메뚜기는 벼멸구를 잡아먹기 때문에 멸구의 번식을 막고 있으며, 논에 박테리아나 물고기들이 벼에 이로운 알칼리성을 제공하며, 또한 식물에 해로운 균을 잡아먹어서 그 식물을 간접적으로 돕고 있다. 비단 이것뿐 아니라 우주 대자연의 순환법칙은 약육강식(弱肉强食)을 하는 것 같지만 스스로의 사명과 균형을 유지해가고 있는 것이다.

고양이가 쥐를 잡아먹고, 고양이는 또 다른 것에 잡아먹힌다. 사람도 동물을 잡아먹지만 결국은 병균에게 생명을 빼앗긴다. 이러한 원리를 볼 때 모든 만물은 많으면 줄어들게 되고, 또 적으면 번식하여 늘어나는 것이 자연의 섭리이다.

그러므로 인간은 자연을 보호하는 것이다. 이것은 모든 것들이 균형을 유지할 수 있도록 해주는 것이 필요하기 때문이다. 화학약품으로 어떤 것을 말살할 경우, 또 다른 어떤 균이 번식한다는 것을 알아야 한다. 오늘날 화공약품으로 인한 공장폐수가 물을 오염시키고 있는 것은 미생물이 번식을 막을 수 있다고 하겠으나 사람에겐 해로운 무서운 균을 배양하고 있다는 사실도 알아야 한다. 이와 같이 모든 미생물의 번식유무가 간접적으로 인간의 생존에 영향이 미치므로 어느 것 하나라도 인간과 관계되지 않은 것이 없다. 따라서 홍익인간의 이념도 이러한 대자연의 섭리 속에서, 만물 가운데 인간을 번식하게 하고 인간을 유지하려는 인류의 철학이 바로 여기에 있는 것이다.

인간은 흙에서(토지 땅=지구) 나서 흙으로 돌아가는 것이며 그 가운데 충분한 산소를 공급받아 생명을 유지해가고 있는 것이다. 도시에 나무가 없고, 공원이 없고, 다만 밀집된 고층 빌딩과 밀착된 가옥들이 들어서 있다. 이러한 지대에서는 탄소가스의 배출이 많고 산소의 공급은 부족하게 마련이다. 여기서 우리는 균형을 잃고 있다는 것을 알아야 하겠다.

4) 인간과 사회제도

사회제도가 잘 되어 있다는 것은 그 사회의 구성원인 인간의 심(心)

적, 지(知)적 수준을 표현하는 것이라 할 수 있다. 어떠한 복지시설이나 부유한 생활만을 필요로 하는 환경이 좋은 환경일 수는 없다. 그 나라 민족, 또 그 나라의 국민이 정신적으로 퇴폐되어 있는 환경에 처해 있느냐 아니냐에 따라 복지시설이나 부유한 생활은 자동적으로 이룩되는 것이다. 다시 말해서 아무리 부유한 환경에 처해 있다 하더라도 국민의 생활철학이 없고, 퇴폐풍조에 빠져있다면, 그 나라가 설혹 일시적으로 부(富)를 이루었다 할지도 그것은 한순간이 되고 말 것이다.

가정에서도 주부가 알뜰하면 장래의 번영을 기약할 수 있지만, 허영과 사치를 좋아하는 주부의 가정에서는 현재 많은 재산을 소유하고 있다 하더라도 그의 장래는 기약할 수 없게 된다. 여기에서 또 하나의 무서운 결과를 낳게 하는 것은 그 가정의 자녀들이다. 알뜰가정에서 자라나는 아이들은 그 환경 속에서 보고 배우게 되며, 사치와 허영의 가정에서 자라는 아이들은 그 환경에서 보고 듣고 배우게 된다. 그래서 그들의 2세는 또 다시 그러한 전철을 밟게 되는 것이다.

이와 같이 국가에 있어서도 그 국가를 지도하는 위정자의 생활과 행동은 그 국가의 환경을 만드는 데 크나큰 역할을 한다는 사실이다. 따라서 정치적 환경, 경제적 환경, 문화적 환경, 사회적 환경 이 모두가 그 국가와 국민의 장래를 기약하는 중요한 무대가 되는 것이다.

정치풍토가 잘 되어 있다는 것은, 그 나라 국민의 균형 잡힌 생활과 인격의 존엄을 보장하고 있다는 것이다. 그 현상을 나누어 보면 대략 다음과 같다.

첫째, 농촌과 도시민의 생활에 대한 격차가 심해서는 안 된다. 누구나 사람은 노동의 대가와 능력을 보장 받아야 한다.

둘째, 법과 질서는 온 국민의 평등과 홍익인간의 이념에서 만들어져야 하고, 그대로 지켜져야 한다.

셋째, 이른바 위정자와 공무원은 참된 애국 애족하는 선도자로써 국민의 고용원이 되어야 한다.

넷째, 외래풍조에 맹목적으로 따르는 퇴폐적 정신을 버리고, 고유문화와 미풍양속을 지키는 환경을 이룩해야 한다.

다섯째, 국민이 정신을 병들게 하는 종교의 난립을 막고, 건전한 종교혁신을 이룩해야 한다.

여섯째, 청소년들에게 국가관과 민족의 주체정신을 확고하게 심을 수 있는 교육제도를 마련해야 한다.

일곱째, 국가의 역사와 문화를 정립하고, 조상의 훌륭한 사상과 업적을 널리 국민에게 홍보해야 한다.

이상과 같은 조건의 완성이 곧 그 국가의 좋은 환경 조성이라고 할 것이다.

5) 민속에 흐르고 있는 홍익인간

민족마다 조상으로부터 이어받아 온 불문의 전설과 풍습이 있다. 그 가운데 글로 문자화된 것도 있겠지만 대개는 노래 무용 행사 등으로 전해지고 있다.

우리나라에는 각 지방마다 독특한 풍습이 전해 내려오고 있다. 그 가운데에 담겨진 원리를 분석하면 어떤 것은 참으로 심오한 철학이 담겨져 있는 것도 있다.

우리나라 농촌에 가면 풍유도(風流道)가 있어서 해마다 정월대보름이 되면, 마을 당산에 제사하고, 온 마을 사람들은 한 해를 무사히 보내고 그 해의 풍년을 천지신명에게 비는 풍습이 있다.

여기에서 두 가지의 원리를 생각할 수 있다. 첫째는 온 마을 사람들의 단결과 협동을 도모하는 계기가 된다는 점이고, 둘째로는 천지

신명에게 빈다는 것은 자신의 새로운 각오와 더불어 지난해의 잘못된 것을 반성하고, 자연의 섭리에 따르겠다는 다짐을 뜻한다는 점이다. 여기에서 이웃과 나와의 총화와 협동이 있으며, 자기 발견이 있게 되는 것이다.

비단 보자기에 개똥을 싸는 것보다는 누더기에 황금을 싸는 것이 우리와 조상들이 좋아했던 풍습 이었는지도 모른다. 겉보기에는 어리석고 미신에 빠진 것 같지만, 그 속에 담겨진 심층원리를 생각해 볼 여지가 있는 것이다.

이처럼 오늘날 우리나라에는 여러 가지 많은 형태의 민속놀이가 있으며, 이른바 무속(무당)도 많이 있다. 이 가운데 좋은 원리가 담겨진 것은 장려하되 그렇지 못하고, 혹세무민하는 것은 없애야 할 것이다. 혹세무민이란 곧 개인의 이익을 위하여 알맹이가 없는 헛된 유혹과 공포심을 조작해내는 것을 말한다.

오늘날 과학이 증명하고 있는 바와 같이 똑같은 식물을 가꾸는데 소리를 내면서 기르는 것과 소리를 내지 않고 기르는 것과의 그 결실(열매)에 있어서 차이가 생긴다는 것이다. 이와 같이 모든 만물은 생명체가 없는 것이 없음으로 토지 땅도 분자가 집결하여 자연이란 흙을 이루었다. 우리 몸에 세포가 있듯이 토지 땅도 세포가 집합해 있음으로 소리에 민감하며, 그 소리에 조직을 돕는다는 결과를 생각할 수 있다. 그리하여 우리의 선조들은 땅은 토지가 됨으로 쇳소리를 내주면 토지 땅의 생기를 북돋아 주기 때문에 농작물이 잘 된다는 것을 알았던 것이다. 그래서 우리나라의 농악 즉, 꽹과리가 생겼다고 한다.

또 우리나라에서는 옛날부터 삼신을 모시는 제도가 있다. 삼신(三神)은 가신(家神)을 지칭하는 말이나, 이것은 모든 우주의 근원은 세 가지를 고루 갖추어야 하나의 개체가 성립되기 때문에, 이 세 가지

중 어느 것이 모자라고 넘쳐도 이상 현상이 나타나게 되므로, 삼신을 크게는 천지인(天地人)과, 인간에게 있어서 인류시조로 환인, 환웅, 환검(桓儉=단군)과, 개인으로서 조상신, 성주신(城主神), 조앙신으로서 숭봉하는 풍습이다.

이러한 풍습은 인간의 근본에 있어서 그 본성을 찾기 위함이라고 하겠다. 빌고 제사 지내는 가운데 인간의 참된 정신을 일깨우고, 그러한 행사를 통하여 교육을 대신하며, 생각하고 실천하게 하기 위한 원리가 담겨져 있다고 보아야 할 것이다. 이와 같은 풍습은 현대의 심령학적 차원에서 그 원리를 찾아볼만 하다. 한국에 무속이 많은 것도 한편으로 생각하면 심령적 발달이 높았다는 것을 의미하기도 하는 것이다.

또한 우리나라의 민속 가운데 교육적인 구전(口傳)이 있다. 예를 들면, 어린이가 막 돌이 지나면, 도리도리 하고 아기에게 고개를 흔들게 가르친다. 이것은 사람은 하늘을 알고, 땅을 알고, 조상을 알고, 부모를 알고, 나를 알라는 이치(理致=道理) 교육인 것이다. 하늘이 없으면 땅도 없고, 사람도 없고, 만물도 없는 것이니 이의 도리를 알고, 언제나 전체를 생각하고 나를 인식하게 하는 교육의 원리로서, 홍익인간의 이념을 문자적 교육을 대신하여 언어와 행동으로 습성화시킨 것이라고 할 수 있다. 또 한 가지, 짝짝꿍 짝짝꿍 하면서 아기에게 양손의 결합을 가르친 것은 음양의 이치를 설명하는 원리가 담겨져 있다는 것이다. 만물은 음양으로 결합하고 생성하기 때문에 그러한 이치를 언어행동으로 표현시킨 것이라고 생각된다. 또 한 가지 곤지곤지 하는 것은 인간의 주체정신을 강조한 것으로, 이 세상에 내가 있음으로 만물이 있고, 항상 나는 만물 가운데에서 주인(으뜸)이 되라는 이치를 암시하는 것이라고 보아야 할 것이다.

이와 같이 우리의 민속에는 그 저변에 깊은 이치가 담겨져 있음을 엿볼 수 있다. 그러므로 민속의 자료나 형태의 분석도 필요하지만, 민속의 심층원리를 잘 연구 분석하여 좋은 것은 장려하고, 나쁜 것은 버려야하는 용단을 가져야 하겠다.

6) 새 역사 정립의 필요성

오늘날 인류 역사가 6천 년, 7천 년에 연유하고 있는 것은, 문자의 기록과 유물의 고증으로 그 시대상을 알 수 있다고 하지만, 현대 과학적으로 이미 지금으로부터 2만 년 전의 물체에까지 추적하고 있다. 앞으로 과학의 힘이 미치면 몇 천만 년 전의 유물도 고증되리라고 본다.

현재 인간의 진화설과 외계인의 이민설이 대두되고 있지만, 먼저 이 지구상에 인간이 살 수 있는 환경, 즉 온도와 습도가 문제되며, 또한 물체가 형성함에 따라 인간의 분포도 달라짐을 알 수 있다는 것이다.

세계에서 한국을 간방(艮方: 24방위의 하나)으로 보고 동방(東方)이라고 한 것은 지구를 일체로 보아 그 지구의 발달과정상 한국은 간방이 되어 인간생성의 기원요지로 생각한 것이다. 이것은 오늘의 한국영토를 말하는 것이 아니라, 옛날 고구려 이전 단군의 시대에 한국의 영토를 두고 말하는 것이다. 옛날 선사시대의 한국의 위치는 바이칼 호의 동쪽인 몽고와 만주, 중국에 걸쳐져 있었다는 역사적 사실을 두고 하는 말이다.

인류의 발상지(發祥地)를 바이칼 호(몽고와 소련의 경계에 있음) 부근으로 보는 것이 현재 인류학자들의 견해이다.

따라서 인간은 환경을 따라, 다시 말해서 인간에게 적당한 지구상의 땅을 찾게 마련이다. 그리하여 동쪽으로 오늘날 우리나라로 오게 되었고, 서쪽으로는 서구로 흘러간 것이라고 보는 것이다.

그러므로 단군의 역사적 고증은 이러한 인류발생의 원리에서 추론되어져야 할 것으로 생각된다. 우리의 역사를 곰과의 인연으로 단군이 탄생하였다고 기록한 것은, 현재 우리가 알고 있는 동물인 곰[熊]이 아니라 하나의 민족인 웅족(熊族)으로 보아야 할 것이다. 이러한 역사적 시비, 또는 통일된 역사정립을 위하여 새로운 작업이 필요한 것이다.

이 같은 작업을 위해서는 현역, 역사학자와 재야의 역사학자들이 한데 모여서 모든 사료의 분석과 연구를 공동으로 분담하여 여기에서 통일된 역사를 정립하는 것이 바람직하다고 생각되는 바이다.

7) 한민족의 특징

우리 민족은 개국이념인 홍익인간의 이념에 뿌리를 박고 있기 때문에 자주성, 협동성, 평화성, 저항성을 가졌다.

이것은 우리 민족의 우수함과 우리 국토의 아름다움에서 우러나온 것이라 하겠다.

민족의 성격은 그 민족이 살고 있는 환경에서 많은 영향을 받는다. 사람이 살고 있는 자연 환경을 풍토라고 하는데, 그 풍토에 따라서 그 민족의 성격이 각기 달라지는 수가 많이 있다.

우리가 세계의 지도를 펴 놓고 보면 크게 세 가지 풍토로 나누어 볼 수가 있다.

첫째는 동양의 풍토이다. 우리가 동양이라고 말하는 지대는 한국을 위시하여 중국, 일본, 베트남, 타이, 인디아 등의 아시아 주를 말하는데 이 지대의 공통점은 비가 잘 온다는 것이다. 이 지대에서는 여름에 동남풍이 불어서 태평양, 인도양의 수증기를 몰아와 많은 비가 내리고, 비가 많이 오기 때문에 식물이 잘 자라고 농사도 잘 되었다. 농사를 짓기 위해서는 어디든 적당한 곳을 골라서 한 곳에 오래 머물러 살아야만 하였다.

그런데 농사가 잘 되려면 비가 잘 와야만 하는데 비가 오고 안 오는 것은 사람의 힘으로 되는 것이 아니라, 오직 자연의 힘에 의지하는 수밖에 없는 것이다.

따라서 이 지대에 사는 사람들은 한 곳에 오래 살아야하기 때문에 그 고장에 대한 애착심이 생기고, 자연에 의지하게 되기 때문에 하느님을 믿게 되고, 서로 힘을 합쳐야하기 때문에 협동성이 강해지게 된다. 이와 같은 성격은 농사짓는 곳에 사는 사람은 대개가 비슷하다고 볼 수 있다.

둘째는 서양의 풍토이다. 우리가 서양이라고 말하는 지대는 유럽주와 남북 아메리카 주를 말하는데 여기에는 그리스, 이탈리아, 스페인, 프랑스, 독일, 영국, 미국, 캐나다 등의 나라가 있다.

이 지대의 공통성은 지중해, 대서양, 태평양 등의 바다에 둘러싸여 대개 그 바닷가에서 살고 있다는 것이다. 이 세상에서 가장 큰 길은 바다이다. 산(山)은 사람을 갈라놓고 바다는 사람을 합치게 한다는 말이 있듯이 높은 산이 있으면 그 산을 넘기가 어려워서 사람들의 교통이 불편하지만, 바다는 배만타면 얼마든지 갈 수 있기 때문에 바다는 커다란 교통로가 되어서 바다를 사이에 두고 서로가 왕래하며 서로 사귀고 물건을 교환하며 장사를 하게 되는 것이다.

장사를 하는 사람은 농사를 짓는 사람과 달라서 여럿이 힘을 합치는 것보다는 개개인이 재빠르게 움직이는 것이 더 많은 이익을 얻을 수 있다. 그러므로 개인주의가 발달하게 되고, 또 장사를 하는 데에는 비가 오고 안 오는 자연의 힘보다는 사람의 마음을 잘 살피는 것이 더 중요함으로 자연보다는 인간에게 더 많은 관심을 갖게 된다.

따라서 이 지대에 사는 사람은 협동심보다는 오히려 경쟁심이 더욱 강하다.

서양에서는 자연을 존중하기보다는 인간을 존중하여 인간과 인간의 관계에 중점을 둔 것은 상업생활을 주로 하였기 때문이며, 그 사업생활에 근거를 둔 문명이 자동적으로 발달했던 것이다. 서양문명이 일찍이 발달한 그리스와 로마의 문명은 아테네나 로마와 같은 항구 가까이에서 발생했는데, 항구 가까이에서 문명이 발달한 것은 지중해에 임해 있는 항구가 교통편이 좋아서 장사를 하기에 편리한 곳이기 때문이었다.

동양의 농업문명, 서양의 상업문명은 동양 사람들이 자연을 중심으로 하여 서로 협동하는 생활양식을 가지게 했고, 서양 사람들이 개인을 중심으로 하여 서로 경쟁하는 생활양식을 가지게 했다.

따라서 동양 사람들은 협동심이 강하여 그것이 평화사상으로 발달되었고, 서양 사람들은 경쟁심이 강하여 그것이 개인 자유사상으로 발달되었다. 이에 따라 정치제도도 각각 달랐다. 동양에서는 군주제도가 발달되었지만 군주가 혼자서 마음대로 정치를 하는 것이 아니라 군주는 하느님의 뜻, 즉 자연의 섭리에 따라 백성의 의사를 존중하여 모든 것을 신하들과 상의해서 정하는 협동을 주로 하는 협동적 군주제도가 발달되었다. 또 서양에서는 민주제도가 발달되었는데 그것은 개인의 자유를 존중하는 것이어서 어느 누가 혼자서 마음대로 하는 것이 아니라 여러 사람들의 의사대로 하는 다수결주의가 발달되었던 것이다.

이와 같이 풍토(환경)가 다르면 그 생활양식이 다르고, 생활양식이 다르면 자연히 정치제도와 문명도 달라지고 종교사상까지도 달라지기 쉽다.

그러나 이와 같은 풍토사상은 결코 절대적인 것은 아니다. 왜냐하면 각 지방의 풍토를 꼭 획일적으로 구분하기도 어렵거니와 이 지구를 동양과 서양으로 대별하고 보면, 동양에서도 서양과 같은 풍토가 있고, 서양에도 동양과 같은 풍토가 있어서 동양과 서양의 풍토적 성격이 절대적이라고 할 수는 없다는 것이다. 그러나 그와 같은 풍토적 영향을 받아서 그 지방의 최초의 문명 발달과 그 성격을 알아보는 데 편리하기 때문이다.

또 동양에 있는 민족이라고 해서 꼭 농업만을 하는 것도 아니요, 서양에 있는 민족이라고 해서 반드시 상업만을 하는 것도 아니다. 다만 풍토를 구분하여 그 풍토에 따라 민족성의 특징을 살려보는 것은 꼭 정확하다고는 할 수 없으나 하나의 참고가 되기는 한다.

우리 한국은 동양의 풍토에 속하므로 한국 사람은 대체로 동양 사람들이 가지고 있는 특징은 모두 가지고 있다고 생각된다.

그러나 우리나라는 같은 동양이라고 해도 다른 동양 나라와 좀 다른 특별한 풍토를 가지고 있고, 또 우리 민족이 다른 동양 민족과는 특별히 다른 점이 있어서 우리 한민족은 대체로 동양 사람의 공통적인 특징을 가지고 있으면서도 또한 한민족 특유의 독특한 특징을 가지고 있다.

그것이 바로 우리 민족의 자주성, 창조성, 협동성, 평화성, 저항성이다. 이러한 특수 성격을 가지게 된 밑바탕은 곧 홍익인간이란 근본 사상이 깔려 있기 때문이다.

제2장

예절과 효도·충효사상

1. 예절과 효도

1) 예절이란?

예절이란 대인관계에서 인간으로서 지켜야 하는 행동규범을 말하는 것이다.

인간은 사회적 존재이므로 서로 간의 관계를 맺고 살아간다. 원만한 인간관계를 유지하기 위해서는 혼자서 노력한다고 되는 일이 아니며, 그 사회의 모든 구성원이 다 같이 공통된 약속과 예절을 지킬 때 가능해진다. 결국 예절은 사람이 사람답게 이 세상을 살아가는데 꼭 필요한 도리요 질서라는 것을 알 수 있다.

예절은 대인관계에 있어서 바람직한 행동양식이기 때문에 행동의 바탕이 되는 마음씨와 태도를 무시할 수는 없다. 아름다운 마음씨에서 착하고 바른 행동이 나타나기 때문이다.

이와 같이 행동의 밑바탕이 되는 마음씨를 도덕이라고 하며, 올바른 도덕적 심성을 갖춘 사람의 행동이 곧 예절이라고 할 수 있다.

그런데 인간은 오랜 생활을 영위해 오는 동안에 행동의 일정한 양식과 격식이 붙게 되어 그 양식과 격식을 갖추어야만 대인관계를 원만하게 할 수 있는 것이다. 공손한 마음씨를 가지고 머리를 숙이는 것만이 최상의 예절이 아니다. 큰절을 할 때 손은 어떻게 모으고 허리는 어떻게 굽히고 하는 식의 격식에 맞게 해야만 비로소 예절이 바르다는 평을 받게 되는 것이다.

그러므로 도덕적으로 올바른 마음씨를 갖는 것이 곧 예절의 전부는 아니며, 때와 장소에 따라 알맞은 행동양식을 별도로 익혀야 한다. 바른 마음과 바른 태도가 합해져야만 올바른 예절이 되는 것이다.

2) 예절의 근본정신

예절이란 더불어 잘 살아가기 위한 사람들의 약속이며, 그 밑바탕이 되는 것은 '인간에 대한 존중'이라는 정신이다. 이것은 시대와 장소를 가리지 않고 앞으로도 변치 않을 공통된 대원칙이다. 모든 예의범절의 근본정신은 이 존귀한 존재에 대한 깊은 믿음과 사랑이 바탕이 되어 나온 것이며, 그것은 '인격존중'이라는 말로 표현할 수도 있다. 서로의 인격을 존중하는 것이 바로 예절의 근본정신임을 두말할 나위도 없다.

사람은 누구나 세상에 태어나 자기의 삶을 의미 있게 살아보고자 노력하며, 다른 사람으로부터도 하나의 인격체로서 대접받기를 원한다.

내가 남의 인생을 무시하고 나만 홀로 인격을 존중받을 수는 없는 일이다. 내가 대접받기 위해서는 먼저 그만큼 정성을 다해 상대방을 대접해 주어야 하는 것이다.

어떻게 대접할 것인가? 일상생활 속에서 우리가 늘 숨을 쉬듯 자연스럽게 몸에 배어 실천할 수 있는 방법은 바로 서로가 예절을 지키는 일이다. 예절을 지킴으로써, 비로소 내가 남의 인격을 존중해 줄 수 있고 덩달아 내 인격도 존중받을 수 있는 것이다. 예절생활은 인간을 존귀하게 생각하는 근본정신에서 출발하여야 한다.

3) 예절에 임하는 기본자세

생활예절의 실천은 예절의 기초가 되는 바른 행동을 실천하는 바른 몸가짐에서 출발한다. 바른 마음과 바른 몸가짐을 갖춘다면 예절생활의 절반은 체득한 셈이다.

<기본적인 마음가짐>
- 다정한 마음으로 대한다. 자신을 낮추고 양보한다는 것은 인간의 미덕이다.
- 겸양의 태도로 대한다. 자신을 낮추고 양보한다는 것은 인간의 미덕이다.
- 상대방에게 폐를 끼치지 않고 상대방을 편하게 해준다는 마음가짐으로 생활한다.
- 상대방을 곤란하고 부끄러운 지경에 몰아넣지 않는다는 마음가짐으로 생활한다.
- 자존심을 잃지 않는다. 예로부터 지나치게 공손함은 예의가 아니다. 자기의 자존심을 버리면서까지 비굴하게 상대방을 무조건 높일 필요는 없다.

2. 효도란?

가정은 사회의 가장 작은 단위이며 우리의 삶을 시작하는 출발점이다. 예절은 모든 관계의 기본 질서라고 하였으므로 가정에서 예절은 모든 예절생활의 출발점이 된다. 이러한 의미에서 우리 전통사회에서는 가정의 예절을 크게 중요시하였다. 인생의 출발점인 가정에서는 어떠한 예절을 지킬 것인가? 그것은 곧 "부모는 자식을 사랑하고, 자식은 부모에게 효도하며, 형은 아우와 우애 있게 지내며 아우는 형에게 공손하게 대한다는" 것이다. 이것이 가정 질서의 기본이다.

1) 올바른 효도의 실천

"효도는 모든 행위의 근본이다"는 말이 있다. 이 말은 모든 예절의 시초가 '효'에서 시작함을 가리키는 말이다. 효성이 지극한 사람은 우선 인간적 바탕이 '된 사람'임에 틀림이 없다고 하였다. 이는 옛날이나 지금이나 마찬가지의 진리이다.

효를 실천하는 것은 곧 자신의 인격을 수양하는 좋은 방법이 된다. 그런 까닭에 효성스럽다는 것은 그 사람의 인격이 그만큼 훌륭하다는 의미도 되는 것이다. 그렇다면 효도를 행동에 옮기기 위해서는 무엇부터 해야 하는가? 이것 역시 망설일 필요가 없는 일이다. 왜냐하면 부모가 자식을 사랑하는 것이 당연한 본성이기 때문이다. 그저 마음이 가는 대로 그렇게 정성만 들이면 누구나 효성스럽다는 소리를 듣게 될 것이다.

효도란 억지로 할 수 있는 것이 아니며, 억지로 해서두 안 된다. 우리 부모가 우리를 사랑하는 것을 생각해보자. 그분들이 억지로 그렇게 하는 것인가? 그렇지 않다. 부모는 자연히 사랑이 베어 나오는

데, 자식은 왜 사랑이 어렵게 다가오는가? 사람은 종종 받는 것만 좋아하고 주는 것에는 인색하다. 단지, 부모만은 예외다. 끝없이 주기만 하는 부모님의 사랑을 당연하게 여기면서도 되갚는 일에는 게으른 것이다.

2) 효도의 종류

유교에서는 양지(養志)의 효도와 양구 체(養口 体)의 효도를 말한다. 양지란 부모님의 뜻을 받들어 드린다는 말이다. 그래서 '양지'의 효도는 곧 부모님을 정신적으로 편안하고 기쁘게 해드리는 효도이다. '양구 체'란 부모님의 입과 몸을 봉양한다는 말이다. 그래서 '양구 체'의 효도는 곧 부모님을 육체적·물질적으로 편안하게 해드리는 효도이다.

물론 효도에는 '양지'의 효도와 '양구 체'의 효도, 둘 다 중요하다. 부모의 마음을 편안하게 해드리는 것 못지않게 물질적으로도 부모를 잘 모시는 것이 중요하다. 그러나 굳이 어느 것을 우선으로 살아야 하느냐고 묻는다면 두말할 것도 없이 양지의 효도이다. 좋은 음식으로 구미(口味)-입맛을 맞추어 드리고 값진 의복과 풍족한 생활환경을 만들어 드리면서 겉으로만 화려하게 효도를 하는 것보다는 자식이 부모의 뜻을 잘 받들어 정신적으로 편안하고 즐겁게 해드리는 것이 더욱 소중한 효도라는 것이다. 부모가 바라는 것은 비록 몸은 어려워도 마음 깊은 곳에서 우러나오는 따스한 표정과 말씨 그리고 정성이 담긴 손길인 것이다. 진정으로 부모를 가난하고 쓸쓸하게 만드는 것은 초라한 집이나 남루한 옷이 아니다. 그것은 바로 마음이 담겨 있지 않은 물질적 봉양이기 때문이다.

어렸을 때 어머니, 아버지 얼굴을 그려서 보여 드렸을 때나, 어버이날 서툴게나마 카네이션을 만들어 가슴에 달아 드렸을 때 부모님은 얼마나 기뻐하셨는가. 그림이 훌륭하거나 카네이션이 값진 것이어서 기뻐하신 것은 분명 아니다. 정성을 다 해서 만든 것이기에 감격하신 것이다.

효도란 이와 같이 부모님의 마음을 즐겁고 편안하게 해드리는 양지의 효도가 최상이며, 부모님의 연세가 높아지면 자녀들은 서로 의논하여 각자의 경제적 능력대로 부모님의 노후를 성심으로 모시고 효성으로 받들도록 하는 양구 체(부모님의 식성에 맞는 음식)의 효도도 함께 이루어져야만 비로소 효성을 다한다고 할 수 있을 것이다.

3) 올바른 효도를 하기 위한 원칙

- 몸을 소중히 간수한다.
- 마음을 바르게 가진다.
- 명예로운 사회의 구성원이 된다.

내 몸은 부모로부터 물려받은 것이니, 감히 다치거나 상하게 하지 않는 것이 효도의 시작이다. 행여 몸을 다쳐서 부모의 마음을 아프게 해드린다면 그것은 불효이기 때문이다.

또한 부모는 비록 자신이 도둑일지라도 자식만을 도둑으로 키우고 싶어 하지 않는다. 부모의 소망은 자식이 올바른 마음으로 성장하여 사회에서 당당하게 한몫을 담당하며 살아주기를 바라기 때문이다.

효도를 실천하기 위한 실천지침
- 부모님의 연세, 고향, 일가친척, 건강상태, 좋아하시는 것 등에 대해 자세히 알고 있다.

- 잠자리에 들거나 일어난 뒤에는 반드시 '안녕히 주무세요, 밤새 편히 주무셨습니까' 등의 인사를 드린다.
- 외출을 할 때에는 반드시 행선지와 귀가 예정시간을 말씀드리고, 돌아와서는 인사를 드린다.
- 외출 시 예정보다 귀가가 늦어질 경우에는 반드시 부모님께 연락을 드린다.
- 부모님께서 출입하실 때에는 반드시 일어나서 문밖에까지 나가 배웅하고 맞이한다.
- 식사할 때에는 부모님보다 먼저 시작하지 않으며, 부모님께서 식사를 마칠 때까지 자리를 뜨지 않는다.
- 중요한 일은 항상 부모님과 의논하여 결정하도록 하며, 늘 함께 대화하는 생활습관을 기른다.
- 부모님 앞에서는 항상 얼굴빛을 온화하게 하며, 결코 형제간에 다투는 일이 없도록 한다.
- 늘 부모님 곁에 있도록 노력하며, 떠나 있게 될 경우에도 자주 소식을 전하고 찾아뵙도록 한다.
- 작더라도 부모님께 늘 감사의 마음을 표시하도록 하며, 부모님의 일을 거들어 드린다.
- 부모님의 의견을 존중하고 따르되, 의견이 서로 다를 때에는 부드럽고 간곡하게 자신의 의견을 말씀드리도록 한다.
- 부모님께서 부르시면 즉시 큰소리로 대답하면서 달려가 뵙도록 한다.
- 부모님께서 편찮으시면 혼자 계시지 않도록 늘 옆에서 모시고 정성껏 간호하도록 한다.

3. 충효일치사상의 한국적 전개와 특징

1) 인(仁)

일찍이 공자와 사상을 달리하는 노자는 풍자적으로 다음과 같은 말을 하였다. 즉 "육친이 불화하게 되니 효자가 있게 되고, 국가가가 혼란하게 되니 충신이 있게 된다(六親 不 和 有 孝慈 國家 昏 亂 有 忠臣)" (『노자도덕경』, 제18장). 이는 분명히 노자가 당시의 병들고 혼란한 국가 사회에서 오히려 온갖 규범은 구호마냥 강조 선전되는 현상을 냉소적이고 역설적으로 풍자한 발언이었다. 모든 인위적인 가치규범을 부정·비판하고 자연의 법칙으로 환원하기를 강조하는(道法自然 제25장) 노자의 뜻은 육친이 함께 사는 가정에서 효와 자의 화목이 자연스러운 것이고, 국가기관에서 충신들의 성실한 활동이 당연한 것이기에 그렇지 못한 당시의 현실에 대한 비판적 발언이었다.

그러나 이에 대해서 공자의 견해는 또한 보다 근본적으로 철저한 면이 있다. 즉 자연에서 사는 금수와 달리 인간이 사회적 동물로서 가정을 이루고 국가를 경영하여 공동체 생활을 영위하는 한 인위적인 도덕규범은 필요하다는 것이며, 따라서 국가기관의 군주나 신하뿐만 아니라, 가정 내의 부모나 자식들 역시 제각기 부모다워야 하고 자식다워야 하는 규범의식이 요구되고 있다(≪論語≫ 〈顔淵〉 편 참조). 논어를 중심해서 살펴보더라도 공자는 기회가 있을 때마다 부지런히 학문의 습득과 효제충신(孝弟忠信) 등을 역설하고 있음을 본다. 다시 말해서 어려서부터 배울 것을 배워야 하고, 가족 간에서의 사랑이나 우애도 깊이 있게 나눈 바탕에서 사회에 나아가서도 타인과의 도의적 관계를 유지할 것을 역설하였다.

우리의 격언에 "고슴도치도 제 새끼는 함함하다고 한다"는 말이 있다. 뜻인 즉 만물의 영장인 사람이 고슴도치 같은 미물보다 못할 수 있겠느냐는 도덕적 함축이 깃든 말이다. 이 비유의 발언은 이미 오랜 전통적 관념의 한 반영임에 틀림없다. 부모와 자식 사이의 사랑이 그만치 원천적이고, 인간됨의 바탕을 이룬다는 유교관념의 일맥이라고 생각된다. 사실상 가족 상호 간의 사랑의 교류와 그에 바탕하는 친자 간의 사랑과 존경의 강조는 유교사상의 기본이자 동양문화의 꽃과 같은 독특한 문화현상이다. 더욱이 부모 사랑을 나라 사랑에로 확대하여 하나의 전체라 보고, 분리해서 생각할 수 없다는 충효사상은 같은 유교문화권 중에서도 특히 한국의 전통 안에서 일찍부터 자발적인 국민정신으로 작용하여 왔음을 보게 된다. 이는 매우 중요한 한국의 전통사상으로 재확인되어 좋을 것이다.

여기서 먼저 효와 충의 개념에 대한 원천적 의미를 잠시 살피고 넘어가기로 하자. 효에 관한 기본적인 이해와 함께 효와 충이 어떻게 하여 연결되는 것인지의 관계를 밝혀야 이에 얽힌 오해도 풀 수 있을 것 같다.

효의 사상은 공자의 출현을 전후로 해서 변화를 갖게 된다. ≪좌전 (左傳)≫ 문왕 2년 조에서 "孝 禮之始也"라 하고, ≪국어≫ 〈주어〉 편에는 "孝 文之本也"라 하였다. 여기서의 문은 바로 예를 뜻하는 것이었다. 따라서 예는 당시의 종법제도를 수립하고 동성중심의 정치적 질서와 단결을 도모하기 위한 왕권계승의 효와 관계 깊은 것이었다. 이것이 공자 시대에 와서는 모든 젊은 학생들이 지켜야 할 최소한도의 행위로 지적되어, 공자는 "제자가 집에 돌아와서는 효성스럽게 처신하고, 밖에 나가서는 우애롭게 행동한다(入則孝 出則弟 論語 學而篇)"고 언급하고 있다. 효가 원래는 외부의 가정 사이의 질서를 위하여 요구되었던 것이 공자에 이르러서는 한 개인의 내심의 사랑 또는 평안의 의미로 발전되기에 이른다. 그리고 공자는 효를 가리켜 부모를 잘 섬기는 모든 사람이 지녀야 할 일상적 도리이자 행위이면서, 동시에 사람됨의 최고원리라 할 수 있는 인과 연결시켜 "인을 실천하는 근본(爲仁之本 論語 學而篇)"이라고 관계 맺어 놓았다. 그동안 통치권자에 의하여 장악되던 효의 문제가 공자에 이르러서는 각 개인의 문제로 돌아왔고, 이는 유가사상에 있어서 하나의 획기적인 변화이자 발전이었다. 공자는 자유(子游)가 효에 관해서 질문하자 대답하기를 단지 능양(能養)에 있는 것만이 아니라고 하면서 공경이라는 내심의 자세를 일깨운 바 있다(≪논어≫ 〈위정〉 편). 맹자에 이르면 이 같은 효심의 내재적 성격은 훨씬 심화되고 있음을 확인하게 된다. 맹자는 사람이 배우지 않고도 능할 수 있는 것 그것은 양능(良能)이고, 생각을 하지 않고도 아는 것 그것이 양지(良知)이다. 두세 살의 어린아이도 그 어버이를 사랑할 줄 모르지 않고, 그가 자라서는 그 형을 공경할 줄 모르지 않는다. "부모를 사랑함은 인이요, 어른을 공경함은 의이다(孟子 盡心上篇)"고 하였다. 앞서 효성과 우애란 인을 실천하는 근본이라고 했거니와, 효성의 실천은 바로 인덕에 대한 초보적 자각이자 초보적 실천이라 하겠다. 우리 주변에 혹자는 어린아이의 부모에 대한 사랑을 무의식적인 자연 본능적 성정으로만 간주하고 도덕적 차원이나 이성적 차원에서 논의하기를 거부하는 견해도 없지 않은 것 같다. 예컨대 맹자는 다음과 같이 말하였다. "사람은 나이 어리면 부모를 사모하고, 여색을 알면 젊고 아름다운 여자를 좋아하고, 사랑하는 처자가 있으면 처자를 사랑하고, 벼슬을 하면 임금을 사모한다. … 위대한 효자는 평생토록 부모를 사모한다(≪孟子≫ 〈萬章〉 上篇)", 이 말은 언뜻 보기에 인간의 신체 욕구에 따르는 이기적인 사랑만을 언급하는 듯 하고, 성장과정에 따르는 어떤 도덕성의 성숙이나 자각의 계기가 엿보이지 않는 듯하다. 그러나 "大孝는 終身慕父母한다"는 언급에 미쳐서는 자기 자신의 감성적 욕구를 제한하고 초극하는,

그리고 개인적인 이기심을 극복하는 가운데 도덕적 자각의 실천을 엿보게 하고 있다.

한편 공자는 사람다움의 일반원칙에서 이른바 주충신(主忠信) ≪논어(論語)≫ 〈학이〉 편이나 충서(忠恕) ≪논어≫ 〈이인(里仁)〉 편을 논하여, 충효가 일반적으로 가정에 국한되고 반드시 대 사회적으로 확대될 것으로 보기 어려운 데 비해서 충신·충서(忠恕) 같은 정신은 나와 타인, 가정과 사회를 완전히 연결시켜 주는 개념으로 쓰고 있다. 흔히 주변에서는 효가 부모를 섬기는 것이라면 충은 임금이나 상관 같은 타인을 섬기고 충성하는 대상의 관념으로만 생각하는 경우가 있다. 그러나 충의 참뜻은 일차적으로 자아 충실, 내적 충실의 뜻이었다. 옛날 설문(說文)에서는 충의 글 뜻을 해석하여 경야(敬也), 진심(盡心)이라 하였다. 주자는 충서(忠恕)를 주석해서 "진기지위충 추기지위서(盡己之謂忠 推己之謂恕)"라 하였고, 또 논어의 효자즉충(孝慈則忠: 효성이 있고 자애로우면 충성스러워 진다. 〈위정〉 편)을 주석하여 "효어친 자어중 즉민충어기(孝於親 慈敬衆 則民忠於己)"라 하여 백성들의 정치적 관심문제에 있어서도 무엇보다도 백성들 자신의 내적 충실함이 요구된다고 하였다.

따라서 임금이 신하를 채용해 쓰고 신하가 임금을 섬기는 방법에 관하여 질문을 받은 공자는 "임금은 예로써 신하를 대하여 쓰고 신하는 충성으로써 임금을 섬깁니다"고 답하였다. 여기서의 충성 또한 신하의 군주에 대한 맹종적인 복종이라기보다는 일종의 멸사봉공(滅私奉公)의 내심의 성실성을 바탕 삼는 것이었다. 더욱이 ≪예기(禮記)≫ 권24, 〈제기〉 편의 다음과 같은 글은 효가 바로 도덕과 정의의 근본이 되고 있음을 증언해 주고 있다.

거처불장비효야(居處不莊非孝也) 사군불충비효야(事君不忠非孝也)

리관불경비효야(苼官不敬非孝也) 붕우불신비효야(朋友不信非孝也)
전진무용비효야(戰陣無勇非孝也)

이 글은 원문의 의미에서 볼 때 충효일치의 부모 사랑과 나라 사랑이 하나의 전체이고 분리해서 생각할 수 없다는 사상을 대변하는 대표적인 표현이다. 이의 사상과 영향은 고대한국의 전통 안에서도 생동하는 정신으로 전개된 바 있거니와, 한편 충효사상의 실천주체가 누구냐에 따라서 같은 유교문화권내일지라도 그 역사적 전개는 크게 차이를 드러내고 굴절의 모습을 드러낸 바 있다.

2) 의(義)

한국에 한자와 한학이 언제 전래되었는지, 특히 ≪예기(禮記)≫나 ≪효경(孝經)≫ 같은 유가 경전들이 전래된 경유 능에 관해서 어느 하나 분명한 것이 없다. 경전의 전래와 학습의 연대 등이 불확실하더라도 예컨대 효 관념의 생활화나 충효사상의 실천적 단면을 역사서에서 엿볼 때마다 문헌의 전래는 기록상의 연대를 훨씬 소급해 추정해야만 할 것 같다.

신라에 의한 삼국통일(AD 668)은 한국의 역사상 처음으로 국토의 통일을 실현한 것이다. 거의 같은 언어를 사용하고, 유·불·도와 같은 거의 동질적인 문화양식을 수용·섭취해오던 삼국은 이제 근 700년 기간의 반목과 분쟁을 극복하고 하나의 통일된 민족문화를 구축하게 된다.

신라가 삼국을 통일할 수 있었던 역량은 통일 이전부터 꾸준히 다져온 국가체제의 정비와 국민 상하의 사상적 단결이 크게 작용했기 때문이었다. 여기서 당시에 이미 영향을 미치던 유학사상의 영향은 매우 컸다고 할만하다.

우선 신라가 새로 국명을 제정한 것은 지증왕 4년(AD 503), 신하들의 새로운 제의에 의해서였다. 그 취지는 신라의 칭호가 덕업일신(德業日新)과 강라사방(綱羅四方)의 뜻을 결합한 것으로 이는 그 원형이 주역(周易)의 이른바 진덕수업(進德修業) 건괘(乾卦 文言傳)이나 일신기덕(日新其德) 대축괘 단전(大畜卦 象傳)을 연결 지어 지은 것이고, 내용은 국가 통치자의 덕치정치의 이념을 밝힌 것이었다. 다시 말해서 신라의 국명제정은 유학사상의 취지에서 덕치정치의 왕도사상을 목표로 하는 것임을 내외에 표방하는 것이었다.

같은 해에 신라의 군주호칭도 신라 국왕으로 결정되었다. 개국(BC 57) 이래로 군주의 호칭은 거서간(居西干), 차차웅(次次雄), 니사금(尼師今) 및 마립간(麻立干) 등으로 사용되어 통일성이 없었다. 이어서 국왕이 사망함에 따른 시호(諡號) 사용법도 제정하고(AD 514), 상복법(喪服法)도 제정하여 시행하였다(AD 504).

법흥왕의 통치기간(AD 514~540) 중에는 율령을 반포하여 처음으로 백관의 복식을 제정 사용하고(AD 520), 이어서 건원이라는 연호를 정하여(AD 536) 군주국가 체제를 충실히 정비해 갔다. 진흥왕(AD 540~756)대에 와서는 변경을 순시하면서 요처마다 순수관(巡狩管) 경비를 세워 국토확장을 도모하였다. 예컨대 마운령(摩雲嶺) 비문을 보면 국왕으로서의 통치의 정당성을 천명하고, 유교적 왕도사상을 수행할 것을 다짐하고 있다. 이 비문은 진흥왕 29년(AD 568)에 세운 것인데 제왕의 본분이 우선 수기이안백성(修己以安百姓)하는 데 있다면서 바로 《논어》〈헌문〉편의 문구를 인용해 쓰고 있다. 비문에는 이 밖에도 주역과 상서의 문구를 인용하여 매우 고답적인 비문을 지어 놓았다. 이 6세기 당시 신라는 이미 중요한 유학 경전이 대부분 전래되고 이용된 것으로 볼 수 있다.

이밖에 신라는 역사서인 국사를 편찬한(AD 545) 기록방식이 춘추(春秋)의 필법인 포폄사관(襃貶史觀)의 방식을 따른 것을 보아 이미 춘추의 보급과 인식의 심도를 헤아릴만하다.

신라의 각종 제도의 정비와 개혁 가운데 가장 주목할 만한 업적은 화랑제도의 창설이었다. 고구려, 백제, 신라의 삼국은 오랫동안 군사적 대립상태에서 각종 분쟁과 국지전투가 끊이지 않았다. 각국은 서로 일진일퇴를 거듭하는 공방전에서 모두들 국력강화에 전념하던 무렵이었다. AD 562년 가야(加耶)에서 반란이 발생하자 이사부(異斯夫)를 수행하던 화랑 사다함(斯多含)의 용기와 미담은 화랑도정신의 첫머리를 장식한다. 그는 전쟁에서 선봉을 자청하고 끝내 승리를 거두었다. 당시 그의 나이는 15~6세로, 그를 따르는 화랑도는 무려 천 명에 이르렀다. 그는 진골신분이기도 했지만 지기(志氣)가 방정하고 용모가 준수한데서 당시 사람들이 그를 화랑으로 추대한 것으로 전한다. 전승 후 그는 공로로 포로 3백 명을 하사 받았으나 이들 모두를 양민(良民)으로 풀어 주었고, 토지를 하사받았으나 이 역시 거절하고 개울가의 불모지만을 청하였다.

그는 일찍이 무관랑(武官郎)이란 친구와 죽을 때도 같이 죽자는 이른바 사우(死友)를 약속한 지기의 사이였다. 무관랑이 병사하자 사다함도 슬퍼마지 않다가 7일 만에 따라 죽었다. 그때 그의 나이는 17세였다.

우리는 화랑인 사다함의 미담을 통하여 그의 나라 사랑, 백성사랑, 청렴·정직함과 신의에 두터운 교우관계 등을 알게 된다. 그의 언행을 통해서 유교적 실천이념인 수기(修己: 자기 수양)와 안백성(安百姓: 백성사랑) 정신을 알 수 있다. 중국의 고사 중에 관포지교(管鮑之交)라 하여 춘추시대에 관중(管仲)이 친구인 포숙(鮑叔)의 죽음을 슬퍼하며 "선비는 자기를 알아주는 벗을 위하여 죽는다(士爲知己者死)"고 말한 것으로 전한다. 이제 신라의 화랑 중에서 이와 같이 사우를 맹세하는 굳은 우정을 접하는 것이다.

진흥왕은 당시 화랑제도를 창설하고 화랑과 낭도들이 서로 도의를 연마하고 가무를 즐기며 산천의 승경(勝景)을 찾아 순례케 하여 그 인물됨의 정도를 파악한 후에 그 중에서 탁월한 자를 선발하여 조정에 천거토록 하였다. 김대문(金大問)은 그의 ≪화랑세기≫에서 "현명한 재상과 충성스러운 신하들이 여기서 배출되고, 훌륭한 장군과 용감한 군사들이 여기서 생겨났다"고 기록하여 전한다.

화랑도가 신라 역사에서 보여준 부모 사랑, 나라 사랑, 신의의 존중과 용기와 절제의 정신 등은 그 어느 나라, 어느 시대에서도 찾아볼 수 없는 감동적인 것으로 전한다. 특히 삼국이 첨예하게 대립하던 전시에 임해서 화랑들의 국가에의 헌신은 오늘날에도 우리의 국민적 기상으로 기려오고 있지만 그들의 위용과 정신은 항상 새롭게 재음미되어야 할 것이다.

삼국통일을 위한 결전의 마당에서 화랑도들이 발휘한 애국적 정신은 우리가 잘 아는 바이다. 죽음을 두려워하지 않고, 흔연히 호국에의 헌신을 솔선할 수 있었던 정신적 자세의 바탕은 바로 유학의 실천정신에 입각한 것이다. 그 좋은 예의 하나를 흠춘(欽春) 장군의 아들인 반굴(盤屈)에서, 그리고 반굴의 아들인 김령윤(金令胤)에게서 볼 수 있다. 태종 무열왕 7년(AD 660), 신라와 백제가 황산(黃山)벌에서 최후의 결전을 치를 때 전황은 백제군이 총력으로 저항하는 데에서 신라 편에 불리해졌다. 이에 흠춘(欽春) 장군은 함께 참전해 온 아들 반굴을 불러 다음과 같이 말하였다.

나라의 신하가 되어서는 충성을 다함만한 것이 없고, 집안의 자식이 되어서는 효성을 다함만한 것이 없다. 이제 네가 나라의 위급함을 보고

아낌없이 생명을 바친다면 충성과 효성 두 가지를 함께 온전히 이루는 것이다(爲臣莫若忠 爲子莫若孝 見危致命 忠孝雙全).

이에 반굴은 아버지의 권유에 따라 흔쾌히 출전하여 싸우다 장렬하게 전사하였다. 이 싸움에서 품왈(品曰) 장군의 아들인 화랑 관창(官昌)의 경우 또한 같은 것으로 끝내는 전세를 역전시키고 승리의 기선을 제압하였다. 신라는 이들 화랑도를 비롯한 조정과 국민 상하가 단결하고 죽음을 두려워하지 않는 대의(大義)를 위한 사생취의(捨生取義)의 정신으로써 통일의 위업을 이룩하였다.

반굴의 아들 김영윤은 삼국통일 후인 신문왕(神文王) 당시, 아직도 지방에서 출몰하는 고구려 패잔병을 맞아 전투에 나서기를 주저하는 군사들에게 다음과 같은 말을 남기고 역전(力戰)하다가 순국하게 된다.

적진에 맞서서 용기가 없는 것은 예경에서 꾸짖는 바이고, 전진을 하고 후퇴가 없는 것은 병사로서 변할 수 없는 본분이거니와, 장부가 임박한 사태에서 스스로 결단할 것이지, 어찌하여 무리만을 좇으려 하는가(臨陣無勇 禮經之所譏 有進無退 士卒之常分也 丈夫臨事 自決 何必從衆).

앞서 흠춘이 반굴에게 말한 이른바 '견위치명(見危致命)'이란 ≪논어≫〈헌문〉편에 나오는 '견위수명(見危受命)'과 같은 글의 인용이라 보아 좋을 것이다. 한편 김영윤이 말한 '임진무용(臨陣無勇) 예경지소기(禮經之所譏)'란 바로 앞에서 소개했던 ≪예기(禮記)≫ 권 24의 〈제의(祭義)〉편에 나오는 '전진무용(戰陣無勇) 비효야(非孝也)'를 가리키는 것이있다. 당시의 젊은 화랑도들에게 이미 난해한 유가 경전들이 폭넓게 수용되고 몸소 실천의 지침으로 삼았음을 보는 것이다. 특히 흠춘이 아들 반굴에게 말한바 충효쌍전(忠孝雙全)-충성과 효성 두 가지를 함께 온전히 실천함은 단지 반굴 한 개인에 의해서 이루어졌다고 할 것이기보다, 당시 화랑도와 국민적 기풍에 전반적으로 깃든 국민정신으로 보아 좋을 것이다.

한편 당시의 신라의 도의적 시풍과 호국의 상무정신은 당시의 중국 당나라에도 전해졌다. 당나라 군사는 명목상 신라를 도와 백제를 멸망시킨다는 원병을 파견했으나, 원래의 속셈은 차제에 신라까지도 정복하려는 계획이었다. 당시 당군(唐軍)의 총사령관인 소정방(蘇定方)은 누차 음모를 실행하려 했으나 신라군의 빈틈없는 방비에 끝내 성공하지 못하고 철수하였다. 소정방이 귀환하자 천자(天子)인 고종이 왜 신라까지 정벌하지 않았느냐고 묻자 그는 다음과 같이 보고한 것으로 전한다.

신라는 그 군주가 어질고 백성을 사랑하는데다가, 그 신하들은 충성으로 국가를 아끼고, 아래 백성들은 그 윗사람을 마치 친아버지나 형처럼 받드는지라, 비록 나라는 작아도 가히 도모할 수가 없었습니다(新羅 其君 仁而愛民 其臣忠而事國 下之人 事其上如父兄 雖小不可謀也).

신라는 진실로 충효쌍전(忠孝雙全) 하는 굳센 의지와 투철한 국민적 단결, 그리고 유진무퇴(有進無退)의 진취적이고 용감한 호국의 국민적 기백이 없었던들 자칫 당병(唐兵)에 의하여 한반도 전체가 전멸될 뻔하였다. 부모 사랑과 나라 사랑의 혼연 일체된 합일의 단합이 오늘의 우리나라가 존재할 수 있었던 민족의 저력이었음에 틀림없다.

신라는 통일신라 이전에 아직 전문적인 교육기관이 설립되지 않았다. 그전에는 단지 개별적으로 중국의 고전이나 문헌들을 전수 받아 학문에 뜻을 둔 일부 계층이 사적으로 학습하면서 점차 보급되었다. 신라에서 정식으로 학문기관이 설립된 것은 신문왕 2년(AD 682)에 예부 산하에 국학을 설치한데서 비롯된다. 그 후 성덕왕 16년(AD 717) 왕자인 김수충(金守忠)이 당에서 귀환하면서 공자를 위시하여 십철(十哲)과 72제자의 화상(畵像)을 가져와 이를 국학에 비치토록 하였다.

그 후 경덕왕 때(AD 743)에 당 현종으로부터 ≪어주효경(御註孝經)≫을 전해 받고, 그 4년 후(AD 747)에 국학에 제업박사(諸業博士)와 조교를 두었다. 여기서 국학에서 가르친 교과과목을 보면 3개 과정으로 구별되어 있는데, 이 모든 과정에서 ≪논어≫와 ≪효경≫은 공통과목으로 마련되었다. 이 3개 과정이 어떤 목적에서 구분되어 있는지 확실하지는 않다. 그러나 모든 과정이 ≪논어≫·≪효경≫ 두 경전을 공통과목으로 배정하고 있음을 생각하면 유학사상의 실천적 도의정신을 기본으로 교육하는 것임을 짐작할 수 있다.

한편 국학이 설립 된지 백년이 좀 지난 원성왕 4년(AD 788)에는 국학에서 공부하는 학생을 대상으로 관직에 선발할 인재를 뽑는 독서삼품과(讀書三品科)라는 시험제도를 설치하였다. 능력별로 선발시험은 하품과, 중품과, 상품과, 특채과로 나누어 시행하였다. 여기서 특채과를 제외한 상중하 3과가 모두 ≪효경≫을 시험과목으로 배정했고, ≪논어≫는 중, 상 두 과에 배당했고, 그 외에 중 하품과에는 〈곡례(曲禮)〉가, 상품과에는 ≪춘추좌씨전(春秋左氏傳)≫, ≪예기(禮記)≫ 및 ≪문선(文選)≫이 부과되었다. 〈곡례〉는 ≪예기≫의 첫 번째 편으로서 특히 생활예절의 기초적인 세목과 그 당위성을 설명한 내용이다. 모든 과목은 유학사상의 이른바 실천전반에 관하여 광범위한 이해를 요구한 듯 보인다.

신라가 정치와 교육 및 생활윤리 등에 걸친 광범위한 유교 문화적 성취는 대외적으로도 그게 알려진 듯하다. 당나라 현종도 신라를 가리켜 이른바 인의지향(仁義之鄕)이며 문장예악(文章禮樂)은 군자의 풍모를 보인다고 하였다(AD 731). 통일신라는 그 후 안정기를 맞이하면서 그동안 인의(仁義), 충효(忠孝) 같은 유교의 실천윤리를 바탕으로 삼고, 더욱이 제도화된 교육적 성과를 통하여 신라사회에 깊이 뿌리 내리고, 후세의 유교문화 창달에 튼튼한 기반을 이루고 국가사회를 지탱하는 정신적 지주의 역할을 하였다.

3) 예(禮)

근래 우리 주변에서는 효나 충효 문제에 관하여 재검토·재평가의 기회가 드물지 않다. 어떤 논의에서나 찬부양론은 있기 마련이지만, 이 문제만 해도 긍정적이고 옹호론적 주장이 있는 반면에 회의적이거나 부정적 발언도 예상할 수 있다. 도대체 오늘날과 같은 자유 민주사회에서 하필 옛날의 충효사상을 다시 들먹여야 할 이유가 무엇이냐는 반문이다. 무엇 때문에 무한 복종을 미덕으로 여기는 효나, 옛날 군주 앞에서나 요구되던 무조건적 충성과 복종을, 전제 국가도 아닌 시민사회의 현대인에게 재등장시키려드느냐면서 신랄하게 비판도 한다. 이 같은 추궁과 비판의 소리는 사실상 전혀 근거 없는 것만도 아니다.

그리 멀지 않은 우리의 과거의 생활에서도 우리 어르신네들의 초인적인 인내와 복종의 생활상이 슬프도록 깔려 있다. 효행과 충렬의 삶이 마냥 훌륭하고 바람직하다고 현창되는 이면에는 숭고한 희생정신과는 거리가 먼 인간학대가 가로놓였던 경우도 엿보인다. 중국에서 원나라 때 발간된 ≪이십사효(二十四孝)≫나, 조선왕조 때 간행된 ≪삼강행실도(三綱行實圖; 世宗時, 설순찬偰循撰)≫, ≪오륜행실도(五倫行實圖; 正宗時, 이병모(李秉模) 撰)≫ 등은 윤리생활에서 모범삼아 좋을 미행충절(美行忠節)들을 소개하여 교육시켰다. 그러나 이들 내용 중에는 오늘날 도저히 용납할 수 없는 우직스러운 행위조차 표창되고 있음을 보게 된다. 예컨대 이른바 오맹위문(吳猛餵蚊), 곽거매아(郭巨埋兒) 및 검루상분(黔婁嘗糞) 등이 그것이다.

우리는 지난 일본식민 통치기간 중에 선량한 우리 백성들이 총동원되어 되돌아올 길 없는 죽음의 전쟁터로 끌려갔으면서도 성전(聖戰: 거룩한 사명을 띤 전쟁)에 진충보국(盡忠報國)이니 옥쇄(玉碎)하였다고 보도되었다.

여기에서 우리는 효와 충효의 본질이 본래는 타율적인 규범이 아니라 완전히 자율적이고 순수 목적적인 도덕성의 발로이자 그 실천 행위임을 재확인할 필요가 있다. 충효는 본질적으로 정치 이데올로기를 넘어서는 보편적인 윤리정신이다. 충효정신은 나와 남이 함께 합일할 수 있는 도덕성이라 하겠다. 효가 부모에게 향하는 자발적 친화력이라면 충은 또한 내심의 충실을 바탕으로 한 것인데서 효의 친화력과 본질적으로 다른 것이 아니다. 뿐만 아니라 충은 타인 또는 넓게는 국가에까지 미치는 확충력이 있는데서 충효는 결국 개인과 국가 사이의 통합을 도모하기에 유리할 수 있다. 효심·효성이 내적으로 충성과 일맥상통할 뿐 아니라, 양자는 모두 가정의 울타리를 벗어나서 마땅히 사회성을 지니는 데까지 확충해 나아가야 할 것이다.

효의 정신은 더 이상 편협한 가족 중심적 이기주의를 조장하는 원천으로 간주될 것이 아니다. 가정의 본질은 가족 간의 사랑의 자발성과 친화력이 넘치는 원천임에 틀림없다. 따라서 효에 의하여 다져지는 가정 내부의 사랑과 친화성은 보편적인 인간 사랑, 더 확충된 나라 사랑에로 미쳐야 할 것이다. 이 정신은 이 화랑들의 이른바 충효쌍전(忠孝雙全)에서 그 모범을 볼 수 있었던 예다. 옛날 주자나 퇴계 선생은 모두들 인간 내면의 인외 정신은 사람에게만 미칠 도덕성일 뿐 아니라 심지어 자연의 오수초목(烏獸草木)에까지 미치는 사랑의 마음이라고 강조하였다. 마음 안에 깃든 효심은 바로 인간 사랑에로 확충될 유가 철학적 체계를 배경으로 논증될 수 있는 문제다. 여하튼 충효는 요약해서 인간의 존엄성을 높이는 보편적인 윤리정신으로 유도 되어질 수 있다.

오늘날 우리 사회는 인간의 가치가 지나친 효율성과 개인적인 이기주의에 지배당하는 데에 인간존엄성이 침해를 당하고 있다. 온 국민은 가정과 사회에서 이 충효의 생동하는 이념으로써 인간 본연의 정신적 지주를 확보하고, 나아가 국민정신으로서 건실하게 내재 내연시켜갈 수 있도록 다 같이 노력해야 할 것이다.

제3장

화랑도와 삼국통일

1. 화랑도의 개관

1) 화랑도의 성립과정

화랑을 우두머리로 한 신라시대의 청소년 수련단체 화랑이라는 말은 꽃처럼 아름다운 남성이라는 뜻인데, 혹은 화판(花判)·선랑(仙郎)·국선(國仙)·풍월주(風月主) 등으로 불리기도 한다. 단체정신이 매우 강한 청소년 집단으로서 교육적·군사적·사교 단체적 기능을 가지고 있었다. 무엇보다도 많은 인재를 배출하여 신라의 삼국통일에 크게 이바지하였으며, 한편으로는 골품제(骨品制) 사회에서 발생하기 쉬운 여러 계층 간의 긴장과 갈등을 조절, 완화하는 데도 이바지하였다.

원시공동체 사회에서는 촌락과 같은 지역공동체의 요소가 본래 강하게 작용하고 있으나, 한편으로는 그 내부에 청소년조직과 같은 인위적인 공동체가 발생하여 그 다음 단계의 국가사회에 들어와서도 계속 발전하게 되었다. 이러한 조직은 유목사회에서보다는 농경을 위주로 하는 농업사회에서 특히 발전하였다는 견해가 있다. ≪삼국지(三國志)≫와 ≪후한서(後漢書)≫에는 이미 삼한시대에 마을의 청소년들이 그들 고유의 집회소를 가지고 있었으며, 견디기 어려운 시련행사를 즐겁게 받고 있었음이 기록되어 있다. 일부 학자들은 이 시련행사를 노예노동 또는 지게를 사용한 농업노동으로 보기도 하나, 오늘날 인류학적인 조사연구의 결과 수장제(首長制) 사회에서 일정한 연령에 도달한 마을의 남성들이 비밀결사를 만들어 집회소를 중심으로 하여 공동생활을 하면서 성년이 될 여러 가지 경험을 쌓고 있는 것은 세계적으로 거의 보편적인 사실이 되고 있다. 이들의 수련생활은 성년식을 고비로 일단 끝나게 되는데, 이때 매우 어려운 시련행사가 부과되는 것이다.

우리나라 농촌에서 아직도 쓰이고 있는 두레라는 말은 본래 마을과 같이 지역공동체의 칭호였는데, 그 어원은 '들어간다'는 의미의 '들, 들이, 들어'에서 유래한 것으로 생각되고 있다. 즉, 입문의 뜻인데, 이는 아마도 삼한시대에 마을의 젊은이들이 그들 고유의 집회소에 들어가고 한 사실에서 연유하였거나 아니면 성년식을 통하여 비로소 성년이 되고 한 사실에서 비롯된 말로 짐작된다. 이와 같은 청소년조직은 그 결합의 원리상 성과 연령을 공통으로 하는 일종의 연령집단의 성격을 띠고 있는데, 흔히 씨족이나 지연집단과 함께 일정한 사회구조를 지속시키는 기본적 사회집단의 기능을 수행하고 있다. 사회인류학자들의 주장에 따르면, 이러한 연령집단은 친족집단이 공고하지 않으며 또한 중앙집권적인 정치체제가 아직 발달하지 않은 상태에서 활발하게 작용한다고 한다.

신라는 4세기 중엽을 하나의 경계로 하여 급속히 국가체제를 정비해갔다. 따라서 촌락중심의 청소년조직은 그 성장·발전에 있어서 커다란 지장을 받았을 것으로 짐작된다. 더욱이 중앙집권체제의 정비와 더불어 신라사회에 점차 친족적인 사회조직이 생성, 강화되어 간 것은 그 추가적인 저해요인이 될 수밖에 없었다고 여겨진다. 6세기에 들어오면서 신라는 우경(牛耕)을 전국적으로 보급시켰는데, 소를 가진 자와 그렇지 못한 자와의 사이에는 경작능력에 있어서 커다란 차이가 생기게 되어 촌락공동체 간의 균형이 파괴되었을 뿐 아니라 이와 거의 같은 시기에 도입, 시행된 군현제(郡縣制)로 말미암아 점차 공동체의 독자적인 성격마저 중앙정부에 의하여 흡수되기 시작하여 종전의 청소년조직은 더 이상 발전하기는커녕 오히려 쇠퇴하지 않을 수 없는 형편이 되었다. 아마도 이러한 상태에서 중앙정부에 의하여 제정된 것이 흔히 화랑도의 전신이라 불리는 원화(源花, 原花)제도였을 것이다. 이것은 정부가 필요로 하는 인재를 얻기 위한 방편으로 여러 사람을 떼 지어 놀게 하여 그 행실을 보아서 등용하려던 제도로서 어여쁜 여성 두 명을 가려 단장을 삼게 한 것이었다.

처음 원화로 뽑힌 남모(南毛)와 준정(俊貞)은 무리를 300여 명이나 모았으나 얼마 뒤에는 두 여성 사이에 어여쁨을 다투어 시기하는 일이 생겨, 마침내 준정이 남모를 자기 집으로 유인하여 억지로 술을 권하여 취하게 한 뒤 이를 끌어다 강물에 던져 죽여 버린 사건이 발생하기에 이르렀다. 결국 준정은 이 일로 인하여 죽음을 당하였는데, 이와 같은 일이 있은 뒤 그 무리는 화목을 잃어 해산되고 말았다고 한다. 이처럼 원화제도는 실패로 끝나고 말았으나 어떻든 신라 정부로서는 인재를 양성, 확보할 필요성이 그대로 남게 되었다. 6세기 전반기에 신라는 주변의 조그만 나라나 가야·고구려와 같은 큰 나라를 상대로 활발한 정복진쟁을 벌이기 시작하였다. 이에 따라 많은 병사를 필요로 하게 된 것은 말할 나위도 없다. 새로운 군사제도가 만들어진 것도 이때였다. 544년(진흥왕 5)에 설치된 대당(大幢, 집단)은 바로 그 핵심이 되는 군단이었다. 화랑도가 국가에 의하여 정식으로 제정된 것도 진흥왕 때(540~576)의 일이었다. 비록 그 확실한 제정연대는 알 수 없으나 562년의 대가야 정벌에 사다함(斯多含)이 화랑의 자격으로 종군하고 있는 만큼 그 제정연대는 이보다 빠른 시기인 것이 확실하다. 초대화랑은 설원랑(薛原郞)이었다고 전해지고 있다. 당시 신라 조정이 화랑도 제정을 서두른 것은 핵심이 되는 군대를 보충할 수단으로써 그것이 당장 필요했을 뿐 아니라 장기적으로는 이를 통해서 국가가 필요로 하는 인재를 양성하기 위해서였다.

화랑도는 이처럼 궁극적으로는 인재를 양성한다는 교육기관의 임무를 띠고 출발한 제도였으나, 법률로서 제정된 정식 국가기관은 아니었다. 이것은 종전에 있어서의 촌락공동체적인 청소년조직의 전통과 중국 율령(律令)의 도입을 통해서 배운 관청조직의 원리를 교묘하게 결합시켜 만든 일종의 반관반민 성격을 띤 조직은 고구려에도 있었다. 경당이 바로 그것인데, 이것은 화랑도와 마찬가지로 청소년조직의 전통을 이은 것이며 여기서 미혼 청년들이 도의를 닦고 무술을 연마하였다. 신문왕 때에 정규의 국가적 교육기관인 국학(國學)이 완비된 뒤에도 화랑도가 교육적 기능을 지니는 민간의 조직으로서 전과 다름없이 존속한 것은 이 때문이다.

2) 조직과 수련방법

화랑도는 한 시대에 하나의 집단만이 존재한 것은 아니다. 화랑도 운동이 크게 일어났던 진평왕 때의 경우를 보면 많을 때는 7개 이상의 화랑집단이 동시에 존재하기도 하였다. 따라서 조정에서는 이들 여러 개의 집단을 통솔할 중심기관 또는 중심인물이 필요하였던듯한데 화주(花主)가 바로 그것이 아니었을까 추측되고 있다. 화랑집단은 각기 화랑 한 명과 승려 약간 명, 그리고 화랑을 따르는 다수의 낭도(郎徒)로 구성되어 있다. 이 낭도의 수효는 일정하지 않으나 많을 때는 1,000명이 되기도 하였다. 화랑은 이 집단의 중심인물로서 용모가 단정하고 믿음직하며 사교성이 풍부한 진골귀족 가운데서 낭도의 추대를 받아 뽑혔다. 768년(혜공왕 4) 신라에 사신으로 온 당나라 고음(顧愔)이 지은 견문기인 ≪신라국기(新羅國記)≫에 "귀인 자제 가운데 어여쁜 자를 뽑아 분(粉)을 바르고 곱게 단장하여 이름을 화랑이라 하였으니 나라 사람들이 모두 높이 섬긴다."고 한 것은 바로 이 사실을 가리킨다. 신라시대를 통틀어 화랑은 모두 200여 명이나 되었다고 한다. 이 화랑의 무리 가운데 섞여서 활동하는 승려들은 월명사(月明師)의 경우에서 보듯 노래가사를 짓는다거나 화랑집단이 어떤 의식을 집행할 때 도와주는 등 주로 지적·정신적인 방면에서 화랑을 지도하는 위치에 있었던 만큼 학문적 교양이 풍부한 사람이 이에 뽑혔다.

한편 낭도들의 신분이나 자격은 확실히 알 수 없으나 아마도 수도인 경주에 사는 6부민(六部民) 출신 자제들이 주축을 이루지 않았을까 짐작된다. 종래에는 이들을 진골귀족 이하 6두품·5두품·4두품에 이르는 상류계층 출신의 청소년만으로 좁혀서 생각하였으나, 그들 가운데는 일반 병졸이 되는 경우도 적지 않았던 만큼 3두품 이하 2두품·1두품에 이르는 평민들의 자제도 낭도에 포함되어 있었을 것으로 보는 이처럼 진골귀족에서부터 일반평민에 이르기까지 여러 신분에 속하는, 수도 거주의 청소년들을 대상으로 하여 그들 자신의 의사에 따라 자발적으로 맺어지고 있는 점이 하나의 특징이다. 이 점을 강조해서 말한다면, 화랑도는 골품제도와 같이 혈연주의의 원리에 입각하여 만들어진 단체기 이니라 혈연주의를 초월하여 자신들의 의사에 의하여 결성된 일종의 결사체라 할 수 있다.

수련방법은 화랑도는 일정한 기간을 정해놓고 단체생활을 한듯하다. 신라사회에서는 통상 3년을 하나의 서약·수련·의무기간으로 정하고 있는데, 대표적인 화랑이었던 김유신(金庾信)의 전기를 보아도 그 수련기간이 3년으로 나타나 있다. ≪삼국사기≫나 ≪삼국유사≫의 화랑에 대한 기록을 종합해보면 화랑은 대개 15세부터 18세까지의 청소년으로 되어 있다. 화랑집단의 성원들은 이 기간 동안 경주 부근의 남산을 비롯하여 금강산이나 지리산 또는 최근에 알려진 경상남도 울주군 두동면 천전리 계곡과 같은 명승지를 찾아다니면서 국토에 대한 애착심을 기르는 한편 도의를 연마하였다. 물론 이러한 순례의 목적 가운데는 국토에의 함양 외에도 실제로 지리를 익힌다는 점도 있었다. 특히, 집단의 수령인 화랑은 김유신의 경우에서 볼 수 있듯이 때로는 혼자서 깊은 산속의 동굴을 찾아가 단식기도하면서 여러 가지 신비스러운 체험을 하기도 하였다. 이러한 체험은 최남선(崔南善)이 잘 지적하였듯이 "사람의 생명이나 국가의 운조(運祚, 복조)가 오로지 산신(山神)의 의사 여하에 달렸다고 하여 마치 그리스의 올림푸스에 있어서와 같이 신탁(信託)과 예언이 이 산신에 의하여 계시되는 것으로 알았기 때문"일 것이다.

이처럼 화랑의 인격 전환내지 자기혁신에 샤머니즘의 요소가 크게 작용하고 있는 것은 주목할 만 한 사실이다. 화랑도가 연마한 도의는 흔히 6세기말 진평왕 때 원광법사(圓光法師)가 제정한 세속오계(世俗五戒)로 생각되고 있는데, 그 가운데서도 그들이 특별히 귀중하게 여기던 사회윤리 덕목은 충(忠)과 신(信)이었다. 이것은 화랑도가 제정된 6세기 중엽으로부터 삼국통일을 이룩하게 되는 7세기 중엽까지의 1세기 동안이 신라 역사상 드물게 보는 국난기였으며, 한편 이러한 시대에 숭상되는 도의는 바로 충과 신이었기 때문이다. 이처럼 화랑도는 성원 스스로의 의사에 따라 결합되어 공동목표를 위하여 일정한 기간 동안 수련하는 단체였던 만큼 그 성원 간의 인적 결합관계는 매우 긴밀할 수밖에 없었다. 그들 사이의 우정은 단순한 우정관계가 아니었으며 사다함의 경우에서 볼 수 있듯이 동료인 무관랑(武官郎)과 사우(死友)를 약속하였을 뿐 아니라 무관랑이 병으로 죽은 뒤에는 통곡한 나머지 그 자신도 병사할 정도로 심각한 관계였다. 이 점에 대하여 일부 학자들은 화랑도 성원 사이에 일종의 동성애가 행하여진 것은 아닐까 추측하고 있으나 확실한 것은 알 수 없다. 어떻든 화랑도 성원 간의 우정관계나 그 단체의식은 매우 강하여 가령 성원 가운데 어떤 사람이 억울한 일을 당할 경우에는 그 가해자에 대하여 일종의 사법권을 행사하는 일도 서슴지 않았다.

3) 화랑의 무사도로서의 성격

화랑도는 그 독특한 무사도로서 널리 알려져 있다. ≪삼국사기≫에 수록된 화랑들의 전기를 보면 이 시대에는 화랑뿐 아니라 낭도나 일반 병졸에 이르기까지 조국을 지키기 위해서는 목숨을 아끼지 않는다는, 무엇보다도 전사(戰死)를 명예로 여기는 무사도의 정신으로 가득 차 있었던 것을 알 수가 있다. 다만, 전쟁터에 있어서 뿐 아니라 일상생활에 있어서도 화랑집단의 성원들은 목숨을 가볍게 여겨 ≪삼국사기≫의 저자로 하여금 이를 개탄하게 할 정도였는데, 이러한 무사도는 특히 화랑 출신의 장군들이 모범을 보였다.

660년(태종무열왕 7) 백제를 치기 위한 원정군의 주요한 장수는 김유신을 비롯하여 그의 아우인 흠순(欽純 또는 흠춘欽春)과 품일(品日) 등이었는데, 황산(黃山)벌판의 싸움에서 품일과 김흠순은 신라군의 사기를 드높이기 위하여 각기 아들인 화랑 관창(官昌)과 반굴(盤屈)을 전사하게 하였다. 한편, 김유신은 그 뒤 672년(문무왕 12)에 그의 아들 원술(元述)이 석문전투(石門戰鬪: 황해도 서흥으로 생각됨)에서 당군과 싸워 패

전한 끝에 살아서 돌아오자 왕명을 욕되게 하였을 뿐 아니라 가훈을 저버렸다는 이유로 그를 죽일 것을 왕에게 탄원한 적도 있다. 비록 원술은 왕의 비호로 목숨을 구하였으나 그 뒤로는 감히 아버지를 볼 수 없었으며, 아버지가 죽은 뒤에는 어머니를 만나려 하였으나 끝내 어머니의 허락을 얻지 못하였다. 이러한 무사도가 화랑도의 집단수 련을 통하여 배양된 것임은 말할 것도 없는데, 이 신라의 무사도에 대하여는 일본의 무사도를 자랑해 마지않는 일본의 역사가들조차 가 마쿠라 막부(鎌倉幕府) 초기의 이름난 무장이었던 구마가이(熊谷直實) 가 전쟁터에서 끊임없이 자기 아들을 비호한 것과 정반대되는 일이 라고 놀라움을 금하지 못하고 있다.

놀이로서의 성격 화랑도의 수련에서 빼놓을 수 없는 것이 노래와 춤이었다. 본래 노래가 정신교육에, 특히 청소년의 의기를 북돋우는 데 이바지하는 것은 매우 큰데, 〈도령가(徒領歌)〉나 〈사내기물악(思內 奇物樂)〉은 바로 화랑도의 노래로 알려져 있다. 이 점에서 화랑도는 다른 민족의 청소년집단이나 전사조직과 마찬가지로 가무조합 (tanzengesellschaft, dancing society)으로서의 일면을 가지고 있다고 할 수 있다. 이 화랑도의 노래와 춤은 그들의 명승지 순례와 더불어 놀이 (play, spicl, jeu)로서의 성격을 강하게 띠고 있는 점이 주목된다. 물론, 화랑도의 국토순례라든지 노래와 춤이 어떤 실제적인 목적에서 떠났 다면 즐기기 위한 목적으로 행해진 것은 아니었으나, 역시 놀이의 성격에서 크게 벗어난 것은 아니었다. 인간을 놀이하는 존재, 이른바 호모 루덴스(Homo Ludens)로 보는 호이징가(Huizinga, J.)나 그 비판적 계승자라고 할 수 있는 카이유와(Caillois, R.)에 의하면 놀이는 인간의 본질이며 동시에 문화의 근원이라는 것인데, 제식(祭式)·주술(呪術)· 전례(典禮: 왕실 의식)·비적(秘蹟)·밀의(密儀: 비밀 논의) 등이 이 놀이의 적용 영역에 잘 들어맞는다고 한다.

이들의 견해에 따르면, 문화가 놀이의 성격을 잃게 되면 그 근원으로부터 떨어져나가는 결과를 초래하여 마침내 붕괴의 길을 걷게 된다고 한다. 그런데 놀이는 진지함이나 혹은 실제적 이익과 양립하는 것으로서 이 두 가지는 허구와 현실 사이에서 영원히 대립과 화해의 과정을 되풀이하며, 양자가 일정한 거리를 둔 긴장관계에서만 참된 문화가 유지될 수 있다고 한다. 그리고 이 일정한 거리가 없어질 때 문화는 생명을 잃게 되고, 열광(fanaticism)이라고 하는 일종의 극한적인 정신 상태를 초래하게 된다고 한다. 나아가 이 극한 상황에서는 놀이의 법칙이 무시되며, 다만 적과 동지, 흑과 백 이외의 판단은 불가능해진다고 한다. 이러한 놀이의 사상은 직(直)과 예(禮)의 균형조화를 강조한 유교의 예악사상(禮樂思想)과도 서로 통하는 바가 있는데, 화랑도의 인격형성이나 나아가서는 그 세계관 형성에 이 놀이의 성격이 내포되어 있는 점은 흥미 있는 사실이다.

미륵신앙과의 관계 화랑도는 불교의 미륵신앙(彌勒信仰)과 결부되어 있는 점이 주목된다. 그 수령인 화랑은 도솔천(兜率天)에서 하생(下生)한 미륵으로 여겨졌을 뿐 아니라 그 집단 자체가 미륵을 좇는 무리로 일컬어졌다. 화랑 김유신의 무리를 당시 사람들이 용화향도(龍華香徒)라 불렀다는 것이라든지 화랑 죽지랑(竹旨郎)의 탄생설화에 미륵이 등장하고 있는 점, 또한 진지왕 때에 승려 진자(眞慈)가 항상 당주(堂主)인 미륵상 앞에 나아가 대성(大聖)이 화랑으로 화신하여 이 세상에 나타나기를 빌었다는 미륵선화(彌勒仙花)의 이야기 등은 모두 화랑도와 미륵신앙과의 깊은 관계를 암시하는 실례들이다.

따라서 일부 학자들은 화랑도 자체를 미륵신앙에 의하여 결합된 동신자(同信者) 집단으로 보고 있기까지 한 것이다. 나아가 화랑도가 가장 활기를 띤 600년을 전후한 시기에 특히 많이 만들어진 미륵반가사유상이야말로 바로 화랑집단이 찾고 있던 미륵의 모습일 것이라는 견해마저 나오고 있는 실정이다. 그러나 미륵 화랑도가 미륵신앙과 매우 밀접한 관계를 맺고 있었다고 하더라도 화랑도의 운동 자체를 미륵신앙과 흔히 결부되어 있는 메시아주의 운동으로는 파악하기 어렵다. 왜냐하면 중국이나 우리나라에 있어서 불교적 메시아주의 운동은 대개 미륵신앙에 집약되어 종교적인 성격을 띤 반란이나 혹은 정권장악을 위한 한 방편으로서 이용되는 것이지만, 그러나 화랑과 결부되어 나타난 6~7세기경의 미륵신앙은 하루라도 빨리 이상국가를 건설해보고 싶다는 왕실 및 귀족계급의 열망에서 나온 것일 뿐 화랑도조직 자체는 어디까지나 현실의 왕권과 권력기구를 옹호하고 있기 때문이다.

4) 화랑도의 기능과 역할

화랑도는 삼국항쟁이 치열하게 전개되기 시작한 진흥왕 때 제정되어 삼국통일을 이룩할 때까지 한 세기 동안에 걸쳐 크게 활기를 띠었다. 화랑도는 이 중대한 시기에 국가가 필요로 하는 인재들을 많이 배출하였다. 통일신라시대 초기의 역사가였던 김대문(金大問)이 그의 ≪화랑세기(花郞世記)≫에서 화랑도를 평하여 "현명한 재상과 충성스런 신하가 여기서 솟아나오고, 훌륭한 장수와 용감한 병사가 이로 말미암아 생겨났다"고 한 것은 이 사실을 단적으로 말해주는 한 예이다. 특히 고구려와 백제를 상대로 하여 100년이라고 하는 오랜 기간에 걸쳐 전쟁상태에 돌입해 있던 신라의 국가적 위기에 화랑도는 전사단으로서 크게 이바지하였다.

그들은 사태가 중대한 때에는 곧바로 군부대에 배속되어 작전에 동원되었으며, 수련기간이 끝난 뒤에는 국가의 정규부대인 당(幢)·정(停)에 편입되어 정식 군인으로서 활동하였다. 화랑도의 무사도가 화랑집단의 구성원 사이에서 뿐만 아니라 일반평민층까지 널리 퍼져서 시대정신의 구현에 이바지한 것은 아니었다. 화랑도 조직은 매우 의협심이 강한 집단으로서 효녀 지은(知恩)의 이야기에서 알 수 있듯이 약한 자를 도와주는 데 서슴지 않았고, 때로는 사회질서의 안녕을 위하여 마을의 야경을 맡기도 하였다. 그러나 화랑도의 역할은 이런 일에서 그치는 것이 아니었다. 화랑도가 제정되어 크게 활동하던 시기는 바야흐로 골품제도라고 하는 신라 고유의 신분제도가 확립되어 전국적으로 확산되어가던 때였는데, 화랑도는 이러한 신분계층사회에서 발생하기 쉬운 알력이나 갈등을 조절, 완화하는 데도 부분적으로나마 기여하였다. 그것은 화랑도가 진골귀족을 비롯하여 하급귀족, 일반평민 출신 등 여러 신분계층으로 구성되어 있으면서도 그 집단 자체는 어디까지나 국가에 대한 충성과 애국을 강조하는 집단이었기 때문이다.

5) 화랑도의 변천

삼국통일을 달상하게 됨으로써 신라의 제1차 당면과업이었던 군사적 과업은 일단 완료되었다. 이에 따라 전사단으로서의 화랑도의 존재 의의는 저절로 줄어들 수밖에 없었다. 더욱이 통일 후 100년 동안 신라가 전에 체험해보지 못한 안정기를 누리게 되면서 그동안의 긴장된 생활에서 갑자기 해방됨으로써 전반적으로 사회의 기강이 흐려지기 시작하였다. 이에 따라 화랑도의 수련도, 특히 국토순례 의미를 지니면서 행해지던 명승지순례도 다만 즐기는 것 자체를 목적으로 한 극단적인 놀이의 성격으로 점차 변질되어갔다. 여기에는 도교의 신선사상이 크게 침투, 작용한 데도 그 원인이 있었다. 신라말기의 학자였던 최치원(崔致遠)은 화랑 난랑(鸞郎)을 기념하는 비문의 서두에서 "우리나라에 현묘한 도가 있으니 이를 풍류(風流)라 일컫는다. 그 가르침의 기원은 선사(仙史: 화랑의 역사)에 자세히 실려 있는데, 실로 이는 유교·불교·선교(도교)를 포함하여 중생을 교화한다. 그리하여 그들이 집에 들어오면 효도하고 나아가면 나라에 충성하는 것은 공자의 가르침 바로 그대로이며, 또 그 행함이 없는 일에 처하고 말없는 가르침을 행하는 것은 노자의 종지(宗旨) 그대로이며, 모든 악한 일을 하지 않고 착한 일만을 행함은 석가의 교화 그대로다"라고 하여 화랑도의 근본정신을 유교·불교·도교의 혼합에서 나온 이른바 풍류도로 규정하였는데, 이는 놀이의 성격이 한층 강화된 삼국통일 이후, 특히 9세기 후반의 화랑도의 실태를 머리에 두고 내린 정의였다고 생각된다. 앞에서 본 바와 같이 화랑도의 수련에는 놀이의 성격이 있었으나, 놀이 그 자체가 목적이 아니었고 어디까지나 실제적인 목적을 잃지 않았던 것이다.

요컨대, 신라말기의 화랑도는 현실과 허구 사이에 당연히 있어야 할 자체 내의 긴장관계를 잃고 만 것이었다. 더욱이, 신라는 9세기에 들어와 왕권이 쇠약해진 반면 상대적으로 진골귀족의 세력이 크게 떨치게 되었는데, 이에 따라 화랑도는 다시금 귀족들의 문객(門客) 내지는 사병적인 성격을 띠는 집단으로 변질되어갔다. 822년(헌덕왕 14) 김헌창(金憲昌)의 반란을 토벌하기 위하여 안락(安樂)과 명기(明基)라고 하는 두 명의 화랑이 출전한 적이 있으나 그 뒤 국가권력의 쇠퇴와 더불어 점차 화랑도는 국가의 권력기구를 지지, 옹호한다는 본래의 성격과는 거리가 먼 청소년집단으로 변하였다. 이처럼 신라말기로 접어들수록 점차 변질되어가던 화랑도는 신라의 멸망과 함께 그 제도마저 사라지게 되었다. 그러나 화랑도의 유풍이 완전히 없어진 것은 아니었다. 고려시대 궁중의 연중행사였던 팔관회(八關會)의 제의(祭儀)에 양가의 자제를 뽑아 그들로 하여금 노래를 부르고 춤을 추게 한 것 등은 그 한 유풍으로 볼 수 있는 것이다. 또한 고려시대에 국자감(國子監)과 같은 관학 교육기관이 엄연히 존재하였음에도 불구하고, 한편으로는 사학십이도(私學十二徒)와 같은 민간 교육기관이 크게 일어난 것도 신라시대 화랑도의 전통이 남아 있었던 데서 연유하는 현상으로 보인다. 그러나 조선시대에 들어오면서 이러한 화랑의 유풍마저 사라지게 되고 오로지 노래나 춤을 즐긴다는 가무조합적 기능만이 남게 되었다. 그리하여 화랑이라고 하면 남자무당·창우(倡優)·유녀(遊女)·무동(舞童) 따위를 가리키는 말로 쓰이게 됨으로써 마침내 화랑도의 본질적인 성격과는 완전히 다른 개념이 되고 말았다.

2. 화랑도의 연원과 5계 정신

한반도의 동남쪽에 위치해 있으며, 문화적·군사적으로 보아 고구려·백제에 비해 군색하고도 가난했던 신라가 오히려 고구려·백제 두 나라를 격파하고 삼국통일의 대업을 완수한 데에는 여러 가지 이유가 있지만, 그 중에서도 가장 주목될 만한 것은 화랑도이다.

그러나 화랑도가 언제부터 신라에 국가 사회중흥의 대도로 체제화되었는가에 대해서는 문헌의 불비로 인해 분명한 추정이 이루어지지 않고 있다. 우선 화랑도의 설치에 대한 직접적인 기사를 찾아보면 ≪삼국사기≫ 진흥왕 37년(576)조 봄에 처음으로 원화(源花)를 받들었다. 이보다 앞서 군신이 인재를 찾기가 힘든 것을 염려한 생각 끝에 무리를 모아 함께 교유(交遊)하도록 하고, 그 행의(行儀)를 살펴 등용하기로 하였다. 그리하여 우선 미녀 2명을 뽑았는데, 남모(南毛)와 준정(俊貞)이었다. 두 여자는 3백여 명의 무리를 모았는데, 서로 질투 끝에 싸우기 시작했다. 준정이 먼저 남모를 자기 집으로 유인해 취하도록 술을 강권한 다음 끌어다 강물에 던져 죽였다. 그 일이 발각되어 준정은 곧 복주(伏誅: 형벌에 죽음)되고, 그 무리는 해산되었다. 그러한 일이 있은 후부터는 미모의 남자를 택하여 치장(장식粧飾)시킨 다음, 화랑이라 부르고 받들게 하자, 다시 무리가 모여들게 되었다. 이때부터 화랑의 무리는 도의(道義)로써 몸과 마음을 연마하고 가악(歌樂)으로써 즐기며 산수(山水)를 찾아 돌아다녔는데, 그들은 안 가는 곳이 없었다. 그리하여 화랑도로써 사람의 정사(正邪: 바른 것과 사악한 것)를 분별하고 선한 사람을 가려 조정에 천거할 수 있게 되었다.

또 삼국유사에서는 진흥왕 때의 일을, 대왕이 명을 내려 원화(源花)를 폐지하기 여러 해 되더니 다시 우리나라를 중흥하자면 반드시 풍월(風月)의 도가 있어야 한다고 생각하게 되었다. 그래서 다시 영을 내려서 양가(良家: 선량한 집안)의 남자 가운데 덕행이 있는 사람을 뽑아서 화랑이라고 바꾸어 부르게 하고 설원랑(薛原郞)을 국선(國仙)으로 삼아 받들게 하였다. 이로써 화랑 국선이 처음으로 시작되었다.

이렇듯 상세한 내용을 전하고 있다. 이로써 우리는 화랑도가 신라 진흥왕 때에 국가 중흥의 대과업을 수행할 수 있는 인제, 즉 엘리트의 양성을 위해 국가적인 체제로 정비되었던 것과, 설원랑이 최초의 화랑 국선인 것을 알 수 있다.

그러나 이 화랑도의 사상적 연원이 이보다 훨씬 앞선 것임을 상국사기에 인용된 다음과 같은 글에서 찾아볼 수 있다. 즉 신라 성덕왕(聖德王) 때 사람인 김대문(金大問)의 《화랑세기》에, "어진 재상과 충성된 신하가 여기서 빠져나오고, 뛰어난 장사와 용감한 군사가 이로 인하여 생겨났다"고 하였다.

또 그 후의 신라 사람이었던 최치원(崔致遠)이 지은 〈난랑비 서문(鸞郞碑 序文)〉에, "우리나라에는 현묘(玄妙)한 도가 있다. 이를 풍류(風流)라 하는데, 이 교를 설치한 근원은 선사(仙史)에 자세히 실례 있거니와, 실로 이는 3교를 포함한 것으로 모든 민중과 접촉하여 이를 교화하였다. 또한 그들은 집에 들어가서는 부모에게 효도하고, 나와서는 나라에 충성을 다하니, 이는 노나라 공자(孔子)의 종지(宗旨: 종교의 가르침)이었으며, 악한 일은 하지 않고 착한 행실만 신봉하여 행하는 것은 불교 석가(釋迦)의 교화이다"라 적었다.

또 당나라 영호징(令狐澄)의 ≪신라국기(新羅國記)≫에는, "귀인의 자제로 아름다운 사람을 가려 뽑아서 분을 바르고 곱게 단장하여 화랑이라 이름하고, 나라 사람들이 모두 존경하여 섬겼다"고 설명하고 있다.

여기서 언급한 '선사'를 찾아볼 수 없는 오늘에 있어서는 이것만으로 화랑의 연원을 분명히 단언할 수는 없다. 그러나 이미 지적한 3교가 유교·불교·도교의 3교를 가리키는 것임이 분명하듯 적어도 진흥왕 이전부터 우리 민족에게는 3교를 포함할 수 있는, 다시 말해서 3교의 장점을 다 지니고 있는 우리 고유의 종교가 따로 있었음을 추측하게 된다.

이 점은 또한 앞서 인용된 진흥왕의 "우리나라를 중흥하려면 반드시 풍월도를 중흥해야 된다"는 말과 결부시켜 볼 때, 더욱 그것을 구체화해 주고 있다. 화랑의 칭호가 처음부터 원화·국선·선랑 등으로 불리었으며, 또한 고구려에도 조의선인(皂衣仙人) 등의 직관(職官: 직위와 관등)이 있었고, 경당(扃堂: 사학기관)이라는 청소년교육의 수련 체제가 있었는데 이러한 일련의 사실을 살펴보면 아주 분명하게 화랑도의 연원이 삼국 전체에 걸쳐 훨씬 전부터 우리 민족 생활 속에 자리잡아온 것임을 가리켜 주고 있는 것이다.

여기에 다시 화랑도의 연원을 소급시켜 주는 다음과 같은 두 기록이 있다. 즉 ≪삼국사기≫의 〈사다함전(斯多舍傳)〉에, "사람들이 청하여 화랑으로 받들어 부득이 그것을 맡았다"라고 기록되어 있다. 이 사실은 진흥왕 27년(566)의 일이다.

또 ≪삼국사기≫보다 훨씬 후대의 기록이긴 하지만 조선시대에 서거정(徐巨正) 등이 엮은 ≪동국통감(東國通鑑)≫에 "진흥왕 원년(540), 사내아이로 용모가 단정한 자를 가려 풍월주(風月主)라 이름하고 선사(善士)를 구해 그 무리를 삼았다"고 기록하였다.

이와 같은 ≪동국통감≫의 기록이 출처를 확실히 밝히지 않아서 알 수는 없지만, 사다함에 관한 진흥왕 37년의 기사를 적어도 10년이나 소급시켜 주고 있으므로, 그 기원을 어느 정도 짐작할 수 있는 것이다.

이상으로 미루어 볼 때, 화랑도의 현묘하고 심원한 기원은 삼국시대 초엽이며, 삼국 전체에 걸친 청소년 애국 운동이기도 하지만, 신라 진흥왕 때에 이르러 고구려·백제 두 나라의 빈번한 침입에 분발한 신라의 청소년들이 국가 중흥의 야망 아래 민간운동으로 전개했던 것이다. 그 결과 사다함과 같은 화랑 출신의 용장(勇將)이 배출됨으로써 진흥왕 37년(576)에는 비로소 왕명으로 국가적인 단체가 되었다. 체제의 바뀜 때문에 남모·준정의 사건과 같은 불미스러운 일이 발생하기도 했으나, 곧 정상적인 궤도에 올라 국가적 요청에 부응한 것이라고 해석된다.

그리하여 화랑도는 신라의 삼국통일의 원동력이 되었고, 그 근본정신은 오계(五戒)와 삼이(三異)에 잘 나타나 있다. 5계는 '세속오계(世俗五戒)'라고 하여 원광법사(圓光法師)가 매우 강조한 것이며, 3이는 후일의 경문왕(景文王)과 결부되어 있다. 먼저 세속오계와 원광법사에 대해 알아보면, 그는 진평왕(眞平王) 때의 승려로서, 원효(元曉)·자장(慈藏)·의상(義湘) 등과 함께 신라 불교사를 찬란하게 장식한 거승(巨僧)의 한 사람이다.

당나라의 ≪속 고승전(續 高僧傳)≫에 의하면, 그의 속성(俗姓)은 박씨로서, 황룡사(皇隆寺)에도 매우 조예가 깊었는데, 25세 때에는 해로(海路)로 중국 금릉(金陵)에 건너가 장암민공(莊嚴旻公)의 강론을 들었으며, 널리 세상의 전적을 섭렵했다고 한다.

　원광은 처음 승려에 뜻을 두지 아니하였으나 학문의 이론과 그 깊이에 만족하지 못한 나머지 실천을 중시해서 스스로 구족계(具足戒: 충분히 갖추어짐)를 받고 비로소 승려가 되었다. 그 뒤에는 더욱 불도에 정진하면서 소승경(小乘經)인 《성실론(成實論)》에 밝게 되었다. 그러나 그것에만 만족하지 않고, 열반(涅槃)·반야(般若) 등에 두루 통하게 되었고, 또 명산을 찾아다니며 선정(禪定: 선과 정)을 쌓았다. 그는 중국에 머물고 있는 동안 이미 그 이름을 떨쳤으며, 그의 설법은 중국 사회의 큰 관심거리가 되어 있었다.

　원광은 주로 남부 중국에 머물렀으나 589년(수 개황 9) 북쪽으로 옮아가서 수 문제(文帝)의 어전 섭론법회(攝論法會), 섭대승론(攝大乘論)에도 참석하였다.

　이처럼 원광의 이름이 중국에 드높아지자 본국인 신라에서는 여러 차례에 걸쳐 사신 편에 귀국할 것을 요청하였으므로, 결국 진평왕 22년(600) 99세로 황룡사에서 입적하였다고 한다.

　이와 같이 《속 고승전》을 따르면 원광의 국내 활동은 69세에 비로소 시작된다. 다시 《삼국사기》의 〈귀산전(貴山傳)〉을 통해 원광이 화랑 귀산과 그의 친우 추항(箒項)에게 화랑정신의 기본인 세속오계를 전수한 이야기를 살펴보면 다음과 같다. 귀산은 신라 사량부(沙梁部: 지금의 경주) 사람으로 전수한 이야기를 살펴보면 다음과 같다.

　　귀산은 신라 사량부(沙梁部; 지금의 경주) 사람으로 아버지는 아간(阿干) 무은이다. 귀산은 어렸을 때부터 같은 마을의 추항을 친구로 사귀면서, "우리들이 사군자(士君子)와 교유하려면 먼저 마음을 바르게 하고, 몸을 잘 닦지 않으면 반드시 치욕을 면하지 못할 것이다. 그러니 현자를 찾아가서 올바른 도리를 하라"고 상의했다.

이 때, 원광법사가 수나라에서 유학하다가 돌아와 가실사(加悉寺)에 머물며 사람들의 존경을 받고 있었으므로 귀산과 추항은 그를 찾아가기로 결정했다. 원광법사를 찾아간 그들은 공손한 태도로, "속세의 우리들은 어리석어 아무것도 아는 것이 없으니, 바라 건데 한 말씀을 가르쳐 주신다면, 죽을 때까지 계명으로 삼겠습니다" 하였다. 이에 원광법사는 다음과 같이 말했다.

여기서 원광이 귀산·추항에게 가르쳐 준 세속오계는, 즉 첫째, 임금을 섬김에 충성으로써 하고[事君以忠], 둘째, 어버이를 섬김에 효도로써 하고[事親以孝], 셋째, 벗을 사귐에 신의로써 하고[交友以信], 넷째, 싸우는 마당에 임하면 물러남이 없게 하고[臨戰無退], 다섯째, 산 것을 죽임에는 가림이 있어야 한다[殺生有擇]는 등의 다섯 가지 계명이었다. 화랑도의 5계 정신은 세속오계 신라 진평왕 때, 원광법사가 지은 화랑의 계명 ① 사군이충 ② 사친이효 ③ 교우이신 ④ 임전무퇴 ⑤ 살생유택 원광은 그들에게 이를 실행함에 있어서 소홀히 함이 없도록 하라고 했다.

이에 귀산과 추항 등은, "다른 것은 다 명하는 대로 받아 하겠사오나, 이른바 '산 것을 죽임에는 가림이 있어야 한다.'는 것만은 아직 똑똑히 모르겠나이다." 하니 원광법사는 다시 풀어 말하기를, "6재(六齋) 날과 봄과 여름 달에는 산 것을 죽이지 말라고 하였으니 이는 때를 가리라는 것이요, 짐승을 죽이지 않는다 함은 말·소·닭·개를 말하는 것이고, 작은 생물을 죽이지 않는다 함은 물고기가 한 입감도 못되는 것을 말하는 것인데, 즉 이것은 물건을 가린다는 것이다. 이는 오직 그 소용되는 것에만 한하고 많은 죽음을 요구하지 않는다는 것이니, 가히 세속의 착한 경계라고 말할 수 있다."

귀산은 다시 말하기를, "지금부터 법사의 계명을 잘 받들어 실수함이 없도록 하겠나이다."라고 하였다.

3. 화랑도의 가치관과 조직체제

화랑도는 그 자체의 사상적 연원은 앞에서 본 바와 같이 민족의 전통과 민족의 신앙을 토대로 하여 현묘(玄妙) 심원(深遠)한 바가 있다. 그렇다고 일부의 편협한 종교적인 고집에도 구속되지 않았으며, 오로지 국토와 주권을 방위하고 선양함에 있어 언제나 청년들을 결속하고 이끌어 정치·군사·산업·문화 등 모든 면에 침투하여 작용할 수 있었던 것이다. 이 때문에 국가의 최고 방침과 결부될 때 가장 강력한 애국운동, 국민운동으로 발전하고 향상할 수 있었던 것이다.

그리하여 국가는 그 이념과 조직과 훈련을 호국의 토대로 삼을 수 있었고, 거기서 길러낸 용장과 열사들을 호국의 기둥으로 삼을 수 있었던 것이다.

그러므로 국가목적에 비추어 본 화랑도는, 첫째, 씩씩한 중견 청년을 조직하고 훈련하여 언제나 국토방위와 국위선양 총동원하자는 것이며, 둘째, 국민의 상무적(尚武的)인 기풍을 항시 진작시켜 사기를 앙양하는 동시에 민족통일의 대업을 완성해 보자는 것이요, 셋째, 나라를 위함에 개인의 이득을 용인하지 않고 조직과 규율을 통하여 언제나 대아(大我)를 위해 소아(小我)를 희생할 수 있는 체제를 갖추게 하였던 것이다.

따라서 국가적인 권위 아래 화랑도의 조직은 일사불란한 바가 있었으니 진흥왕 초기에는 자연발생의 민간 운동으로 향토의 청소년을 중심으로 하여 화랑을 추대하고 그 밑에 낭도(郎徒) 혹은 문도(門徒)라는 명칭으로 많은 무리들이 결속하고 행동하였던 것이다. 그리하여 국가가 이를 장려하고 지도함에 이르러서는 최고책임자를 국선(國仙) 혹은 원화(源花, 원화原花, 화주花主, 풍월주風月主)라 하고 그 밑에 3~4인 혹은 7~8인 내외의 화랑(혹은 선랑仙郎)을 세운 다음, 다시 그 밑에 문호(門戶)라는 몇 개의 편성이 있어서 수백, 수천의 낭도(혹은 문도門徒)가 여기에 딸렸던 것이니, 그 얼마나 통제 있는 조직이었던가. 화랑도의 조직을 오늘날 우리의 청년단체 조직과 비교하여 본다면, 다음과 같이 설명할 수 있을 것이다.

국선 화랑→화랑(혹은 선랑)→문호 낭도
(총단장)　　(각급 단장)　　(단부의 단원)

또한 이들의 조직 원칙은 덕망과 인격과 용의(容儀)를 표준으로 중의(衆議)를 존중하였으며, 나아가 남녀의 차이나 인격에 구별을 두지 않았던 것이다. 따라서 권모술수나 허위·기만을 대기(大忌: 매우 꺼림)하고 음모와 사투를 엄히 경계하면서 남녀 균등의 대우를 지켜 온 것은 확실히 신라의 건국 초부터 시범하여 온 우리 민족 고유의 민주주의 방식이라고 단언해도 결코 남부끄러움이 없는 것이다. 뿐만 아니라 화랑의 조직체계가 그때그때마다 신축성을 띠었던 것도 사실이니 문호의 편성이 때에 따라서는 2개 이상 6~7에 이르되 어지럽지 않았다. 또한 국선 같은 최고 영예의 자리도 한 사람에만 국한된 것이 아니라 유덕유능(有德有能)한 인물만 있다면, 한 번에 여러 사람도 추대하였던 것이다. 예를 든다면 남모와 준정의 두 여성을 원화로 삼았을 때에는 문호가 둘로 나뉘었던 것이요, 《삼국유사》에 나타난 〈융천사(融天師)의 혜성가(彗星歌)〉에 "제5 거열랑(居烈郎)이요, 제6 실처랑(實處郎)이요, 제7 보동랑(寶同郎) 등이라"고 한 것을 미루어 본다면 문호가 6~7이었던 것이 사실이다. 또 국선의 추대도 유명한 영랑(永郎)·술랑(述郎)·안상(安詳)·남석(南石) 등의 사선사화(四仙史話)에 비추어 일대에 여러 사람을 꼽을 수 있었던 것이다.

이와 같이 명랑 쾌활하되 엄격한 규율을 지키며, 때와 인물에 따라

신축자재(伸縮自在)하되 일정한 척도를 잃지 않은 것이 곧 화랑도의 조직이었다.

화랑의 선출에 있어서도 국선 화랑에 해당하는 인물이 하나밖에 없을 경우에는 한 사람을 내세우고, 둘 이상, 3~4인이 있을 경우에는 있는 그 수대로 국선에 추대하였으므로 화랑도의 조직원칙은 확실히 민주주의적이었다. 더구나 여성을 한 번에 두 사람씩 내세워 본 것이라든가 거리를 방황하던 이름 모를 천애 고아인 미시랑(未尸郎)을 데려다가 국선에까지 추대한 것 등은 남녀의 성별은 물론이요, 문벌과 계급을 초월하여 오로지 인물과 자질을 표준한 민주주의 원칙을 그 옛날부터 채택하고 실천한 것임이 틀림없다.

이상에서와 같은 이념과 조직 아래 화랑도는 또 어떠한 훈련방식을 택하였던가에 관해 《삼국사기》를 빌어 살펴보면 대강 다음과 같다.

① 혹은 도의로써 서로 연마하고, ② 혹은 가악으로써 서로 즐기며, ③ 혹은 산수를 찾아다니며 유희와 오락을 즐기되 안 가는 곳이 없다.

그렇다면 첫째로, 이들의 도의란 무엇을 말하는가. 그것은 말할 것도 없이 민족의 전통과 신앙을 존중하면서 5계와 3이의 정신을 체득 연마하는 것이다. 둘째로, 가악으로써 즐긴다 함인데 현세의 모든 종교 단체나 학생, 청년단체가 음악을 즐기고 존중하는 그 이상으로 멋있고 예술적인 생활을 장려하였던 것이다. 셋째로, 산수를 찾아다니며 유희와 오락을 즐긴다는 것인데, 내향토의 멀고 가까운 명산과 대천을 산을 넘고 물을 건너서 산책함으로써 국토와 대자연에 끝없는 애착심을 갖게 하는 것이었다. 이러한 의미에서 오늘의 청년들이 독서회나 음악대회, 소풍이나 수학여행, 야영이나 천막생활이라는 것을 현대의 신발견인 것처럼 자랑하였다가는 큰 잘못이다.

신라의 화랑, 즉 젊은이들은 우리들보다도 1천 수 3백여 년을 앞서 보다 쾌활하고 명랑하며, 멋들어지고 씩씩하였으며, 용감하고 규율 있게 생활하고 훈련을 할 수 있었던 것이니 이러한 생활, 이러한 훈련 속에서 함양되고 향상되는 그 기풍과 사기(士氣)야말로 그 얼마나 씩씩하고 장쾌한 것이었으랴.

≪삼국유사≫에 보면, "위에서부터 사람들로 하여금 악을 고치어 선을 행하게 하며, 위를 공경하고 아래를 순종하게 하니, 5상(五常) 6예(六藝)와 3사(三師), 6정(六正)이 널리 세상에 행해졌다"고 하였으며, ≪삼국사기≫에 인용된 김대문의 ≪화랑세기≫에서는, "어진 재상과 충성된 신하가 여기에서 뽑히었고, 뛰어난 장사와 용감한 군사가 이로써 생기었다"고 하여, 진흥왕 이래 삼국통일의 대업을 거쳐 신라 말기까지 역대의 국가 지도 인물들이 거의 모두 화랑도 출신임을 찬양했던 것이다.

이러한 이념, 이러한 조직, 이러한 훈련 속에서 몸과 마음을 연마한 화랑의 기풍과 기질을 더욱 자세히 소개해 보면 다음과 같다.

① 위로는 국가를 위하고, 아래로는 지기(知己: 친한 친구)를 위하여 죽는다 하였으며-'비령자전(丕寧子傳)'

② 의(義) 없이 사는 것은 옳게 죽는 것만 같지 못하니, 그 의가 아니라면 비록 천금이 있다고 하더라도 마음을 움직이지 않는다 하였고- '해론전(奚論傳)'

③ 장부는 모름지기 싸움터에서 죽을 뿐 한가로이 침상에 누워 가족과 함께 임종하는 것을 부끄럽게 여겼으며-'소나전(素那傳)'

④ 전진함은 있으되 후퇴함이 없음은 오로지 사졸(士卒)의 본분이니, 장부가 일에 임하여 자결을 할지언정 어찌 무리를 쫓아가랴-'김영윤전(金令胤傳)'

이상의 몇 가지 예로써 장렬한 기백과 씩씩한 기풍을 짐작케 하는 것이니, 오늘의 일부 경박한 젊은이들이 입으로만 대의를 내세우고 자기만이 잘난 체하며 뽐내다가도 어려운 시련에 부딪쳤을 때에는, 그 대의를 외면하고 자신이 출세나 안전에만 급급하는 따위와는 비교도 안 되는 것이다.

이와 같은 화랑정신은 통일대업을 위한 원동력으로 발전하였던 것이다. 이 멋진 기품과 용기는 그들 생활양식의 하나이었으니, '가악으로 서로 즐기는' 방식은 또한 신라특유의 향가문학에 많은 명작을 내고 있다. 즉 〈모죽지랑가(慕竹旨郞歌)〉의 죽지랑(竹旨郞)과 득오곡(得烏谷), 〈찬기파랑가(讚耆婆郞歌)〉의 기파랑(耆婆郞)과 충담사(忠談師), 〈제망매가(祭亡妹歌)〉 등의 월명사(月明師), 〈현금포곡(玄琴抱曲)〉 등의 요원랑(邀元郞) 등이 그 대표적인 관련자이다. 김범부(金凡父)의 ≪화랑외사≫에는 '대악(碓樂)'의 백결(百結)도 화랑으로 수록되어 있다.

4. 통일을 위한 저력으로

진흥왕 시대의 신라는 그 국력이 놀랍게 신장되었으니, 북쪽으로는 함남 이원(利原)까지 미치고, 서쪽으로는 지금의 한강 유역의 경기만을 차지하였으므로 바다 건너 중국 대륙과 직접 문화의 교류가 가능하게 되었다. 따라서 반도의 동남쪽에 편재하여 폐쇄 당했던 신라로서는 일약 개방된 국가로서, 대륙문화를 적극 수입하여 더욱 개방된 국가로서, 대륙문화를 적극 수입하여 더욱 놀라운 발전을 기하게 된 것이 사실이었다.

특히 왕은 군사나 정치만이 아니고, 민족고유의 음악이나 예술을 장려하며 황룡사(皇龍寺)와 불교문화를 발전시킨 것은 어느 모로나

획기적인 사실이 아닐 수 없었다. 진흥왕은 즉위 12년에 연호를 개국 (開國)이라 하였다가 29년에는 다시 대창(大昌)이라 하고, 35년에는 홍 제(鴻濟)라 하여 세 번이나 개원했는데, 이는 결코 지나친 변개가 아 니고, 그 국력의 신장을 그대로 온 국민에게 인식시키기 위해서 취해 진 조처라고 생각된다. 신라국민의 역사관(歷史觀)·가치관(價値觀)이 발전하여 내 나라 국력이 대창(大昌, 대번창大繁昌)에만 만족하지 않고 좀 더 크게 좀 더 널리 '제세창생(濟世蒼生)' 해야 되겠다는 의미에서 '홍제(鴻濟)', 즉 '홍익인간(弘益人間)'의 신념에까지 도달하여 하나의 세계관까지 정립한 것이 아니겠는가?

어떻든 진흥왕 시대는 화랑도의 정신을 발휘하여 통일대업의 길을 열어 놓았던 바, 이때부터 일기 시작한 화랑도의 정신을 본다면 ≪삼 국사기≫의 기록에는, "3대(三代)의 화랑이 2백여 명인데 방명(芳名)과 미사(美事)가 모두 전기와 같다" 하였고 ≪해동고승전(海東高僧傳)≫에 는, "진흥왕 37년에 비로소 원화를 봉하여 선랑(仙郎)이라고 하였다. 선랑으로부터 신라 말에 이르기까지 무릇 2백여 명인데, 그 중에 4선 이 가장 어질었다"고 하였다.

어느 쪽이 더 정확한지 명확히 따지기는 매우 어렵지만, 이 두 가 지 사료를 종합해 볼 때 진흥왕 이후 무열·문무왕 때까지 화랑도가 가장 융성하였고, 신라말엽에도 전과 같지는 못했으나 화랑도가 계 속 유지되었음을 알 수 있다. 다시 말해서 화랑도의 성쇠(盛衰)와 신 라의 성쇠는 같은 것으로 보여진다.

통일 이전의 화랑도는 삼국 통일이라는 대과업을 목표로 5계의 기 본정신 아래 국가에 봉사하고자 했지만, 통일 이후의 화랑도는 어느 덧 평화 속에 명산·대천의 유학(遊學)이 유오(遊娛: 유람, 오락)로 바뀌 고, 공론에 열중하게 되었다고 할 수 있는 것이다.

아무튼 후대의 평가를 보면, 안일과 향락에 빠져 국사를 도탄 속에 몰아넣었던 고려 중기의 의종(毅宗) 같은 왕도 그 만년에 반포한 교서에서 화랑도의 중흥을 다음과 같이 강조하였다.

> "옛 신라에서는 선풍(仙風; 花郎道)이 크게 행해져 이 때문에 용왕(龍王)이 기뻐하고 백성이 안녕 되었다. 그러므로 조종(祖宗)이 그 유풍을 오래도록 숭상해 온 것이다."

이와 같이 후대의 고려에까지 화랑도의 부흥을 새삼스럽게 꾀한 것은, 그것이 곧 신라의 성쇠와 결부되었다는 점에 착안한 까닭이라고 여겨진다.

이상과 같이 진흥왕대에서 발전된 화랑정신의 신라는 그 뒤 진평왕 6년에는 연호를 다시 고쳐 건복(建福)이라 하게 되었던바, 이는 결국 그러한 역사관이 '홍제인간(鴻濟人間)'하여 복지사회(福祉社會)를 건설해 보자는 경지에까지 이르렀다고 보여지는 것이다.

그러나 이처럼 발전되는 신라의 앞에는 결코 만만치 않은 저해 요소가 기다리고 있었다. 즉 한반도에서의 양대 국 체제가 깨지고, 삼국정립의 체제가 형성되어 실지(失地)하여 구멍이 뚫린 백제가 기회만 있으면 도전해 오고, 고구려 역시 이와 다를 바가 없었던 것이니 대업을 계승한 진평왕 시대의 신라 역시 잠시도 방심하거나 안일을 탐낼 수는 결코 없었다. 문자 그대로 온 국민이 총화 단결하여 안으로는 '덕업을 일신'해야만 되었고, 밖으로는 '망라 사방', 즉 민족의 통합을 저해하는 외세의 도전에 능동적으로 대처해야만 되었다. 여기서 진평왕이 재위한 기간 중 겪어야 했던 외세의 도전을 살펴보면, 역시 대립 의식에 불타는 백제가 첫째요, 고구려가 그 다음이며, 바다 건너 일본이나 대륙의 강대국은 그다지 큰 말썽을 부리지 않았다. 이 점은 민족적으로 보아서는 서북 대륙의 강대국들과 항상 대결하면서 신라 혹은 백제를 견제해야만 했던 고구려에 비하여, 신라의 위치는 한동안 매우 유리했던 것이 사실이었다. 이와 같은 위치에서 백제와 고구려의 침공에 대항하면서 때로는 공세를 취할 만한 여유나 기회도 가질 수가 있었으니, 그 모습을 보면 다음과 같다.

① 진평왕 24년(602)에 백제가 신라의 아막산성(阿莫山城) 지금의 운봉(雲峰)으로 침공해 오니, 신라군이 마주나가 이를 격퇴하였으나, 치열했던 전투로 귀산·추항 같은 화랑들이 전사하고 말았다.

② 또한 왕 27년에는 신라가 백제의 동쪽 변경을 진공했다.

③ 왕 29년에는 고구려가 백제의 송산성(松山城)과 석두성(石頭城)을 공격하여 남녀 3백 명을 노획하여 가지고 돌아갔다.

④ 왕 30년에 왕은 고구려가 빈번히 강토를 침범하는 것을 근심하여 수(隋)나라 군사를 청하여 가지고 고구려를 정벌하고자 원광(圓光)에게 걸사표(乞師表)를 짓도록 명하였다. 이 때 원광은, "자기가 살려고 하여 남을 멸망시키는 것은 沙門[승려]이 할 행실이 아니옵니다. 그러나 빈도(貧道)가 대왕의 땅에서 살고 좇지 아니하리오."라고 말하고, 곧 걸사표를 지어 바쳤다. 그러나 2월에 고구려 군이 북면으로 침입하여 주민 8천여 명을 노획한 후 4월에는 북변으로 침입하여 주민 8천여 명을 노획한 후 4월에는 또 우명산성(牛鳴山城:지금의 春川)을 공격하여 함락하였다. 그러나 그 후로는 고구려의 서북면으로 수나라가 침공하므로 이를 막아 내기에 바빠서 신라에 대한 공세를 멈추게 되었다. 하지만 그 대신 백제는 무왕(武王) 12년에 신라의 가잠성을 포위 공격하여 성주 찬덕(讚德)을 죽이고 성을 함락시켰다.

⑤ 왕 40년(618)에 신라는 북한산주의 군주인 변품(邊品)으로 하여금 가잠성의 탈환을 도모하고자 군사를 거느리고 나가서 백제군을 맞아 싸우게 했다. 여기는 성주 찬덕이 전사했던 곳으로, 그 아들 해론이 종군

하여 적진을 달려 역전 고투하다가 그 역시 전사하였다.

⑥ 동왕 46년(624)에 백제가 군사를 일으켜서 속함(速含: 지금의 함양咸陽)·앵잠(櫻岑)·기잠 (岐岑)·봉잠(烽岑)·기현(旗縣)·혈책(穴柵) 등 6성을 포위 공격하여 3성이 함락되었다. 이 때 급찬 벼슬의 눌최(訥催)가 봉잠·앵잠·기현 등 3성의 군사를 모아 가지고 굳게 방어하였으나, 끝내 막지 못하고 전사하였다.

⑦ 왕 49년(627)에는 백제의 장군 사걸(沙乞)이 군사를 일으켜서 서쪽 변방의 2성을 빼앗고, 남녀 3백여 명을 사로잡아 갔다. 그 이듬해는 다시 군사를 일으켜 가잠성을 회복하고자 포위하므로, 왕은 군사를 보내어 이를 격파케 하였다.

⑧ 왕 51년(629)에 왕은 대장군 용춘(龍春)·서현(舒玄: 김유신金庾信의 父)과 부장군 김유신을 보내어 고구려의 낭비성에 벌려 세우고 진을 치니, 그 군세가 매우 성하였다. 이 때 신라군은 이를 바라보고 크게 두려워하여 감히 싸우고자 하지 아니하므로 유신이, "듣건대 옷깃을 떨쳐야 갖옷이 바르고, 벼리를 들어야 그물이 펴진다고 하는데, 내가 그 벼리와 옷깃이 될 것이다"고 말하고는 곧 말에 올라 칼을 빼어 들고 적진으로 뛰어 들어가서 싸우기를 세 번이나 하였다. 한 번 들어갈 때마다 적장의 목을 자르거나 혹은 적의 장기(將棋: 깃발)를 빼앗아 가지고 돌아오니, 이를 바라다보고만 있던 모든 신라군은 이 기회를 놓칠세라 북을 울리고 함성을 지르면서 진격하여 적 5천여 명을 참살하니, 성이 함락되었다.

이상을 종합해 볼 때, 진평왕 시대의 신라는 주로 백제의 공격을 받게 되는 동시에 고구려와도 대결하면서 주권의 수호와 국력의 발전을 위하여 계속 노력하고 전진해 온 것이 사실이었다.

그러나 서북방 대륙을 보면, 우리 민족을 위하여 그다지 낙관할 수 없는 새로운 사태가 일어나고 있었다. 즉, 중국대륙에서는 이른바 5호 16국(五胡十六國)과 남북조시대의 혼란을 겪은 후 북주(北周)에서 일어난 수주(隋主) 양견(楊堅)이 581년 이래 칭제건원(稱帝建元)하고, 589년에는 진(陳)나라까지 멸망시킨 다음, 중국천하를 통일하여 동양의 최대 강국으로 등장하게 된 때문이었다.

그리하여 고구려 평원왕(平原王) 말년(590)에는 수의 문제(文帝) 양견(楊堅)이 취하는 태도가 심상치 않았으므로 고구려 조정에서는 국방태세를 정비하고 양곡을 저축하며, 수나라를 상대로 화전 양양(和戰兩樣)의 대비책을 강구하기에 이르렀다. 따라서 이러한 고구려에 좀 더 압력을 가하기 위하여 수양제는 오만 불손한 국서(國書)를 고구려 국왕에게 보내, 위협 공갈하기를 서슴지 않았으니, 그 내용은 다음과 같다.

"그대 나라가 우리의 번부(藩附: 울타리)라고 일컬으면서도 성절(誠節: 임금의 탄생일)을 다하지 않음은 웬일이냐…… . 왕은 생각해 보라! 요수(遼水: 땅에 괸 빗물, 호수)가 넓다고 하나, 이 어찌 장강(長江)에 비교할 것이며, 고구려의 인구가 많다고 하지만, 어찌 진국(陳國)과 더불어 책망코자 한다면, 한 명의 장군으로도 만족할 것이므로 많은 힘도 필요가 없다. 여기에 은근히 효시(曉示: 나타내다)하여 왕이 스스로 반성 자신(自新: 새로운 마음)하기만을 바라노라."

이와 같이 되니 고구려의 평원왕은 짐짓 사과하는 뜻의 국서를 보내 무사하기를 기도했으나, 큰 성과를 거두지 못하고 재위 32년 만에 돌아가고 말았다. 따라서 수나라의 압력은 고구려만의 우환(憂患: 근심 걱정)이 아니요, 통일을 지향하는 우리 민족 전체를 위해서도 크나큰 우환이며 저해요소(沮害要素)이었다. 이처럼 새로운 사태에 대하여 한반도의 삼국은 어떠한 태도를 취하게 되었던가.

첫째, 고구려는 위에서 말한 대로 거수 화전(拒守 和戰)의 양면 정책을 취하였다. 조공을 바치고 신하를 칭하면서도 굴복하라는 강요는 이를 거부하고, 자주 수호의 태도를 견지하면서도 평화를 위해서 비사(卑辭: 낮춤말) 후폐(厚幣: 훗날의 폐단)로 상대방을 회유(어루만져 달램)하기에 힘썼다. 그러나 만일의 경우에 대비하여 국방력의 충실에도 힘을 기울였다.

둘째, 고구려에 비해 신라는 그 지정학적(地政學的) 위치가 훨씬 유리했던 만큼, 수나라의 노골적인 위협을 받지 않았다. 따라서 되도록 화평외교에 힘쓰며, 수나라를 자극하지 않았다.

셋째, 백제도 신라와 거의 다름없는 외교 정책으로 수나라에 대응하였다. 그러나 민족적으로 보아서 지나친 사실은, 고구려 영양왕(嬰陽王) 9년에 수나라의 공세를 사전에 막기 위하여 고구려가 말갈병(靺鞨兵)까지 동원해서 수나라의 요서(遼西) 지방을 침공하게 되자 백제는 수나라에 사신을 보내 수나라가 고구려를 상대로 요동전역(遼東戰役)을 펴게 될 경우 자진하여 길잡이가 되는 향도역(嚮導役: 길을 인도함)을 담당하겠다고 나서기도 하였던 사실이다. 수나라와 같은 강대국 앞에서 3분천하의 동족 국가가 이처럼 제각기 강대국의 눈치를 보다가 지나친 아부의 태도까지 취함은 진실로 창피 막심한 중대 문제이기도 하였다. 자칫 잘못하다가는 동족의 세 나라가 통틀어 강대국에게 침략을 당할 위험성조차 있었기 때문이었다.

그러나 고구려 국민의 강렬한 주체 의식과 불같은 적개심(敵愾心)이 항상 수나라의 침략 행위를 막아 내고, 한동안 민족 전체를 능히 안보할 수가 있었던 것이다.

5. 신라사회와 화랑도의 역사적 전개

1) 머리말

　흔히 무사도의 정화, 혹은 신라시대의 중심사상이라고까지 평가되고 있는 화랑도와 그 단체이념의 본질을 추구하는 일은 신라사뿐 아니라 나아가서는 한국고대사 연구에 있어서 매우 긴요한 과제라고 할 수 있다. 종래에는 화랑도의 여러 가지 특성 가운데 매우 긴요한 과제라고 할 수 있다. 종래에는 화랑도의 여러 가지 특성 가운데 오로지 그 순국지상주의의 무사도만을 관념적으로 강조하는 방향으로 연구가 진행되어 왔다. 하지만 본디 화랑도의 문제는 단순히 청소년 전사단체라는 범주 속에 국한시켜 다룰 대상은 아니라고 생각된다. 최근 들어 우리들은 화랑도가 신라의 무사도를 사기앙양(士氣昂揚) 하면서 삼국항쟁기의 국민정신을 이끌어 갔을 뿐 아니라 신라사회의 전개에 지속적으로 심대한 영향을 끼친 중요한 요인이라는 인식에 도달하게 되었다. 그리하여 이 화랑도를 제대로 이해하지 않고서는 신라사의 이론 구성이 어려울 정도로 큰 문제임이 드러나게 되었다.
　주지하는 바와 같이 신라사회사 연구에 있어서 골품제도와 화랑도는 매우 중요한 위치를 차지하고 있다. 사실 그 중요성에 대하여는 이제 새삼스레 재론할 필요조차 없을 정도이다. 더욱이 최근 신라사 연구가 진전됨에 따라서 골품제도와 화랑도, 이 양자가 서로 밀접한 관련을 맺고 있었음이 밝혀지게 되었다. 하기야 양자의 관계가 아직 충분하게 밝혀졌다고는 할 수 없겠으나, 장차 새로운 관련 자료가 발견된다든지, 혹은 연구방법이 한 층 더 개발된다든지 하면 보다 확고한 지견(知見: 식견)을 갖게 될 것으로 전망된다.
　지난 십 수 년간 지은이는 이 같은 점에 유의하면서 신라사회사

연구에 종사해 왔다. 15년 전에 발간한 지은이의 『신라골품제 사회와 화랑도』(1980년)는 그 노력의 조그만 성과였었다. 그러나 이것은 졸저의 서문에서 언급하였듯이 주로 관련 자료의 검출과 개별사실의 확정이라는, 어디까지나 실증적 작업의 테두리를 벗어나지 못한 것이었다. 신분제사회에 있어서의 청소년운동이라고 하는 시각에서의 체계적·이론적 고찰은 장차의 연구과제로 남겨두었던 것이다.

이 글은 현재 모색 중인 본 주제의 대강을 각서형식으로 써내려간 것으로서, 골품제도와 화랑도, 양자의 관계를 주로 그 생성·조직 원리와 변천과정의 양면에서 정리해 보고자 하였다. 즉 첫째로는, 양 제도가 제정되던 당시의 시대적 배경과 그 제정 취지를 각각 검토해 보고자 했다. 둘째로는 골품제사회의 변동과 화랑도의 변질을 주로 국가권력의 추이(推移: 변동)와 화랑도의 본질적인 면, 군사와 유희(遊戲: 놀이)의 변화와 서로 연관시켜 살펴보고자 했다.

2) 골품제사회의 성립과 전개

흔히 신라시대라고 하면 골품제도를 연상하리 만큼 이 신분제도는 신라의 정치와 사회 전반을 규제한 대본(大本)이었다. 하지만 처음부터 이 같은 신분제도가 존재했던 것은 아니었다. 이것은 6세기 초 법흥왕(514~540) 때에 국가에 의해 제정된 것이다. 하긴 그때까지 골품제도의 모태가 된 사회의 제 계층이 존재했던 것은 사실이다. 그러나 이것은 여러 성읍(城邑)국가의 수장층(首長層: 우두머리)을 집권체제에 포섭했을 뿐인 연맹왕국 시대의 다원적인 정치체제의 부산물에 불과했었으며, 따라서 그것은 그 자체 무질서·비체계성을 노출했던 것이다. 몇 해 전 경북지방에서 잇따라 발견된 영일 〈냉수리비문(冷水里碑文)〉(503년)이나 울진 〈봉평비문(鳳坪碑文)〉(524년)은 당시 국정이 국왕과 왕경(王京) 6부 족장들과의 아래 이루어지고 있었을 뿐 아니라 나아가 그 결정 사항이 국왕과 족장들의 연명 형식으로 하교되고 있었음을 보여주고 있다.

이 같은 상태에서 새로운 전기를 맞게 된 것은 법흥왕 7년(520)에 있어서의 중국 율령의 도입·수용이었다. 비록 이때 수용된 율령의 모법이라든지 그 구체적인 내용에 대해서는 잘 알 수 없지만, 어쨌든 이로써 중고시대(514~654)를 특징지어주는 신라의 정치·군사·사회 전반에 걸친 법제화·조직화의 시대가 도래하게 된 것만은 틀림없는 사실이다. 무엇보다도 관등(官等)제도와 골품제도가 각기 제정되었을 뿐 아니라, 나아가 양자를 유기적으로 조정·결합한 이른바 골품체제가 성립되었던 것이다.

골품제도의 이데올로기적 기반에 대하여는 확실한 것을 알 수 없다. 다만 그것이 혈연적인 가치체계에 중점이 두어졌던 것만은 분명한 사실이다. 원신라(原新羅) 국가인 사로국(斯盧國)을 구성하고 있던 6촌의 지배층과 그간 신라에 의해 병합되어 남당(南堂: 삼국시대 정청政廳)의 정치에 참여하고 있던 대소(大小) 성읍(城邑) 국가의 지배층들은 이 원리에 입각하여 각기 골품이 정해졌던 것 같다. 그러나 골품제도가 제정된 이후 신라에 의해서 병합된 본가야(本加耶)라든지, 혹은 삼국통일 직후에 신라에 귀부(歸附: 스스로 와서 복종함)한 옛 고구려의 왕족들을 포섭할 때 신라의 왕족에 준하여 진골신분을 부여하고 있는 점으로 봐서 그들과 의제적(擬制的)인 혈연관계를 맺고 있었음을 알수가 있는데, 이는 골품제도의 이데올로기를 생각할 때 간과(看過: 대강)할 수 없는 매우 중요한 측면이라고 생각된다. 종법적(宗法的)인 질서에 기초하고 있던 고대 중국의 경우 이처럼 하나의 집단이 다른 혈연관계에 의해서 구성되고 있는 이분자(異分子)를 포섭하여 횡적으로 확대할 수 있는 이론이 덕화(德化: 덕행으로 감화시킴)였는데, 골품제도의 경우에도 이 같은 원리가 작용하고 있었음을 짐작할 수 있는 것이다.

신분제도로서의 골품제도가 한국사상 특히 주목되는 이유는 다음과 같은 여러 가지 특징 때문이다. 우선 왕족으로서의 진골 신분이 세대수와 관계없이 영속적으로 유지·보장될 뿐 아니라, 실제로 이들에 의해서 주요 관부(官府: 정부)의 장관직을 독점하도록 되어 있는 것은 고려시대 및 조선시대의 왕족들이 4세대까지만 왕족으로서의 신분상 특권이 보장될 뿐이며, 더욱이 그 자체 정치참여가 배제된 것과는 크게 다른 점이다. 또한 골품제도가 관료가 될 수 있는 신분계층을 진골·육두품·오두품·사두품으로 세분하여, 각기 신분에 따라 오를 수 있는 관등·관직의 상한선을 규정한 점도 고려시대와 조선시대의 신분제도와는 다른 점이다.

이처럼 골품제도가 관등제도를 포섭·규제하게 된 것은 율령 수용 당시의 신라의 국가권력의 한계성 때문이었다. 즉 당시의 집권체제는 착실하게 중앙집권체제의 확립 방향으로 진전되고는 있었으나, 화백회의와 그 의장으로서의 상대등(上大等)의 특수한 지위에서 간파할 수 있듯이 기본적으로는 진골귀족의 연합체제였으며, 중대(654~780)에서 보는듯한 전제왕권(專制王權) 체제는 아직 달성되지 않았다. 사실 국왕이라고 해도 그 신분이 진골인 점에서는 이들과 아무런 차이가 없었다. 하긴 중고의 제왕(諸王)은 성골(聖骨)이었다고 하지만, 이는 아마도 진평왕(眞平王, 579~632) 때에 왕실친족집단이 내물왕계(奈勿王系)의 방계(傍系) 왕족집단 및 일반 진골귀족과 구별하기 위한 정치적 의도에서 주장한 것으로 생각될 뿐, 그 진골과의 혈연적인 차이의 근거는 분명하지 않다. 그것은 어쨌든 중고시대 국왕의 권력행사는 진골귀족들의 합의제에 의해 제약된 바가 컸었다. 진지왕(眞智王, 576~579)이 화백회의의 결의에 의해서 퇴위를 강요당한 것(647) —이는 여왕의 퇴위 거부와 화백의 결정에 반대한 김춘추(金春秋)·김유신 (金庾信) 세력의 여왕 옹호로 말미암아 내란으로까지 발전한 끝에 여왕 옹호파의 승리로, 끝났는데— 등은 이 같은 사실을 웅변으로 증명하는 저례(著例)인 것이다. 그러므로 율령의 수용·운용에 있어서도 진골귀족과의 일정한 타협 없이는 불가능했을 것으로 생각된다. 다시 말하면, 진골귀족층이 기왕에 누리고 있던 신분적 특권을 일원화된 국가조직상에 합법화(보장)하는 방향으로 나가지 않을 수 없었다. 그 결과 종래의 최고 귀족들을 진골 신분으로 인정하면서 배타적인 정치적 특권을 보장했던 것이다. 비록 골품제도 자체는 다양한 신분을 망라하여 이를 일원적으로 서열화한 것이지만, 실제에 있어서는 진골귀족의 독점적인 지배체제였었다.

　주지하는 바와 같이 이 같은 골품제도의 족제(族制: 혈연제도)적인 성격은 율령의 정신·이념과는 배치되는 것이었다. 중국에서의 율령은 황제권(皇帝權)을 뒷받침하기 위해서 고안된 법체계내지는 정치체계였다. 그러나 신라는 왕권이 비교적 약한 단계에서 율령을 수용했으므로 본래의 취지와는 달리 처음부터 귀족과의 타협적인 체제로 정착될 수밖에 없었다. 이는 결국 신라사에 있어서 율령수용의 일정한 한계를 보여주는 것이다. 이를 7세기 후반 일본에 있어서의 그것과 비교해 보면 더욱 분명해진다. 645~646년의 대화개신(大化改新) 이후 7세기 후반 특히 천무조(天武朝, 673~686)를 통하여 정력적으로 추진·강행된 일본의 율령체제 구축작업은 701년에 이르러 성문법인 대보율령(大寶律令) 제정으로 일단락을 고하게 되었거니와, 이 신체제를 창출함에 있어서 견인차의 역할을 수행한 것이 이른바 황친제(皇親制)라고 불리는 천무(天武)천황의 독재권력이었음은 주지의 사실이다.

　하긴 신라도 7세기 후반에 삼국통일을 달성한 뒤로는 사정이 크게 달라졌다. 통일의 위업을 달성함으로 말미암아 태종무열왕(太宗武烈

王)계의 권위가 상승했고, 통일전쟁기간과 그 직후에 있어서의 일부 고위 귀족에 대한 성공적인 제거, 통일전쟁 수행기간 중에 맺어지기 시작한 광범한 지방세력과의 유대강화 등으로 왕권이 전례 없이 강화되었기 때문이다. 실제로 이 중대 왕권은 전제왕권의 기반확립을 목표로 관료 제도를 꾸준히 육성해 나갔다. 하지만 관료제도의 발전, 나아가 전제왕권의 구축에 있어서 질곡(桎梏: 자유를 속박함)이 된 것은 당연하게도 골품제도였던 것이다. 8세기 중엽 한화(漢化)정책으로 표현되고 있는 경덕왕(景德王, 742~765)의 정치개혁이란 필경, 왕권 전제화(王權專制化)를 저해하는 골품제도에 대한 수정·극복의 노력이었다고 할 수가 있다. 즉 율령 본래의 정신에 입각하여 진골귀족의 특권을 배제하려는 개혁이었다.

주지하듯이 경덕왕과 진골귀족세력과의 군력투쟁은 궁극적으로 후자의 승리로 돌아갔다. 이미 2세기 반 동안 골품제도가 신라의 정치사회에서 착실하게 뿌리를 내렸기 때문이다. 왕권은 이들 진골귀족들의 특권을 박탈할 수 있는 힘이 없었으며, 오히려 그들 연합세력의 도전에 의해서 왕권자체가 위협을 받고 점차 밀리게 되었다. 경덕왕(景德王) 16년(757)에 있어서의 녹읍(祿邑: 벼슬아치들에 주던 논밭)의 부활에서 볼 수 있듯이, 이미 경덕왕 말년에 나타나기 시작한 이 같은 징후는 그의 어린 후계자인 혜공왕(惠恭王, 765~780) 때에는 더욱 현저하게 되어 친왕파(親王派)와 반왕파(反王派) 간의 6회에 걸친 무력대결 끝에 마침내 태종무열왕(太宗武烈王)계 왕통 자체가 타도, 단절되고 말았던 것이다.

이처럼 진골 연합세력의 승리에 의해서 하대(780~935)가 열렸으나, 이 시대의 국가권력이 중대의 정치적 유산을 극복·청산하는 방향으로 나간 것은 아니었다. 일단 왕통이 원성왕계로 고정되면서 중대와 마찬가지로 다시금 왕권 전제 화에 박차를 가했기 때문이다. 나이

어린 애장왕(哀莊王, 800~809) 때에 그의 섭정(攝政: 군주를 대신하여 정치함)이 된 숙부(叔父) 김언승(金彦昇, 뒤의 헌덕왕憲德王)에 의해서 추진된 일련의 정치개혁이라든지, 또한 흥덕왕(興德王, 826~836) 때의 집권체제 재확립 시도 등은 모두가 율령의 개정을 통한 진골귀족 통제에 그 목적이 있었다. 즉 애장왕 6년(805) 8월에 제정된 공식 20여 조의 내용 가운데 ≪삼국사기≫ 권38 〈직관지(職官志)〉 상에서 확인할 수 있는 것을 보면, 경덕왕 때 한식(漢式) 명칭으로 고쳐졌다가 혜공왕 때 복구된 위화부(位和府)의 금하신(衿荷臣)·상당(上堂) 등 신라 고유의 장차관직명들이 다시금 령(令)·경(卿) 등 경덕왕 때의 개혁명칭으로 환원되고 있다. 또한 흥덕왕 9년(834)의 사치풍조 금지에 대한 국왕의 하교도 주로 진골귀족층을 대상으로 한 것은 물론이며, 역시 지난 1977년에 새로이 발견된 흥덕왕릉비(興德王陵碑)의 단석(斷石) 가운데 보이는 '격식시개(格式是皆)'라는 명문도 동 왕대에 단행된 율령격식(律令格式)의 개정과 그와 결부되어 있는 흥덕왕의 정치개혁에 대한 열의를 암시해 준다고 할 것이다. 그러나 이 같은 진골귀족 통제에의 노력은 흥덕왕이 죽은 뒤 원성왕(元聖王)계 내부의 근친 왕족 사이에서 벌어진 왕위계승 쟁탈전(836~839)으로 말미암아 수포로 돌아가지 않을 수 없었고, 오히려 왕권 자체가 돌이킬 수 없을 만큼 약체화되었다.

왕위계승 쟁탈전 이후에도 신라가 마침내 파국(破局: 결단남)의 국면으로 접어든 진성여왕(887~897) 때까지 약 반세기 동안 중대 및 하대 초기에 있었던 것과 같은 골품제도에 대한 수정의 노력이 몇몇 야심적인 군주에 의해서 또다시 시도되었다. 그것은 현존하는 금석문(金石文) 자료를 수습 검토해 볼 때 경문왕(861~875)·헌강왕(憲康王 875~886) 양 대에 걸쳐서 중사성(中事省)과 같은 국왕의 근시(近侍: 임금을 가까이 모시던 신하)기구가 전면에 등장하고, 아울러 서서원(瑞書院)과 같은 한림학사기구가 중사성(中事省)과 일체가 되어 있음을 간과할 수 있어, 이로써 양 왕대에 경덕왕 때와 마찬가지로 전위적(前衛的)인 측근기구를 통한 권력집중에의 노력이 시도되었음을 추정할 수 있기 때문이다.

경덕왕(景德王) 때와 마찬가지로 비 진골(주로 6두품) 출신의 재능 있는 자들이 국왕의 주위에 포진(布陣: 진을 침)하고 있는 사실 자체가 이미 진골귀족 만능의 골품제도에 대한 냉소적(冷笑的)인 정치적 분위기를 자아내는 것이다. 그러나 이 같은 진골귀족 통제에의 노력은 진성여왕(眞聖女王) 3년(889)에 일어난 전국적인 농민반란과 지방 호족들의 이판(離叛: 이산 판단)으로 말미암아 파탄하지 않을 수 없었고, 마침내 신라국가 자체가 멸망의 길에 접어들게 되었다.

이상 개관하였듯이 골품제도는 6세기 초에 제정되어 신라의 멸망에 이를 때까지 약 4백 년 동안 신라의 정치와 사회를 규제하는 대본으로서 존속하였다. 그것은 최초 율령의 권위에 힘입어 성립된 것이었으나, 기본적으로 진골귀족의 특권을 옹호해 주는 제도적 발판이었기 때문에 군주권(君主權)의 전제(專制)·전능(全能)을 이상(理想)으로 하는 율령의 정신·이념에 위배되는 것이기도 했다. 그리하여 왕권이 보다 강화된 삼국통일 이후에는 국왕의 권력집중을 저해(沮害: 막아서 못하게 함)하고 있는 진골귀족에 대한 통제강화를 목표로 한 정치개혁, 곧 골품제도에 대한 수정의 노력이 뒤따르게 되었다. 그 같은 노력은 통일시대 전 기간을 통하여 그때그때 야심적인 군주들에 의해서 추진되었으나, 궁극적으로는 성공하지 못한 채 끝나고 말았다. 그만큼 제도의 뿌리랄까, 진골 합의제적인 정치의 전통이랄까가 강고(强固: 강하고 굳셈)하였고, 상대적으로 국왕의 힘은 미약했다. 이처럼 신라왕조의 마지막 4백 년간은 엄연히 골품제사회였던 것이다.

3) 화랑도의 원류와 제정

그러면, 이 같은 사회에서 출현한 청소년조직으로서의 화랑도는 과연 어떤 의미를 갖는 것일까. 화랑도는 6세기 중엽, 법흥왕 다음인 진흥왕(540~576) 때에 조정(朝廷: 정부)에 의해서 제정되었다. 그러니까 골품제도가 제정된 뒤 얼마 지나지 않은 시기에 만들어진 것이다. 당시의 시대적 특징은 대략 두 가지로 요약될 수 있는데, 하나는 앞서 지적한 것처럼 520년에 중국 율령을 도입한 이래 신라조정이 정치·사회면에 있어서 정략적으로 법제화-조직화의 노력을 기울이고 있었던 점이요, 다른 하나는 사상 면에 있어서 바야흐로 불교의 진호국가(鎭護國家) 사상이 그 절정에 달했던 점이다. 주지하는 바와 같이 신라는 법흥왕 14년(527)의 이차돈(異次頓)의 순교(殉敎)를 계기로 하여 이윽고 불교를 공인한 뒤 매우 빠른 기간 내에 국가불교(國家佛敎) 내지 군국불교(軍國佛敎)의 기틀을 다지고 있었다. 화랑도는 이같이 시대배경 속에서, 특히 율령의 수용에 따른 법제화·중앙집권화 시책의 한 소산으로서 출현한 것이다. 그러니까 화랑도와 골품제도는 중고 법제화시대의 쌍생아(雙生兒)라고 할 수가 있다.

원래 신라에는 화랑도 제정 이전에 촌락공동체를 기반으로 하여 발전해 온 청소년조직이 있었다. 5세기 중엽에 편찬된 중국의 사서 ≪후한서≫ 〈동이전(東夷傳)〉「삼한조(三韓條)」에는 청소년들이 축실(築室)을 갖고 있었던 것을 전하고 있는데, 이는 일종 청소년집회소, 청소년 숙사(宿舍: 숙박하는 집)였을 것이다. 우리나라 전통시대 농촌사회에는 '두레'라고 하는 농업협동체가 있었거니와, 그 어원을 살펴보면 '들어간다'는 의미의 '들이'·'들어'에서 연유한 것으로 생각된다. 그러니까, 이 들어간다는 것은 마을의 집회소에 놀러 들어간다거나, 혹은 청소년조직에 가입·입문하는 의미로 생각할 수 있다. 나아가 이것이 아주 오랜 시기로부터의 유제(遺制: 선대부터 전해오는 제도)인 것은 말할 나위도 없다.

이 같은 삼한시대의 청소년집단은 본래 산악(山岳) 숭배사상에서 연원한 것으로, 그 자체 주로 제의(祭儀)의 기능을 갖고 있었다고 짐작된다. 다만 삼한시대는 여러 소국 간에 지역분쟁이 끊이지 않았고, 나아가 영토의 확장을 목표로 자유로이 경쟁을 벌이던 때였으므로 청소년집단은 군사적인 면에서도 일정한 몫을 담당했을 것으로 보인다. 주지하듯 진한(辰韓) 12개국 가운데 후일 신라의 모체가 된 사로국(斯盧國)은 제국 간의 군사적 경쟁에서 탁월함을 보여 주었다. 최초 경주분지(慶州盆地)의 조그만 성읍국가로부터 출발한 사로국은 오래 지나지 않아 차츰 주변의 여러 동료국가들을 병합하기 시작하여 대체로 4세기 중엽을 경계로 하여 진한 제국을 모두 망라하는 큰 영역(領域)국가로 발전하였다.

이 영역국가시대 신라의 지배체제는 일종 연맹왕국이라 부를 수 있는 성격의 것이었는데, 이는 신라에 병합된 각 성읍국가의 최고 지배층이 각기 고유의 지배 영역에 대해 어느 정도의 독자성을 보유하면서 신라 국왕인 마립간(麻立干)을 맹주로 하여 결속, 조정(朝廷: 정부)을 구성하고 있던 국가형태를 가리킨다. 신라는 이러한 상태에서 중앙집권체제의 달성을 목표로 하여 꾸준히 국가의 지배조직을 정비해 갔다. 그리고 그 같은 노력은 대체로 6세기 전반기에 들어와 일단 완성되었다.

화랑도는 필경 이 같은 촌락공동체 내부의 일종 결사체(結社體)적인 청소년조직이 중앙에 일괄 흡수되면서 개편된 것이라 할 수 있다. 이러한 변화는 마치 성읍(城邑)국가 시대 왕실의 시조를 제사하던 시조묘(始祖廟)가 국가적 종묘(宗廟: 위패를 모시던 사당)인 신궁(神宮)으로 승격되고, 촌락공동체 내부의 민중 레벨에 머물고 있던 동제(洞祭)가 그대로 궁중의례(宮中儀禮)로 승화된 것과 맥락을 같이하는 것이다. 앞에서 지적하였듯이 6세기라는 시대는 중앙집권화의 시대, 요·동시대에 법제화·조직화의 시대였다. 지방제도로서의 주군(州郡)제도가 처음 만들어진 것은 지증왕(智證王, 500~514) 때의 일이었는데, 이로써 국가권력이 지방의 촌락사회에까지 침투하게 되는 계기가 마련되었으며, 한편 그 때문에 청소년조직은 더 이상 독자적인 발전이 불가능하게 되었다.

또한 이와 병행하여 중앙군(中央軍) 조직도 편성되기 시작하여 진흥왕(眞興王) 5년(544)에는 육정(六停)의 기간이 된 대당(大幢: 깃발, 휘장)이 만들어졌는데, 이로써 중앙군의 보조 역할을 담당하는 군부대의 편성이 긴요하게 되었다. 화랑도는 바로 이 같은 시대적 배경 속에서 국가에 의해 공적인 기구로 제정된 것이다. 다시 말하면, 지방제도를 채택함으로써 촌락공동체를 중앙에서 직접 파악하는 것이 가능해지고, 더욱이 중앙군의 보조 역할을 담당할 군부대의 편성이 긴요한 때에 화랑도가 출현한 것이다. 이 밖에도 한두 가지의 배경 설명을 추가한다면, 신라사회에 있어서 친족적 요소의 발생이라든지, 우경(牛耕: 소를 이용한 경작)의 실시로 말미암은 촌락공동체의 균형파괴 같은 것을 들 수가 있다. 사실 이 같은 사회조건에서는 청소년조직이 그 발전상 커다란 제약을 받게 마련인 것이다.

이상은 화랑도 제정의 사회사적, 정치사적 배경인데, 한편 사상적 배경으로서는 불교의 영향을 지적할 수가 있다. 하긴 불교는 6세기 신라의 정치사회에 있어서 사상적인 면에서만 작용한 것은 아니었고, 중국을 비롯하여 티베트·버마·일본 왕실에서 그러했던 것처럼 보다 전제적이고 절대적인 통치체제를 구축하는 데 기여하였는데, 앞에서 지적하였듯이 진흥왕 때에는 진호국가(鎭護國家)사상이 융성해졌다. 화랑도의 내부에서 이들을 지도하는 사람들이 승려(僧侶)였음은 주지의 사실인데, 이는 화랑도와 불교와의 일정한 관계를 시사(示唆: 미리 암시해 알려줌)해 주고 있다. 사실 당시 승려는 신라사회에서 거의 유일한 지식계급이기도 했었다. 특히 화랑 김유신(金庾信, 595~673)의 무리를 세인이 '용화향도(龍華香徒)'라고 불렀다는 것이라든지, 역시 화랑 죽지랑(竹旨郎)의 탄생설화에 미륵(彌勒)이 등장하고 있는 점, 또한 진지왕(眞智王) 때에 흥륜사(興輪寺)의 승(僧) 진자(眞慈)가 항상 당주(堂主) 미륵상(彌勒像) 앞에 나아가 대성(大聖)이 화랑으로 화신(化身: 부처가 형상을 가지고 이 세상에 나타남)하여 이 세상에 나타나기를 발원서언(發願誓言)하였다는 미륵선화(仙花)의 이야기 등은 화랑도와 미륵신앙과의 밀접한 관계를 말해주는 것이다. 이와 관련하여 더욱 우리들의 주목을 끄는 것은 소형 미륵반가상이 서기 600년을 전후한 진평왕 때에 많이 조현(造顯: 조성)된 점이다. 이 미륵상이 풍기는 이미지는 화랑의 그것과 어쩌면 부합되는 점도 있어, 이는 그 자체 화랑을 상징할 뿐 아니라, 실제로 그들이 몸에 지니고 다닌 것이 아니었을까 추측되고 있을 정도이다. 이러한 데서 화랑도의 사상적 근원과 그 창의(創意: 새로운 생각)의 배경이 곧 미륵신앙이요, 화랑도 자체 미륵신앙에 의해서 결합된 일종 동신자(同信者) 집단으로 보는 견해가 나타나고 있는 것이다.

이처럼 화랑도의 조직과 그 활동을 미륵신앙에 입각한 일종 불교적인 메시아주의 운동으로 보는 데는 문제가 없지도 않으나, 어쨌든 당시 이상세계의 조속한 실현을 염원하고 있던 신라의 지배층이 진정 화랑도야 말로 그들의 소망하는 바를 이루어 줄 것으로 기대했던 것만은 확실하다고 하겠다. 신라의 산악(山岳)신앙이 이미 진평왕 때에 불교와 습합(習合: 문화변용, acculturation)하고 있다는 견해가 있거니와, 사실 화랑도 제정 이전의 촌락공동체 내부의 청소년조직은 앞에서 지적했듯이 주로 샤머니즘에 입각한 산신(山神)신앙 내지는 산악(山岳)신앙과 결부되어 있었다. 단재 신채호(丹齋 申采浩)가 화랑을 소도(蘇塗: 제단) 제단(祭壇)의 무사라고 한 것은 실은 화랑 제정 이전 단계의 청소년조직에 알맞은 정의인 것이다. 요컨대, 촌락공동체 내부의 청소년조직이 화랑도로 개편된 지 얼마 안 되는 시기에 산악사상과 불교 양자의 습합 현상이 나타나고 있다는 것은 화랑도와 불교와의 관계를 암시하는 또 하나의 지표로 볼 수가 있다.

4) 화랑도의 골품제사회 완충제로서의 기능

현대의 사회과학자들 중에서, 이를테면 에치오니(Amitai Etzioni)는 한 사회의 도덕가치가 정부에 의해서 만들어질 때 그 사회는 조만간 (早晚間) 멸망하게 된다고 주장한다. 그 반면 민간에 뿌리박고 있는 공동체를 기반으로 한 자발적인 결사체의 힘이 작동할 때 진정 사회가 영속적으로 유지될 수 있다고 한다. 그리하여 새로운 정치이념으로서 평등주의와 개인주의를 모두 거부하는 공동체주의를 진지하게 검토하고 있는 것이다. 그런데 화랑도의 조직에서 특히 주목되는 것은, 그것이 중앙집권화·법제화 시대의 산물이면서도 순연(純然: 순전하고 온전함)한 국가기구의 일부가 아닌 반관반민(半官半民)체의 성격을 띠고 있는 점이다. 이는 종래의 청소년조직의 전통이랄까, 유제(遺制: 예로부터 내려오는 제도)랄까가 완전히 청산되지 않은 채 아직 강인하게 남아 있었기 때문일 것이다. 그러니까, 이 역시 골품제도와 마찬가지로 종래의 전통적인 힘과 새로운 율령의 정신과의 일종 타협의 소산이라고 할 수밖에 없는 것이다.

화랑도에 전대(前代)의 전통이 강하게 온존(溫存: 전래)되어 있는 것은 실로 그 구성 방법으로, 이는 성원들의 자발적인 참여하에 일종 서약의 형식을 통해서 조직되고 있다. 현재 그 제작연대를 확실히 알 수 없는 이른바 임신서기석(壬申誓記石)의 명문(銘文)을 비롯하여 화랑도 운동 초창기인 진흥왕 때에 화랑 사다함(斯多舍)이 무관랑(武官郎)과 더불어 대표적 사우(死友)가 될 것을 맹세한 점이라든지, 진평왕 때 원광법사로부터 세속오계(世俗五戒)를 받은 귀산(貴山)과 추항(箒項)이 서로 군자(君子)와 교제하기를 기약한 점, 또한 신라의 전 역사를 통틀어 대표적 화랑이었던 김유신(金庾信)이 중악(中嶽) 석굴과 인박산(咽薄山) 속에 들어가 적국 군대를 물리칠 수 있도록 자신에게 힘을 부여해달라고 기원한 것은 바로 화랑집단 구성원 사이에 서약의 관념이 일반화되어 있었던 사실을 입증한다. 나아가 이것을 화랑집단의 형성 자체가 성원 상호 간의 서약에 기초하고 있었음을 암시하는 것이다. 이 점을 강하게 표현한다면 화랑도는 베버(Max Weber)가 말하는 바 서약단체(Schwurverbande)의 성격을 띠고 있다고 할 수 있다. 이 점 화랑도는 신라사회의 혈연주의(血緣主義), 씨족적(氏族的) 결합주의를 초월한 하나의 자치단체적 성격을 띠는 단체로 볼 수 있는 근거가 된다. 나아가 이는 씨족주의 기반 위에서 편제된 골품제도와는 그 구성 원리상 서로 배치되는 것이라고 할 수가 있다. 한편 이것은 골품제도에 의해서 규제되고 있는 신라사회와의 관련해서 생각할 때, 오히려 화랑도가 횡적으로 골품제도의 연대성을 보완하고 있다는 의미가 된다.

집단의 구성 원리뿐 아니라, 화랑의 존재 그 자체가 골품제도를 보완하고 있다. 일찍이 이기백(李基白) 교수는 화랑도의 제정을 정복전쟁의 수행에 대응하는 전사단(戰士團)으로서의 의의 이외에, 귀족 통일책의 하나의 표현인 점에 주목하였거니와 그 뒤 이 교수는 이를 부연하여 화랑의 존재야말로 왕권과 진골귀족세력과의 조화내지 타협을 상징하는 것이 아닐까 하는 견해를 제시한 바 있다. 즉 이 교수는 중고시대에 많이 만들어진 석가여래상(釋迦如來像)과 미륵보살상이 각기 국왕과 화랑을 비유한 것이 아니었을까 추측하는 입장에서 서산(瑞山) 마애삼존불상(磨崖三尊佛像)의 경우, 석가불과 미륵보살이 하나의 질서 속에서 조화를 이루고 있는 것은 국왕과 화랑, 나아가서 왕권과 진골귀족세력 사이의 조화 내지 타협을 상징하는 것으로 해석했던 것이다. 이 같은 이 교수의 견해는 중고시대의 정치체계에서 화랑이 차지하고 있던 현실적인 위치와도 잘 부합되고 있다. 이 시대의 정치체계는 기본적으로 내물왕(奈勿王)계 씨족의 집단주의 이념과 그 한 분파인 지증왕(智證王)계(전기)·진평왕(眞平王)계(후기) 직계의 왕자 지배의식과의 대립·갈등으로 보고 있는데, 이는 표현을 달리하면 범진골(汎眞骨) 세력과 왕권과의 대립이 된다. 그런데 화랑은 이 서로 대립되는 두 세력 사이에서 일종 타협의 상징적인 구실을 하고 있는 것이다. 왜냐하면 화랑은 진골귀족 출신이면서도 국가에 대한 충성과 애국을 강조하는, 무엇보다도 현실의 왕권을 지지하는 호국(護國)의 권화(權化: 부처가 중생을 구하기 위해 인간으로 나타남)였기 때문이다.

이처럼 화랑의 존재는 골품제도를 보완하고 있거니와, 나아가 화랑을 수령으로 하는 집단 자체 어떤 의미에서는 골품제사회의 완충제(緩衝劑)의 역할을 하고 있는 듯이 보인다. 그것은 화랑집단이 여러 골품출신자로 구성된 것을 봐서 알 수가 있다. 종래 화랑도는 화랑이나 그 추종자인 화랑도 모두가 순연(純然: 순전하고 온전함)히 귀족출신일 것으로 생각하였으나, 최근에는 화랑만이 진골귀족일 뿐, 낭도들은 왕경(王京: 경주慶州)에 사는 진골 이하 하급 귀족, 기타 일반평민의 자제가 많이 포함되었을 것으로 보는 견해가 유력해졌기 때문이다. 결국 이 같은 견해에 따른다면, 화랑도라는 조직 자체가 왕경 안의 거의 모든 사회계층을 연결·망라한 포괄적인 집단이었다는 것이 된다. 더욱이 이들은 동일한 세계관을 갖고, 동일한 목표를 향하여 몇 해 동안 함께 수련을 행하고 있다. 이 수련이란 필경 화랑 아래에서의 낭도 상호 간의 사회 작용이며, 이를 현대적 의미로 표현한다면 화랑도 성원으로서의 일체성(identity)을 추구하는 운동이라 할 수 있는 것이다. 이는 결국 화랑도가 같은 엄격한 신분제사회에서 발생하기 마련인 신분 간의 갈등·알력을 완화·조절하는 기능을 수행했다는 의미가 된다.

5) 골품제사회의 변동과 화랑도의 변질

오늘날 우리들이 알고 있는 화랑도의 이미지는 주로 진흥왕 때의 제정에서부터 삼국통일에 이르기까지의 약 1세기 간의 그것에서 비롯된 것이다. 사실 이 기간은 신라사상(新羅史上) 유례가 없는 국난기(國難期)였다. 진흥왕 때의 야심적인 영토 팽창은 그 뒤 신라에 커다란 부담이 되었다. 왜냐하면 고구려·백제 양국의 실지(失地: 잃은 영토) 회복운동이 치열하게 전개되었기 때문이다. 특히 선덕여왕(善德女王, 632~647) 때에는 신라의 국가적 존립마저 위태로운 형편이 되었다. 이처럼 신라가 조국 수호전쟁이라는 어려운 고비를 겪는 동안에 일차적으로 중요한 의미를 띠게 된 것이 군사적 과업이었으며, 이에 따라 충성과 신의 같은 덕목이 강조된 것은 당연한 일이기도 했다. 나아가 수많은 군사 엘리트를 배출한 화랑도가 이 같은 덕목의 권화(權化: 부처가 중생을 구하기 위해 인간으로 나타남)였음은 주지의 사실이다. ≪삼국사기≫열전에 실려 있는 화랑과 낭도들의 무용담은 이 국난기에 즈음하여 화랑도의 성원들이 어떻게 신라의 시대정신을 이끌어 갔는가를 잘 보여주고 있다.

그러나 주의해야 할 사실은 화랑도가 단순히 군사조직체에 그치지 않았다는 점이다. 그것은 분명히 청소년군단으로 많은 군사 엘리트를 배출한 것이 사실이다. 그러나 그것이 화랑도 기능의 전부는 아니었다. 이에 못지않게 중요한 것이 실로 교육단체로서의 기능이었다. 본래 화랑도를 제정한 공식적인 이유는 인재의 발굴에 있었다. 하지만 신라에 국가적인 교육기관으로서의 국학이 처음 만들어진 것은 진덕여왕(眞德女王) 5년(651)이었고, 신문왕(神文王) 2년(682)에 이르러 일단 그 기구가 정비되었다. 그러니까, 화랑도를 제정할 당시에는 아직 정식 학교기관이 없었던 셈이다. 따라서 화랑도는 인재를 발견하기에 앞서 이를 육성해야 할 필요성이 있었다. 화랑도를 일종 교육체계로 보게 되는 것도 이 때문이다. 그리고 이 제도가 하나의 교육체계로서 매우 성공적이었음은 8세기 초 진골 귀족출신의 큰 저술가였던 김대문(金大問)이 그의 ≪화랑세기(花郎世記)≫에서 이를 평하여 "현좌충신(賢佐忠臣)이 여기서 솟아나오고, 양장(良將: 훌륭한 장수)과 용졸(勇卒: 용감한 병사)이 이로 말미암아 생겨났다"고 한 것으로 봐서 잘 알 수 있다.

그런데, 화랑도를 당시의 교육체계로 볼 때 특이한 것은 그 교육방법이었다. 그들은 줄곧 이곳저곳 명산대천(名山大川)을 찾아 순유(巡遊: 유람, 여행)하면서 심신(心身: 마음과 몸) 단련하는 가운데 단체정신을 함양했다. 이 화랑도의 이른바 유오(遊娛: 여행과 오락)를 그들의 끊임없는 구도(求道: 도를 탐구함)행각으로 본다면 어쩌면 이는 선지식(善知識: 사람을 교화 선도하는 지식)을 찾아서 남방(南方)에 유행(遊行)한 불교의 성자(聖者) 선재동자(善財童子, sudhana-sresthi-daraka)가 연상될지도 모른다. 주지하듯이 ≪화엄경(華嚴經)≫ 〈입법계품(入法界品)〉에는 선재동자(善財童子)가 그 순력(巡歷: 각처로 돌아다님)의 마지막 단계에서 미륵보살을 만나 화장세계(花藏世界)를 보게 되는데, 화랑과 미륵보살과의 관계를 이 선재동자와 미륵보살과의 관계의 신라판(新羅版)으로 보려는 견해가 없지도 않다. 하지만 이는 역시 국토순례·성산근참(聖山覲參)·영악수험(靈岳修驗)이라는 관점에서 생각할 수 있으며, 나아가 심리학자 마슬로

우(Abraham H. Maslow)의 이른바 자아실현(self-actualization)을 위한 절정경험(peak-experience)과 관련시켜 생각할 수 있다. 주지하듯이 그는 황홀, 경이, 외경(畏敬: 경외, 공경하고 어려워함)의 감정이 복합된 어떤 신비적 경험을 자주 하는 것이 자아몰각(自我沒却)적이고, 초월적인 자아실현을 꾀하는 성숙한 인격의 한 특징이라고 하면서 절정경험을 체험하는 순간 자아실현이 이루어진다고 논단한 바 있다. 그런데 화랑도가 순유한 곳은 이 같은 절정경험을 체험하기에 매우 적합한 이른바 명산대천(名山大川)이었고 특히 화랑 김유신(金庾信)의 경우에서 볼 수 있듯이 그는 중악(中嶽) 석굴 및 인박산(咽薄山)에서 영매자(靈媒者)인 샤먼을 통해서 초인간(超人間)적인 영력(靈力)을 몸에 익힌다거나 혹은 샤먼을 통해서 산신의 계시를 받는 등 신비스러운 체험을 하고 있는 것이다. 마슬로우는 성숙된 인격이 때때로 감읍(感泣: 감격(감동))으로 표현된다고 하였거니와, 이는 진골귀족 출신으로 태종무열왕(太宗武烈王) 2년(655) 조천성(助川城: 옥천 양산)공략전(攻略戰)에서 전사한 김흠운(金欽運)이 청소년 시절에 화랑 문노(文努)의 무리에 섞여 있을 때 도중(徒衆: 사람의 무리)들 사이에 "누구는 전사하여 지금까지 이름을 남기고 있다"는 이야기를 듣곤 개연(慨然: 억울하고 원통하게 여기는 마음)히 눈물을 흘리고, 감격하는 표정을 지었다고 한 것으로 봐서 잘 알 수 있는 것이다.

화랑집단이 산천에서 즐긴 것이 노래와 춤이었음은 더욱 우리의 주의를 끈다. 신라말기의 큰 학자인 최치원(崔致遠)은 화랑도의 이 수련을 '풍류(風流)'라는 말로 표현하면서, 이는 유교·불교·도교 3교의 융합에서 연원한 것이라 하였는데, 아무래도 이것은 전기 3교를 일체적으로 수용하려던 그의 이상이 화랑도에 가탁(假託: 다른 사실을 비교하여 말함)하여 표현된 것인 듯하다. 더욱이 그가 풍류(風流)를 현묘(玄妙: 도리나 기예 심원하고 미묘함)한 도(道)라고 했던 것은 한낱 신비적인 입장에서의 해석일 뿐이다. 화랑도의 수련법으로서의 이른바 풍류라는 것은 현대의 문화사가 호이징하(Johan Huizingha), 혹은 문명비평가 카이유와(Roger Caillois) 등이 말하는바 놀이(遊戱)라는 개념을 갖고 이해할 때 잘 해명될 수 있는 것이 아닌가 한다. 호이징하는 놀이를 문화의 근원이라고까지 보는 입장인데, 그에 의하면 놀이는 본래 진지함과 양립되는 것으로서, 이 양자는 각기 허구의 세계와 현실의 세계를 대표한다고 한다.

그리고 이 양자가 일정한 거리를 둔 긴장 관계에서만 참된 문화가 유지될 수 있다고 하는데, 전성기(6·7세기)의 화랑도가 ─나아가 그 수련법으로서의 풍류(風流)가─ 바로 그러한 것이었다고 보고 싶다. 즉 이 시기의 화랑의 놀이적 성격은 조국수호, 나아가 삼국통일이라는 현실의 목표, 곧 군사적 과업에 의해서 어느 정도 억제되었다고 생각한다. 다시 말하면 화랑도의 수련은 군사와 놀이의 상호균형 위에서 이루어졌다고 본다. 이 풍류를 현대적인 용어를 써서 놀이(허구)와 군사(현실)의 교묘한 균형관계 정도로 이해하고자 한다. 신라 상고의 전쟁기사를 분석해 보면 전쟁은 놀이의 연장이라 할 수 있을 만큼 양자의 미분리 상태를 엿볼 수 있는데, 이는 화랑제도로 개편되기 이전의 청소년조직 단계의 수련실태를 반영하는 것으로 생각된다.

그러나 삼국통일 후 화랑도는 매우 큰 변화를 겪게 되었다. 주지하는 바와 같이 신라통일기는 약 1세기 간의 번영 끝에 150여 년간에 걸친 혼돈·피폐·내란으로 연속되는 시기이다. 중고시대 신라 최대의 과업이었던 조국수호전쟁은 삼국통일로 결실을 맺게 되었다. 화랑도는 이에 큰 기여를 하였지만, 일단 통일기에 접어들자 화랑도의 군사적 성격 내지 기능은 시들해지지 않을 수 없게 되었다. 더욱이 통일 후 신라인은 일찍이 체험한 적이 없는 장기간의 평화를 구가하게 되었는데, 이 같은 안일한 시대적 분위기가 군사적 기능을 상실한 화랑도의 놀이적 기능을 한층 조장했을 것은 확실하다. 앞서 지적하였듯이, 호이징하는 현실과 허구가 일정한 거리를 둘 때에만 참된 문화가 유지될 수 있다고 하였으며, 만약 이 거리가 소멸되면 긴장관계가 깨어져서 문화는 생명을 잃게 되고, 열광(熱狂, fanaticism)이라고 하는 일종의 극한적인 정신 상태를 초래한다고 하였는데, 통일기에 들어와 그 현실의 군사적 기능이 약화됨으로 해서 놀이와 군사 양자의 균형이랄까 긴장 관계랄까가 파괴되어 버리고 말아 결국 놀이를 위한 놀이라는 놀이 일변도의 열광(熱狂)에 빠져 들어갔다고 생각된다. 요컨대 화랑도의 가무조합적인 기능만이 남게 되어, 후세 사람으로 하여금 화랑의 본령이 마치 남자 무당(巫夫) 혹은 창우(倡優)·유녀(游女: 놀이 여자)·무동(舞童: 춤을 추던 아동) 따위로 오해하게 만든 소인(素因: 근본적인 원인)이 양성된 것이다.

화랑도의 '놀이'적 기능의 확대와 더불어 주목되는 것이 국학의 존재이다. 사실 유교 교육기관인 국학은 창설 당시에는 주로 육두품 이하 하급귀족을 대상으로 한 중견 및 하급관료의 양성기관이었을 뿐, 최고 신분인 진골층의 흥미를 끌지는 못했다. 그런 까닭으로 국학은 화랑도 운동의 전성기에는 결코 화랑도에 대신할 만한 교육기관으로서의 권위를 누릴 수 없었다. 그러나 상기해야 할 것은 화랑도가 진골귀족만으로써 구성된 단체는 아니라는 점이다. 여기에는 육두품 이하 평민·백성의 자제까지 포함되어 있었다. 그러므로 삼국통일 후 국학은 입사(入仕: 벼슬자리)의 기회를 바라는 대다수 화랑집단 성원들에게 강력한 유인(誘因: 직접적인 원인)이 될 수 있었다고 생각된다. 특히 유교정치이념이 한층 고조된 9세기에 들어와서는 화랑도의 입지가 크게 위축된 듯하다. 화랑 출신으로 뒤에 왕위에 오른 김응렴(金膺廉)의 경우가 이 점을 잘 말해주고 있다. 왜냐하면 그는 놀이만을 일삼던 단순한 화랑이 아니었기 때문이다. 최치원(崔致遠)은 〈대숭복

사비문(大崇福寺碑文)〉에서 김응렴이 "처음 옥록(玉鹿)에서 이름을 날리고, 한편으로는 현풍(玄風)을 진작시켰다"고 예찬했는데, 현풍이란 화랑으로서의 활동을 가리키는 것이지만, 한편 옥록이란 국학의 교수관을 가리키는 것으로 짐작된다. 실제로 그가 재위시(在位時) 국학에 대해 보인 관심이라든지, 그의 한문학에 대한 깊은 지식으로 미루어 볼 때 그에게 유교지식이 크게 침윤(浸潤: 차차 젖어옴)되어 있었음을 짐작하기에 충분하다. 화랑시절 그가 사방을 견문하던 중 감동받았다고 헌안왕(憲安王)에게 보고한 세 가지 미행이란 것도 결국 양(讓), 검(儉), 공(恭)의 세 가지 유교 덕목(德目)에 입각한 일화이며, 이는 소박한 견문담이라기보다는 그가 유학에 대한 지식을 갖고 국왕의 뜻에 맞게 안출(案出: 생각해냄)한 것이 아닐까 짐작된다. 요컨대, 삼국통일에 이르기까지 인재 양성을 독점해 왔던 화랑도는 통일 후 국학의 발전과 함께 인재선발의 문호가 더욱 확대 개방된 결과 그 특권의식이 감퇴되지 않을 수 없었던 것이다.

화랑도의 변질은 이 같은 수련법의 변화에만 기인한 것은 아니다. 앞서 골품제도의 전개에서 지적하였듯이, 삼국통일 후 1세기 간 신라조정은 전제왕권을 추구하였는데, 이 같은 권력구조상의 변화는 그 편제 자체가 골품제도를 보완하고 있던 화랑도에 대해서도 일정한 영향을 끼쳤을 것으로 짐작된다. 왜냐하면 국왕의 전제화의 노력이란 필경 진골귀족 만능체제에 대한 수정의 노력이었으며, 이로써 진골귀족의 우월성이 훼손되지 않을 수 없었기 때문이다. 그런데 화랑은 바로 진골귀족을 상징하는 한 떨기 꽃이었고, 나아가 왕권과 귀족세력의 은연한 타협의 상징이기도 했던 것이다. 요컨대 왕권전제화의 과정에서 화랑의 이미지도 퇴색되지 않을 수 없었다고 생각된다.

태종무열왕(太宗武烈王)계의 중대왕권이 무너진 780년 이후의 신라

사회는 전반적으로 퇴폐의 경향이 현저해진 시기였다. 무엇보다도 국가권력이 쇠퇴하여 이기적인 진골귀족을 통제할 힘을 상실하였는데, 이로써 귀족들의 모반·반란이 잇따라 일어났다. 하긴 이 같은 혼란한 정황 속에서 통일 전과 마찬가지로 군사적인 과업이 다시금 중요성을 띠게 되었으며, 이 점 화랑도 운동이 활발해질 수 있는 계기가 마련되기도 했다. 실제로 헌덕왕(憲德王) 14년(822) 김헌창(金憲昌)의 반란을 진압할 때 화랑 2명이 출전하고 있음이 ≪삼국사기≫ 권10, 〈헌덕왕본기(憲德王本紀)〉 14년 3월조의 기사에 특서되어 있다. 즉 이때 명기(明基)와 안악(安樂)은 각기 종군을 자청하여, 전자는 그의 무리를 이끌고 황산(黃山: 경주 근교 혹은 충남 연산連山으로 추측됨)로, 후자는 시미지진(施彌知鎭)으로 향했다는 것이다.

그러나 이 시기의 화랑도의 성격은 전성기의 그것과는 크게 달랐다. 중고시대의 화랑도는 국왕과 진골귀족 간의 일정한 세력균형을 전제로 하여 존재했음에도 불구하고, 그 자체 이념상 국왕에 대한 충성과 애국을 강조하는, 무엇보다도 현실의 국가기구와 왕권을 지지하는 조직이었는데 반하여, 9세기의 화랑도는 진골귀족의 '연립(聯立)'이라고 하는 그 시대상을 그대로 반영하여 진골귀족들의 사병적(私兵的)·문객적(門客的) 성격을 띠는 조직으로 변질되었기 때문이다. 김헌창(金憲昌)의 반란을 토벌할 때 동원된 군사력이 국가의 군대라기보다는 오히려 귀족의 사병이 주축을 이룬 것 같고, 또한 국가의 군대일 것으로 짐작되는 일부 군사력도 실은 국왕 개인의 군대였을 것으로 보는 것이 옳은 듯하다. 요컨대 화랑도가 국가권력에 대한 진골귀족층의 압력단체적 성격을 띠는 조직으로 변질되었음을 간파할 수 있는 것이다. 화랑출신인 김응렴(金膺廉, 뒤의 景文王)이 헌안왕(憲安王, 857~861)의 사위가 되었다가 곧이어 즉위(861)한 것이라든지, 혹은 화랑 효종랑(孝宗郎)이 진성여왕(眞聖女王) 때에 전왕(前王)인 헌강왕(憲康王)의 사위가 된 것, 나아가 그 아들인 김전(金傳)가 경순왕(敬順王)으로 즉위(927)하게 된 배경에 —비록 후백제왕(後百濟王) 견훤(甄萱)에 의해서 옹립된 것이기는 하지만— 이 같은 화랑도의 군사력이 은연중에 고려 내지 작용한 것이 아니었을까 추측하는 것도 충분히 가능한 것으로 생각된다.

6) 맺음말

생각해 보면 화랑도는 한국인의 경험한 지혜의 결정이다. 서기 6세기 중엽 진흥왕 때는 신라역사상 비약적인 발전기였다. 이때쯤 되어서 신라는 비로소 국가다운 모습을 갖추는 한편, 영토 확장사업에 착수하여 눈부신 성공을 거두기 시작했다. 그것은 신라의 새로운 창업기였다고 해도 좋을 것이다. 화랑제도가 국가적으로 제정된 것은 바로 이 같은 때였다.

당시 신라조정이 무엇보다도 인재의 육성을 중시한 것, 그리하여 단체생활을 통해서 인재를 양성하고 또한 발탁하려 한 것은 의미 깊은 일이었다. 더욱이 화랑의 인격형성을 꾀함에 있어서 현실세계와 꿈의 세계의 적절한 균형조화를 견지하도록 배려한 것은 지도자의 빛나는 예지였다고 생각된다. 이렇게 길러진 화랑집단은 평상시에는 사회교화의 선도자로서 국민 상하 간에 이상세계 건설의 꿈을 실현시켜 줄 수 있는 주역으로 기대를 모았으며, 유사시에는 평소 연마해 온 무사정신을 한껏 발휘하여 조국 수호에 앞장섰던 것이다.

종래에는 화랑도를 신라시대 군사 엘리트 예비군으로만 생각하여, 그 탁월한 무사도를 관념적으로 강조하는 방향에서 진행되어 왔다. 하지만 오늘날 신라사 연구가 진전됨에 따라서 화랑도의 문제가 무사도라는 관점에서만 연구되기에는 너무나 큰 연구 대상임이 분명해졌다. 최근의 신라사 지견에 의하면 화랑도는 신라의 정치와 사회를 규제한 골품체제라고 하는 특수한 체제의 특이한 산물이었음이 드러나고 있기 때문이다. 즉 그것은 골품체제와 긴밀하게 연관되면서 신라사회의 전개에 지속적인 영향을 끼친 청소년조직-청소년운동이었다는 지견(知見)을 갖게 된 것이다.

비교사회학자 아이젠슈타트(S.N. Eisenstadt)의 가설에 의하면, 본래 친족(親族)적인 사회에서는 청소년조직이 제대로 발전할 수 없다. 그가 현대 제 지역의 미개사회는 물론 고대 그리스에서부터 19세기의 독일 청소년 운동, 현대문명사회의 키부츠(Kibbutz), 콤소몰(Komsomol)에 이르기까지 광범한 사례를 갖고 청소년조직이 발생하는 사회조건이나 그 사회의 유형을 사회학적으로 비교분석한 바에 따르면, 청소년조직은 가족이나 친족집단 내부에서 강요된 역할 배분이 전체구조의 그것과 상충(相衝: 맞지 않고 서로 어긋남)되어 각 개인으로 하여금 성숙한 신분을 성취하지 못하도록 할 때 발생한다는 것이다. 요컨대 그것은 비친족적(非親族的, non-Kinship)이며 또한 보편성의 원리 위에 규제되어 있는 사회에서 발생하고 있다. 역시 그에 의하면, 아프리카의 집권적인 수장제(首長制, chiefdom)사회에서는 이 같은 조직이 잘 발달되지 않는 듯하다고 한다.

이 같은 그의 가설에 의하면 신라사회의 경우 청소년조직이 크게 발달할 수 있었던 시대는 신분제도로서의 골품제도가 제정되기 이전의 초기 국가단계인 셈이다. 그러나 앞에서 보았듯이 화랑제도는 골품제도와 더불어 6세기 법제화·중앙집권화시대의 산물이었다. 그것은 골품제도의 성립직후 국가에 의해서 반관반민(半官半民)단체의 성격을 띠는 청소년조직으로 개편된 후 약 1세기 동안 신라국가의 전위적(前衛的) 기구로서 그 전성을 구가하였다. 이 점이 바로 화랑도를 세계의 일반적인 청소년조직-청소년운동과 같은 궤도 위에서 이해할 수 없게 하는 특이한 점이다.

실로 이 중앙집권화시기에 화랑도는 앞선 시대의 자치 단체적 성격을 유제(遺制: 선대부터 전해오는 제도)로 서 온존하고 있으면서 한편으로는 조직·편제·기능에 있어 국가권력과 신분제사회의 여러 가지 모순·갈등을 완화시켜주는 사회완충제의 역할을 충실하게 수행했던 것이다. 그러나 한편 이로 말미암아 화랑도는 국가권력의 추이(推移: 변동 상태), 신분제의 변동 등에 크게 영향을 받지 않을 수 없었는데, 이는 곧 청소년조직-청소년운동으로서의 화랑도의 한계점이기도 했던 것이다. 신라의 국가권력이 쇠퇴한 뒤 화랑도가 일종 압력 단체적 성격을 띠는 청소년조직으로 변질된 것이라든지, 그나마 신라왕조의 쇠망과 더불어 그 운동이 정지되고만 역사적 배경은 이 같은 관점에서 파악할 때 올바로 이해될 수 있다고 생각한다(이기동, 한국향토사연구전국협의회 편, 『화랑문화의 신 연구』, 경상북도: 문덕사, 1995. 96-116쪽).

제4장

풍류·신명·신바람·신명풀이

1. 풍류도와 민주적 인간상의 확립

오늘날 풍류를 말한다면 흔히 술을 마시고, 풍악을 울리며 가무에 흥겨워하는 태도를 연상하기 쉽다.

그러나 풍류에 대한 역사와 의미를 문헌과 실증적으로 새겨보면 오늘날 우리들이 생각하는 것과는 상당한 거리가 있는 것을 알게 된다.

저 신라의 석학 최치원은 우리 민족의 시원적인 사상을 풍류라 했다. ≪삼국사기≫ 〈신라본기〉 「진흥왕조」에 보면 "나라에 현묘한 도가 있으니 풍류라 한다. 이 가르침은 실로 3교를 포함하고 있어서 모든 생명과 접촉하여 교화시킨다. 이래서 들어간즉 집안에서 효도하고 나간즉 나라에 충성하니 이는 유교의 가르침이요, 억지 일을 하지 아니하고 말보다 실행을 앞세우는 가르침은 도교의 영향이요, 일체 나쁜 짓을 하지 아니하고 착한 일을 받들어 행하니 이것은 불교의 교화니라."고 기록되어 있다..

온 나라에 바람처럼 퍼져 흐르는 풍류(風流)는 윤리 3교를 포함하는 것이라 했다. 그러니까 극기복례(克己復禮)의 유교와 귀일심원(歸一心源)의 불교, 무위자연(無爲自然)의 도교를 다 포함한 풍류도는 우리 민족에게 하늘이 내린 정신원리이며, 혼의 본체였던 것임을 알 수 있다.

유불선의 3교를 포함하면서도 그것을 초월하는 민족의 영성으로서 풍류도는 그러나 외래문화 수용과정에서 점차 퇴색할 수밖에 없었다. 수신지본교(修身之本敎)인 불교에 심취하거나 이국지원학(理國之源學)인 교에 몰입하는 이런 문화의 일방적 선택과정은 본말을 바꾸어 놓는 결과를 가져왔던 것이다.

즉, 신(神)교→도교→불교→유교 문화의 선택적 이식과정은 결국 고유의 우리 사상인 풍류정신, 곧 문화섭취와 응용으로서의 포용성을 퇴색시켰던 것이다. 오로지 정(正)과 사(邪)로 만사를 양극화시켜 생활원리를 교조화하는 풍조는 고래의 민족정신인 풍류도를 퇴색시켜 오늘날에 와서 감각적인 흔적만 남게 하였으니 유감스러운 일이 아닐 수 없다.

1) 풍류도에 어긋나는 정신은 무엇인가?

고래의 풍류도는 민족생존의 고유영성으로서 우리 민족을 우리 민족답게 해주는 생명력이었다. 따라서 화랑도로 제도화된 풍류도는 삼국통일의 위업을 이룩했지만 그 이후 고려를 거쳐 조선조에 이르러서는 억불숭유(抑佛崇儒) 정책 때문에 유교 이외의 민족 고유의 전통적 영성으로서의 풍류도가 이단시되기 시작했다. 민족의 Pathos (애절감)가 억눌림 받았던 것이다. 서구식으로 말하면 민족의 Apollo (아폴로 신)적 요소만 강조되고 Dionysius(고대 Sicily 섬의 신)적 요소인 민족의 영성을 시들게 하여 민족정신이 쇠약해졌던 것이다.

조선조의 지식인들은 유교의 주자학에만 심취하였으니 그들이 이룩한 조선의 문화는 왕통을 지키기 위한 종묘문화로 문화를 단순화하여 고래의 민족의 정기를 억제한 것이 그 사실이다. 따라서 고래의 풍류정신이 주는 원융회통(圓融會通)의 종교적 관용성과 창조적 원동력으로의 청렴성(淸廉性) 등 민족고유의 고결한 심성이 퇴락하여 오늘날 고질적 인연윤리(因緣倫理) 사회를 만들어 버린 것이다.

한국사회는 혈연, 학연, 지연에 따라 인간관계를 맺고 그 이상 초월의 가치를 우러러 추구하지 못하며 오직 개인의 이익과 타산에 의해 형성되는 단순한 이익사회(gesellschaft)가 되었다. 그 이익사회에 통용되는 그릇된 폐습은 속히 시정해야 할 병폐들이 아닐 수 없다.

첫째, 우리 사회의 윤리는 '아는 사람에 대한 윤리와 모르는 사람에 대한 윤리'가 다른 데 문제가 있다. 아는 사람이란 가족성원으로 친척 넓게는 씨족에 이르기까지 그 범위가 넓다. 가족을 떠나서는 동창, 지연, 단골 등 여러 각도에서 파악될 수 있다.

반면에 모르는 사람이란 이 범위에서 제외된 여타(餘他)의 다른 사회의 성원을 지칭하는데 이것은 어디까지나 상대적이다. 아는 사람에 대하여는 그렇게도 부드러운 표정으로 대하면서도 모르는 사람에게는 금방 얼굴 표정이 굳어진다. 이런 친소관계에 따라 윤리가 결정된다는 것은 결국 한국인에게는 윤리를 결정하는 원칙과 기본이 없는 사회현상은 혼란뿐이다.

둘째, 우리 사회의 윤리는 '윗사람에 대한 윤리와 아랫사람에 대한 윤리'가 다르다는 것을 발견하게 된다. 실상 인간존재 상황은 상도 하도 동도 이도 없다. 다 같은 인간이다. 그런데 시간과 공간과 기능과 연륜에 따라 차이가 생긴다. 그 차이란 결국 거시적 관점에서 본다면 사회적 존속을 위한 질서에 불과한 것이다. 전체의 유지를 위한 부분의 질서, 다시 말하면 이 차별은 자연계에서도 역시 존재한다.

인간사회나 자연계를 막론하고 이 차별적 질서가 없이는 존재가 지속될 수 없다. 따라서 상하차별의 윤리는 질서와 조화의 윤리인 것이다.

그러나 우리 한국인은 이러한 질서를 평등적 인격을 가진 자의 역할로 의식하지 않고 언제나 상하의 신분서열을 철저하게 자각하는 데서 비로소 유지된다고 생각하는 데에 문제가 있다.

근대사회에서는 사회의 질서나 발전은 자유롭고 평등한 여러 개인이나 집단 간의 합리적 토의에 의해서 이루어지는 것이지만 한국인은 이와는 반대로 토의 없는 상하신분의 철저한 자각에 의해서만 유지되는 것으로 알아왔다. 그리하여 거기에서 발단되는 것은 체면윤리이다. 예의·겸손·눈치 보기가 한국인에게 체질화된 윤리이다.

한국인의 일상적 생활에는 일정한 법도나 원칙(rule)이 없이 기분·감정·친소관계나 호소·집단 행위·큰소리(demo) 등에 의하여 그 태도가 결정된다고 하면 지나친 말일까?

어떠한 사람이든 똑같이 인간의 존엄성과 자유를 가진 독립된 개인으로서 대우하는 것이 아니라 사람에 따라서 대우의 방법이 달라지는 것이 우리 윤리의 특색이다.

어느 누구에게나 적용될 수 있는 보편타당한 생활윤리에 의거해서 사람을 대하고 행동하는 윤리가 아니라 상대방에 따라 차원이 다른 윤리가 우리의 보편적 윤리 의식이라는데 고민이 있는 것이다. '방 봐가면서 x싼다'는 속담은 그것을 잘 반영하고 있다.

그러면 이러한 친소윤리(親疏倫理), 상하윤리는 어떻게 지양되어야 할 것인가? 어느 시대, 어느 민족에게나 그러한 윤리적 습성이 있다. 그러나 습성이라고 해서 다 정당하다고 볼 수 없다. 일찍이 하버드 대학의 롤즈(J. Rawls) 교수는 그의 명저 『A theory of Justice』(1971)에서 진리와 정의의 개념을 밝혀 우리의 이해를 돋구어준 바 있다. 원문일부를 옮기면 다음과 같다.

"Justice is the first virtue of social institutions, as truth is of systems of thought. A theory however elegant and economical must by rejected or revised if it is untrue ; likewise laws and institutions no matter how efficient and well-arranged must be reformed or abolished if they are unjust."

"정의란 사회조직의 첫 번째 덕목으로서, 마치 진리가 사고의 체계로 구성된 것과 같다. 그럼에도 그것이 사실이 아니라면 우아하고 실속 있는 어떠한 이론도 거부되거나 수정되어야 한다. -법과 사회조직과 달리 어떤 이론이 아무리 효율적이고 잘 정비되었다고 하더라도 만약 그것들이 부당하다면 당연히 개혁되거나 폐지되어야 할 것이다."

셋째, 한국인의 윤리는 가족적 책임윤리이다. 모든 국민의 생활책임이 가족에게 있다. 사회나 국가가 가족의 교육이나 사회보장에 대한 책임을 별로 지지 않는다. 일본이 의리윤리, 서양의 공평윤리인데 비해 우리는 모든 사람들의 일생을 가족단위로 책임을 져야 하기 때문에 비리가 끊이지 않는다. 민중의 의식주와 교육과 취업의 책임을 사회·국가가 책임져 준다면 그렇게 비리가 생길 리 없을 것이다. 이에 대한 연구가 절실하다.

2) 새바람의 풍류, 민주정신이 분다

옛 문헌에 기록된 풍류의 윤리는 부모에 효도하고, 나라에 충성하며, 말보다 실행을 먼저 하고, 모든 이에게 착한 일을 하는 것이었다. 그러한 윤리가 '신바람'이 났을 때 나라가 흥하고 통일될 수 있었다.

그러나 그러한 민족 고유의 신바람이 이단시되고 그러한 기록들이 사학(邪學: 요사한 학문)으로 몰리면서 민족의 고결한 정신이 고갈되었고, 멸사봉공(滅私奉公: 사익보다 공익)의 높은 마음이 점차 겨레의 심장에서 퇴색되었다. 그러나 급변하는 사회변화와 인구팽창과 자원고갈에서 나타난 생존경쟁에 따른 불가피한 시대적 변화라고 체념해 버릴 수 없는 것이다.

우리는 서로 더 많이 가지고 살겠다고 아우성치며 싸우는 원시사회로 복귀할 수 없다. 공존의 윤리는 창조되어야 한다. 이 시대에 알맞은 새로운 신바람(新風—新風)으로서 우리 모두가 합의한 원칙과 도리를 익혀야 한다.

일찍이 경제적 윤택과 신앙의 자유를 찾아 신대륙 미국을 개척한 사람들의 후손은 대략 134개 종족이나 된다. 그 여러 종족의 종교와 문화, 가치관은 각기 다를 수밖에 없었다. 그러한 차이는 서로의 갈등을 가져왔다. 그러나 쌍방의 다툼이 피차에게 손해만 준다는 것을 깨달은 그들은 공존의 윤리를 창조해냈던 것이다. 그것은 공화의 도덕이었다. 그 공화의 덕은 도덕과학에 의해서 확실히 미 대륙에 정착될 수 있었다. 그것은 민주주의 도덕으로서 현재까지 인간이 공존을 위해서 창출해낸 최선의 지혜인 것이다.

민주주의 제도는 두 가지 도덕에 의해서 미국에서 본이 되어 지탱되고 있다. 하나는 옛사람이 물려준 종교적 유산 가운데 있는 인간에 대한 보편적 사랑과 믿음 그리고 소망이요, 또 하나는 모든 사람에게 공통되는 이익함수를 생활의 원리로 한 것이다.

민주주의의 성공은 다수결의 원칙준수와 자기의 권리와 똑같이 타인의 권리를 존중할 때 가능하다. 그리고 국민 모두가 자기가 누릴 권리와 행할 바 의무, 그 책임(responsibility)을 명확히 이행할 때 가능하다. 그 원칙을 구체적으로 밝혀보면 다음과 같다.

모든 국민은 권리를 가지고 있다.
① 국민 각자가 원하면 법정에서 재판받을 권리

② 정부 업무를 비판하는 권리

③ 정부 관료에 경쟁 입후보하는 권리

④ 정부의 간섭 없이 국내를 여행하는 권리

모든 국민은 행하여야 할 책임을 가지고 있다.

① 다른 삶의 권리를 존중하는 책임

② 재판정에서 증인으로 봉사할 책임

③ 선거 때 투표할 책임

④ 국민이 할 일에 책임적으로 참여할 책임

⑤ 스스로 살 수 없는 사람을 도와줄 책임

　　이러한 책임과 권리에 대한 국민의식이 없이는 복합민족에 다원문화인 미국사회가 단일국가 사회로 존재할 수 없었던 현실적 사실에 민주주의 제도화를 열망하는 우리 모두는 주목해야 한다.

　　우리가 지향하는 민주적 가치관의 상위개념은 민족주의 전통에 자유민주주의 제도, 그리고 복지주의 정책이다. 그것은 국민 각자의 최선아실현(最善我實現, best-realization)을 이념적 목표로 한다. 그 목표를 위한 자유와 평등 박애의 환경실현이 요구된다.

　　그런데 이러한 이념의 실현과정에 있어서 역기능이 나타나 민주주의실현에 위기를 초래하는 경우가 있다. 곧 개인의 존엄성 존중이 극단적 이기주의와 퇴폐주의로, 자유가 방임주의로, 평등과 복지의 이상이 무정부주의와 무질서와 혼란으로 오도되기 때문이다. 따라서 근대적 가치관으로서 공존공영의 공화의 덕이나 타협과 준법정신, 책임정신으로서 민주주의는 계속 보완되고 발전시켜야 할 하나의 제도라는 것을 명심해야 하겠다.

3) 새바람이 난 사람들의 모습

바람은 우주에 넘치는 생명의 원동력이다. 바람을 넣어 하느님은 인간을 만들었고 그것을 깨달은 우리 조상들은 바람[風流道]을 일으켜 3국을 통일했다.

옛날의 바람은 유불선의 지혜를 포용하면서 초월한 신선도(神仙道), 곧 풍류도였으며, 신라의 바람은 화랑도였고, 고려의 바람은 미륵도였으며, 조선의 바람은 선비정신이었고, 한말의 바람은 독립정신이었다.

광복 후 조국에 부는 바람은 무엇인가? 민주의 바람이다. 자유와 평등과 박애와 정의, 그리고 민주의 바람잡이들이다. 그 바람잡이는 다음과 같은 사람이 아니면 안 된다.

첫째, 바람잡이 노릇을 하려면 자기 자신의 욕심을 통제하는 자제력이 있어야 한다.

둘째, 바람잡이로 남 앞에서 선도하려면 매사에 자기가 한 일에 대한 책임을 질 수 있는 책임적인 사람이어야 한다.

셋째, 바람잡이는 아무나 할 수 있는 것이 아니다. 고도의 지성과 교양을 겸비한 전문인이어야 한다.

넷째, 바람잡이는 고정관념에 노예가 되지 않고 다른 사람의 의견을 신중히 경청하면서 변화된 상황에 맞는 대안을 신속히 마련할 줄 아는 플라스틱 인간(plastic man)이어야 한다.

다섯째, 이 시대의 새 바람잡이 풍류도사(風流道師)는 무엇보다도 스스로의 일을 해결하며 자기의 일을 남에게 넘겨 지우지 않는 독립적인 사람(autonomous man)인 동시에 어머니와 같이 자애롭고, 애인과 같이 다정하며 친구와 같은 우정을 가진 사람이어야 한다.

그는 자신 안에서 용솟음치는 영원한 인자를 발견하여 그것을 창조적으로 표현하기 위해 밤에 별을 보고, 암흑에서 태양을 꿈꾸는 사람이어야 한다. 이 사회는 그러한 멋진 청년 풍류객을 기다린다. 새 시대의 아름다운 광경은 그런 청년을 보는 일이라 하겠다. 오늘의 청년은 그러한 풍류객이 될 꿈을 지녀야 한다.

"Where there is no personal vision the people perish."
"개인적 비전이 없는 이는 자멸한다."

2. 한(韓)적 영성(靈性)의 형이상(形而上)적 구조

1) 한적 영성으로서의 풍류도

원초적 영성은 고등종교문화를 매개로 승화된다. 승화란 구조의 변화를 뜻하는 것이 아니라, 신화적인 것에서 형이상학적인 것으로의 질적인 변화를 의미하는 것이다. 말하자면 민족적인 삶 자체의 질적인 변화를 뜻하기도 한다. 풍요와 평안 속에서 사람다운 삶을 찾고 있었던 원시적인 꿈이, 윤리적, 미적, 형이상학적인 정신적 가치의 실현 속에서 민족적인 꿈을 이루게 되었다.

신라, 고구려, 백제 곧 삼국시대는 기원 전후해서 시작된다. 그리고 중국에서 발달된 유교, 도교, 불교의 문화가 삼국에 전해오게 된 것은 4세기에서 5세기에 걸쳐서이다. 따라서 고도의 종교문화의 전래로 인해 원시적인 영성은 형이상학적인 것으로 승화된다. 그 전형적인 예로 신라에 나타난 화랑도이다. 이러한 승화된 민족적 영성에 대해 최치원은 다음과 같이 말하고 있다.

"우리나라에는 현묘한 도(靈性)가 있다. 이것을 풍류라고 한다. …

이는 실로 3교(儒敎, 佛敎, 道敎)를 포함하고 있는 것이며, 뭇 사람들에

게 접해서는 그들을 교화한다."

≪삼국사기≫〈신라본기〉제4, 「진흥왕조」

우리나라에 고유한 영성을 그는 '풍류도'라고 했다. 그리고 이것은
유·불·선 3교의 본질을 포함한 포괄적인 것이며, 모든 사람들에 접
해서는 그들을 교화하여 사람다운 사람이 되게 하는 것이라 했다.

풍류란 일반적으로 신선도(神仙圖)의 사상을 표현하는 말이다. 곧
자연과 인생과 예술이 혼연일체가 된 삼매경(三昧境)에 대한 심미적
표현이라 하겠다. 그러나 최치원이 우리의 영성을 가리켜 풍류도(風
流道)라 한 것은 단순히 신선도의 사상을 말한 것은 아니었다. 일단
도교적인 풍류의 뜻도 포함되어 있으리라 생각되지만, 그러나 삼교
(三敎)를 내포하고 있다는 표현으로 보아 이것은 도교를 넘어선 민족
적 고유 영성에 대한 개념이라 하겠다.

'풍류'란 필경 한글을 사용치 아니하던 시대의 우리말에 대한 이두
식인 한자표기였다고 생각된다.

'풍류(風流)'는 그 음과 뜻으로 보아 우리말의 불 부루(夫婁)의 표기
가 아닌가 한다. '불'이란 태양과 광명의 뜻을 나타낸다. 단군의 아들
을 부루(夫婁)라 했으며, 하늘의 광명을 받들어 세상을 다스린 신라의
시조 혁거세(赫居世)를 '불거안(弗拒案)'이라 했다. 이것은 우랄 알타이
어의 'Burkhan'과 그 뿌리를 같이하는 것이며, 밝은 하느님 신앙에서
유래한 것이라 하겠다.

풍류도란 고대의 제천의례의 나타났던 원시적인 영성이 삼교문화
를 매개로 승화된 한적 영성을 가리킨 말이다. 그리고 그 핵심이 되
는 것은 원시적 영성에서 본 바와 같이 하느님과 인간이 하나로 교합

되는 데 있다.

풍류도는 실로 삼교를 포함하는 것이라 했다. 유교의 본질을 '극기복례(克己復禮)'에서 찾고, 불교의 본질을 '귀일심원(歸一心源)'에서 찾으며, 도교의 본질을 '무위자연(無爲自然)'에서 찾을 수 있는 것이라고 한다면, 이 세 종교는 다 같이 자기와 이 세상에 대한 집착으로 형성된 에고이즘의 세계를 극복하고 하늘이 내린 천성으로 돌아가기를 가르치는 종교라 하겠다. 천성이란 다름 아닌 하느님이 주신 인간의 본성이며, 하느님의 마음이다. 그러므로 하느님과 하나가 되는 풍류도야말로 삼교의 본질을 다 포함한 것이라 했다.

이것은 단순히 존재양식에 관한 문제에 그치지 아니하고, 거기에서 유출되는 윤리성이 이를 입증한다. 하느님과 하나가 되어 풍류도를 몸에 지닌 사람은 사심 없이 일을 처리하며(도교), 들어와서는 효도하고 나가서는 나라에 충성하며(유교), 모든 악을 버리고 선을 행한다(불교). 그러므로 풍류도는 뭇 사람들에 접해서는 그들을 교화하며 사람다운 삶을 갖게 했다는 것이다.

2) 풍류도의 본의

풍류도란 어떤 한 종교에 대한 명칭이 아니다. 각종 종교를 받아들이고 이것을 전개시키는 종교문화의 장이며, 정신적 원리가 되는 것이다. 풍류도는 또한 단순히 고대에 있었던 영성만을 말하는 것이 아니다. 이것은 한국문화사 전체의 기초가 되어온 민족적 영성이다. 곧 현대 한국인의 의식 속에서도 살아있는 영성이며, 한국문화의 기초이념을 이루고 있는 것이다. 따라서 풍류도는 한국인에게는 불변의 정신적 원리이며 구조적인 것이라 하겠다. 개인적인 자각이 있든지 없든지 간에 한국인에게는 보편적인 것이며 일상적인 것이다. 따라서 민족적 영성은 그 민족의 보편적인 일상용어로써 표현되는 것이어야 한다.

'말'이란 이념의 상징적인 표현이다. 우리에게 고유한 삶의 경험을 통해 형성된 이념을 나타내는 데 적절한 말은 곧 우리말이어야 한다. 외국어에 의한 표현은 우리의 이념과 그 의미내용에 대한 근사성을 나타내는 데 불과하다.

한글이 창제되던 15세기에 이르기까지 우리는 한문을 차용하고 있었다. 따라서 9세기의 최치원은 풍류라는 한자로써 우리의 고유한 영성을 표현할 수밖에 없었다. 그러므로 이것을 다시 우리들의 일상적인 용어로써 표현해 볼 때 풍류도의 본뜻이 보다 분명해지리라고 생각된다.

(1) 풍류의 의미 내용을 나타내는 가장 적합한 우리말은 '멋'이다.

'멋'은 우리의 미의식을 표현한 말이지만, 이것이 말하는 아름다움이란 인생이 개입된 예술적 미에 속한 개념이기 때문에 단순한 자연미에 대해서는 사용하지 않는다. 말하자면 이상적인 실존의 기초개념을 내포한 말이다. 지성과 용모에 탁월할지라도 '멋'이 없는 사람과는 상대하지 않으려고 한다.

'멋'의 개념을 일상용어의 문맥에서 찾아보기로 하자.

① '멋'에는 생동감과 율동성을 동반한 홍의 뜻이 들어 있다.

'멋지게'는 '홍겹게'의 뜻을 가지고 있다. 이것을 가무강신(歌舞降神)의 종교적 체험에 그 뿌리를 가진 감정이어서 '신난다'란 말과도 통한다. 우리나라의 의·식·주의 생활예술을 비롯하여, 한국의 예술이 지닌 특징의 하나는 곡선미에 있다고 한다. 곡선이야말로 '멋'의 상징적 표현양식일 것이다.

② '멋'에는 또한 초월적인 자유의 개념이 들어 있다.

네 자유의지대로 행하라는 뜻에서 "멋대로 하라"는 말을 쓴다. 한편 "속도 모른다"는 뜻에서 "멋도 모른다"고 한다. 곧 멋을 자아내는 자유란 속에 어떠한 실력이나 실체를 간직한 유연한 초월자의 그것을 뜻한다.

③ '멋'에는 서로 호흡이 맞는다는 뜻에서의 조화성이 들어 있다.

주어진 환경에 조화되지 않을 때 사람들은 '멋쩍어' 한다. 남녀의 궁합을 보거나 집터의 풍수를 보는 것도 일종의 조화를 찾는 멋의 감각이다. 가장 이상적인 조화는 천(天)·지(地)·인(人) 삼재의 원융무애(圓融無碍)한 경지이다. 우리는 곧잘 이것을 삼태극(三太極)의 형상으로써 상징화한다.

'멋'이란 세속을 초탈한 자유와 삶에 뿌리를 내린 생동감과의 조화에서 나오는 미의식이라고 할 것이다.

(2) 풍류도는 실로 유·불·선 세 종교를 다 포함한 것이라 했다.
이러한 포괄적인 성질을 나타내는 우리말은 '한'이다.

① '한'은 우선 수량적으로 하나를 나타내는 개념이다.

그런데 이것은 또한 전체를 말하기도 한다. 제행무상(諸行無常)이라 할 때의 제(諸)를 '한'이라고 번역한다. 하나가 곧 일체이며 다즉일(多卽一)이 곧 '한'이다.

② '한'은 또한 크다는 뜻이다. 대전을 '한밭'이라고 한다.

위대하다는 뜻에서 신라의 왕을 불러 한(汗) 또는 간(干)이라 했다. 크고 전체라는 뜻에서 천(天)은 하늘이요, 우주는 "한울"이다. 거기에 인격적인 존칭을 붙인 것이 "한님", 곧 하느님이요 하나님이다. 빛으로써 세상을 다스리는 하느님을 믿고 해 뜨는 동쪽을 향해 이주해 오던 고대 한민족은 스스로 자기를 불러 '한'이라 했다. 오늘날 한국(韓國)은 여기에서 비롯된 명칭이라 하겠다.

(3) 중생에 접해서는 그들을 교화하여 사람 되게 한다는 풍류도의 효용을 총괄하는 우리말은 '삶'이다.

이것은 생물학적인 생명을 나타내는 말인 동시에 사회학적인 삶 곧 살림살이의 뜻을 가지고 있다. 이것이 '사람'이라는 인간개념을 형성한다. 사람이란 문화적 가치를 생산하는 사회적 존재로 이해되기 때문이다. 풍류도가 뜻하는 '삶'은 사람다운 삶을 이룩하는 인간의 그것이다. '삶'이란 실로 '사람'의 준말이다. 풍류도에 나타난 한국인의 이상은 '한 멋진 삶'에 있다.

3) 풍류도의 구조

풍류도와 그 구성요소의 개념분석을 통해 한적(韓的) 영성(靈性)이 '한', '멋', '삶'으로 이해되었다. 그러면 이 세 개념이 각각 어떠한 관계에 있는가를 봄으로써 풍류도의 구조를 밝혀보기로 한다.

풍류도의 기본구조는 초월적인 '한'과 현실적인 '삶' 창조적 긴장관계 속에 조화를 이루는 태극적 관계에서 미적인 '멋'을 형성하는 데 있다. 풍류도의 본체는 '멋'이다.

그러나 멋은 영성의 본체인 동시에 '한'과 '삶'과 함께 풍류도의 구성요소의 하나이다. 이 세 요소는 체(體), 상(相), 용(用)의 관계구조를 이루고 있다. 그것은 마치 기독교의 삼위일체 신관과도 흡사하다. 아버지 하나님은 그의 아들과 성령의 본체인 동시에 삼위의 한 분으로 존재한다고 보기 때문이다.

'멋'이 문화·예술적 가치를 나타내는 것이며, '한'이 종교·형이상학적 가치를 나타내고, '삶'이 사회·윤리적 가치를 나타내는 것이라면, 풍류도를 기초이념으로 한 한국문화의 본질은 무엇보다도 문화·예술적인 것에서 찾아야 할 것이다. 한국문화사는 이것을 정치적 흥망사나 종교·철학적 전개의 역사를 중심으로 이해할 것이 아니라 예술적인 '멋'의 추구와 그 구현을 주축으로 이해하도록 해야 할 것이다.

한편, '멋'과 '한'과 '삶'이라는 세 개념이 하나의 풍류도를 형성하고 있다는 3·1적 구조는 이것을 또한 상호내재적인 것으로 파악할 수도 있다. 셋은 각각 다른 둘을 내포함으로써 형성되는 개념이다. 곧 '멋'은 한과 삶의 창조적 조화 속에 형성되는 것이며, '한'은 멋과 삶을 내포한 초월성이며, '삶'은 한 멋진 삶이어야 한다. 말하자면 셋은 셋이면서 하나의 이념을 형성하고 있다.

이러한 풍류도의 전형적인 문화현상을 우리는 고대의 제천의례(祭天儀禮)와 오늘날의 농악에서 볼 수 있다.

이를 인용한 바 있는 ≪위지 동이전(魏志 東夷傳)≫은 삼한의 제천의식에 대해 다음과 같이 말하고 있다.

"5월의 파종이 끝난 후 귀신을 제사할 때, 군중이 모여 노래하고 춤추며 술 마시면서 밤낮을 계속했다. 춤출 때에 수십 명이 함께 서서 서로 쫓아 땅을 밟고 손발을 올리고 내리면서 율동에 맞추어 춤추는 품이 탁무(鐸舞, 방울춤)에 흡사하다. 10월의 농사가 끝나면 또한 이와 같이 반복했다. 귀신을 믿고, 나라가 각각 한 사람을 뽑아 하느님 제사를 주관케 하는데 이를 불러 천군이라 한다. 나라에는 각각 별읍(別邑)을 두어 이것을 소도(蘇塗, 솟대)라 했다. 긴 장대에 방울과 북을 매달고 귀신을 제사했다."긴 장대에 방울과 북을 매달고 귀신을 제사했다."

신간(神竿: 깃대)을 중심으로 한 제천의식은 분명히 종교행사였다. 그러나 이것은 농사의 처음과 나중에 행하는 생산의례요 농경의례에 속한다. 그리고 제의는 노래와 춤으로써 행하는 집단적인 축제요 예능이었다. 종교(한)와 생산(삶)과 예능(멋)이 하나로 어우러진 행사였다.

이와 같은 의례는 오늘날에도 계속되어 있다. 곧 우리들에게 가장 보편적인 민속예능인 농악이 그것이다. 이것은 뜰에서 행하는 농민들의 경쾌한 춤을 동반한 민속음악인 동시에 영기(令旗: 깃발)를 중심한 농경의례이다. 그리고 농악은 일터에서 공동작업의 능률을 올리기 위한 것이기도 하다. 농악의 명칭은 지방에 따라 다르지만, 공동작업을 강조한 것으로는 '두레'가 있고, 노래와 춤을 강조한 것으로는 '풍장'이 있다. 그리고 종교적 의미로는 농악을 '굿'이라고 한다. 농악은 그러므로 예능(멋)과 종교(한)와 작업(삶)이 상호 내재하여 하나로 어우러진 구조를 가진 것이다.

한국의 종교사는 불교와 유교와 기독교가 교체해서 전개해온 역사였다. 신라와 고려시대는 불교문화가 지배했고, 조선왕조 오백년은 유교문화가 지배했다. 그리고 현대는 서구문화와 얽힌 기독교문화가 문화형성에 지배적인 역할을 담당하기 시작했다. 〈그림 3-1〉 풍류도의 구조이다.

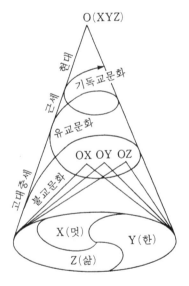

〈그림 3-1〉 풍류도의 구조
(자료: 전영배, 『한국사상의 흐름』, 서울: 지구문화사, 1995, 295쪽)

3. 한국인의 신명·신바람·신명풀이

1) 문제제기

한국 민족의 민족성은 어떤가? 이런 질문에서 시작된 민족성론은 민족성 우열론으로 치달았다. 일본인의 민족성은 우수하고 한국인의 민족성은 열등하니 개조해야 살아날 수 있다고 하는 이광수 류의 민족개조론으로 민족성 우열론이 구체화되어, 민족개조가 이루어지지 않는 데 대한 자탄과 자학에 귀착하는 것이 상례였다. 이제는 그렇게까지 비관할 필요가 없다고 여겨, 민족성에 관한 질문을 하지 않는다.

한국인의 정서는 어떤 특징이 있는가? 질문을 이렇게 바꾸면, 문학이나 예술 활동에서 증거를 찾아 차분한 논의를 시작할 수 있다. 그래서 나온 견해의 하나가 한국인의 정서는 '한(恨)'을 특징으로 한다는 것이다. 그런데 '한'이란 한국인 정서의 일면이기는 해도 전면은 아니며, 식민지 시대에 겪은 좌절 때문에 지나치게 확대되었으며, 필요 이상 강조되고 있다. 이제 '한'타령을 그만둘 때가 되었다.

한국인의 정서를 '멋'이라고 하는 말을 많이 들을 수 있었다. '멋'은 '한(恨)'보다 긍정적인 개념이어서 환영할 만하다. '한'타령은 그만두어도, '멋'타령은 그만두어야 할 이유가 없다. 그런데 '한'과 '멋'이 어떤 관계에 있는가 하는 문제는 다루지 않았다. 그 문제를 해결해야 '한'타령을 그만둘 수 있고, '멋'이 지닌 특징과 의의를 좀 더 명확하게 인식할 수 있다.

또한 '멋'이란 한국인이 살아온 삶 전체에 관한 말은 아니다. 예술 창작을 하거나 여가생활을 하는 등의 '놀이'에서는 '멋'을 찾았다고 하자. 일을 할 때에는 어떻게 했는가? 이런 문제가 다시 제기된다. 한국인은 '멋'이나 찾다가 '일'을 제대로 하지 않아 망한다고 우려하면, 무어라고 대답해야 할 것인가?

지금 제기되고 있는 절박한 문제는 "한국인은 어떨 때 열심히 일하는가?" 하는 것이다. 열심히 일해야 살아갈 수 있다는 것은 언제나 그랬던 불변의 진리였지만, 지금 사태가 심각하다. 경제개방을 강요해 무한 경쟁에 끼어들게 하는 국제관계에서 살아남기 위해서는 열심히 일해야 한다. '한'타령이나 하고 '멋'이나 찾고 말아서는, 경제식민지 상태에서 벗어나지 못한다.

열심히 일해야 주권을 수호하고, 경제를 발전시키고, 통일을 이룩할 수 있다. 그 문제를 경영학에서 맡아 인사관리의 기법으로 해결하려고 하면서, 미국이나 일본에서 경험한 바를 정리한 남들의 이론을 가져와서 처방으로 삼는다. 미국인은 돈을 더 준다면 열심히 일한다. 일본인은 높은 사람이 알아주면 열심히 일한다. 그런데 한국인은 "돈을 더 주는 것=치사하다", "높은 사람=자기는 무언데"라고 하면서 반발한다.

미국 경영학이나 일본 경영학이 무력해져 물러나는 자리에 한국 경영학이 등장해야 하는데, 한국의 경영학은 있어도 한국 경영학은 없다. 그래서 대학에서도 기업에서도 정부에서도 미국 경영학과 일본 경영학이 경합을 벌인다. 한국 경영학은 경영학에서 독자적으로 마련할 수 없어, 국학에서 제공해야 한다. 국학에서 선도해서 연구하는 성과를 받아들여 한국 경영학을 이룩해야 한다. 미국 경영학을 수입하기 위해 미국으로 유학하는 것보다 한국 경영학을 생산하기 위해서 국내에서 국학을 공부하는 것이 이제 더욱 긴요한 과제이다. 경영학뿐만 아니라, 경제학도, 정치학도, 사회학 등의 사회학문의 여러 분야, 더 나아가서 자연학문·기술학문까지도 그렇게 해야 한다.

그러나 다른 학문에서 국학의 연구 성과를 가져가려고만 하지, 공부하지는 않는다고 나무라기만 할 것은 아니다. 가져갈 만한 연구성과를 축적했는지 반성해야 한다. 사회학문이나 자연학문이나 자연학문 전공자에게 국학연구의 자료를 스스로 뒤져서 기초적인 연구부터 스스로 하라고 하는 것은 무리이다. 국학연구에서 이미 해놓은 연구를 가져가서 가공하고 응용하면 된다. 그렇게 쓸 수 있는 연구를 해놓지 않은 것은 국학자의 잘못이다.

"한국인은 어떨 때 열심히 일하는가?" 하는 질문이 국학자에게 주어져 있다. '한'이나 '멋'을 가지고 이 문제에 대해 대답할 수 없으므로 새로운 탐구를 해야 한다. 새로운 탐구의 과제도 이미 주어져 있다. "한국인은 신명이 나야 열심히 일 한다"는 것이 널리 인정되고 있는 해답이다. 그래서 '신명'·'신바람'·'신명풀이'라는 말을 많이 한다.

그렇지만 '신명'·'신바람'·'신명풀이'란 (가) 다른 정서와 어떤 관계를 가지고 있으며, (나) 그 원리나 특징이 무엇이고, (다) 어떻게 하면 발현되는가가 밝혀지지 않았다. 신명이 그 자체로 발동될 따름이고, 신명에 대한 인식과 평가, 설계와 예견은 이루어지지 않고 있다. 그래서 그 모든 과제를 감당하는 학문 활동을 시작해야 한다. 신명을 인식 대상으로 삼는 데 그치지 않고, 신명 난 창조가 이론 정립에서 이룩하는 결실의 좋은 본보기를 보이는 연구를 해야 한다.

2) 신명·신바람·신명풀이의 상관관계

위에서든 세 가지 과제 가운데 (가)에 관한 고찰을 하려면, 먼저 한과 신명의 관계를 문제 삼아야 한다. 한국인의 정서가 '한'이라고 하는 견해는 한쪽으로 치우친 잘못이 있지 부당한 것은 아니다. '신명'은 '한'과 맞물려 있으므로, '한'을 '한'으로만 다루는 '한'타령은 그만두어야 하지만 '한'을 버리고 '신명'만 논하는 것은 적합하지 않다.

'한'은 '한'이고 신명은 신명이지만, '한'이 '신명'이고 '신명'이 '한'

이다. '한풀이'가 '신명풀이'여서, '신명풀이'를 해서 '한풀이'를 넘어 선다. '신명풀이'가 '신명풀이'이기만 해서는 공연히 들뜨기나 할 수 있으므로 '한풀이'에서 절실한 동기와 함께 해결해야 할 과제를 제공 한다. '한풀이'가 '한풀이'이기만 해서는 좌절과 자학에서 벗어날 수 없는 질곡을 '신명풀이'에서 시원스럽게 풀어버리고 창조적인 비약 을 이룩한다.

'멋'과 '신명'은 어떤 관계에 있는가? '신명'이 일의 영역이 아닌 놀이의 영역에서 가시적인 형태로 표출된 것이 '멋'이다. 일의 영역 에서도 '멋'과 같은 것이 드러나지 않게 작용하고 있는데, 그것을 따 로 지칭하는 말은 없다. '멋'이라고 하는 것과 따로 지칭하는 말이 없는 것을 함께 일컬어 '신명'이라고 한다고 보면, '신명'의 개념을 파악하고 특성을 논하는 길이 열린다.

'신명'은 한자로 '神明'[천지의 신령]으로 적을 수 있지만, 한자의 뜻 으로 이해하고 말 수는 없다. 한자의 뜻을 적절하게 풀이해서 "깨어 있고 밝은" 마음가짐이라고 하면 뜻하는 바에 근접했으나, 역동적인 움직임을 나타내지 못한다. 깨어있고 밝은 마음가짐이 힘차게 움직 이는 상태라고 하면 좀 더 핍진(근접)한 정의를 얻을 수 있다.

"힘차게 움직이는 상태"는 바람과 같으므로, '신바람'이라는 말을 쓴다. '신명바람'이라고 하면 번다하니 '신바람'이라고 줄여 일컫는 다. '바람'은 여기저기 불어 닥친다. 각자의 내면에 있는 '신명'이 일 제히 밖으로까지 나와 여럿이 함께 누리는 것을 '신바람'이라고 한다. '신바람'이란 신명이 발현되는 사회의 기풍이라고 할 수 있다.

'신명풀이'란 "신명을 풀어내는 행위"이다. 안에 있는 신명을 밖으 로 풀어내는 행위를 여럿이 함께한다. '신명풀이'는 '신명'을 각자의 주체성과 공동체의 유대의식을 가지고 발현하는 창조적인 행위라고 규정할 수 있다. 그러므로 '신명'이나 '신바람'보다 '신명풀이'가 더욱 긴요한 연구대상이다.

　사람이 일을 해서 무엇을 창조하는 행위를 하는 것은 자기 내부의 '신명'을 그대로 가두어둘 수 없어서 풀어내야 하기 때문이다. '신명'을 풀어내는 과정에서 창조가 이루어진다. 그래서 어떤 실제적인 이득을 가져오는가 하는 것은 나중에 판별할 문제이다. 세상을 유익하게 한다는 생각 없이 자기의 내면적인 요구 때문에 하는 자발적인 행위 그 자체가 바람직한 창조임을 가치나 효용을 따지지 말고 인정해야 한다.

　'신명풀이'를 하는 동기는 각자 자기 '신명'을 풀기 위해서이다. 그 점에서 누구든지 개별적인 존재로서 주체성을 가진다. 그러나 '신명풀이'는 여럿이 함께 주고받으면서 해야 풀이를 하는 보람이 있다. 자기의 '신명'을 남에게 전해주고, 남의 '신명'을 자기가 받아들여, 두 신명이 서로 싸우면서 화해하고, 화해하면서 싸워야 신명풀이가 제대로 이루어지고, 그 성과가 더 커진다. 대립이 조화이고, 조화가 대립이며, 싸움이 화해이고, 화해가 싸움인 것이 천지만물의 근본이치인 것을 '신명풀이'의 행위에서 절실하게 경험한다.

　'신명'·'신바람'·'신명풀이'는 한국인만의 것이 아니다. 세계 모든 민족, 모든 국민이 공유하는 바이다. 그런데 한국인에게서 특히 두드러진 모습을 보이고 있다. 사람의 마음에는 신명이 아닌 다른 성향도 얼마든지 있고, 사람의 마음을 드러내서 예술행위로 구현하고 철학사상에서 논의하는 방식도 여러 가지 선택 가능한 것들이 있다. 그런데 한국인은 예술행위나 철학사상에서 신명에 관해서 특별한 의의를 부여한 특징이 있다고 생각된다.

　과연 그런가 확인하기 위해서 비교연구가 필요하다. 비교연구의 자료로는 예술행위가 가장 큰 의의를 가진다. 예술행위는 마음가짐의 직접적인 발현이면서, 민족에 따라서 특이하게 조직화된 전통이 있어 그 특징이 뚜렷하다. 공리적인 효용을 생각하지 않기 때문에 남의 것을 쉽게 받아들이지 않는다. 예술행위 가운데 집단이 하는 것일수록, 전통이 뚜렷한 것일수록 그 점을 확인하는데 더욱 유용한 자료이다. 전통극이 바로 그런 영역이다. 한국의 전통극 탈춤을 예증으로 삼아, 그 원리가 다른 곳의 전통극과 어떻게 다른가 고찰하는 것이 긴요한 과제이다.

철학사상은 한문으로 서술되고, 이기심성(理氣心性)을 논하는 용어를 중국 철학과 함께 사용해서 한국의 독자적인 노선이 쉽사리 드러나지 않는다. 그러나 탈춤의 신명풀이를 고찰한 결과와 견주어 보면, 서로 연결되는 논의를 알아차릴 수 있다. 예술행위만으로는 부족한 논의를 철학사상에서 펴고, 철학사상에서는 보여주기 어려운 실례를 예술행위를 통해서 제시했다고 이해하면서 그 둘을 연결시키는 것이 필요하고, 가능하다.

과거의 예술행위와 철학사상을 들어 신명풀이가 무엇이고 어떻게 이해되었는가 살피는 일은 그 자체가 목적이 아니고 오늘날의 창조 또한 예술행위와 철학사상 양면에서 이루어질 수 있고, 거기다 덧보태 사회조직이나 생산 활동까지 생각해야 한다. 그 모든 영역에서 할 일을 설계하는 기본원리를 제시해야 한다.

3) 신명풀이의 예술행위

연극에 관한 일반이론을 전개할 때 흔히 본보기로 삼는 고대 그리스의 연극, 특히 그 가운데 비극은 '카타르시스'를 기본원리로 한다. 극중에서 벌어지는 참혹한 싸움의 불행한 결말을 보면서 관중은 자기 마음속에 있던 그런 느낌을 씻어내고, 마음이 정화되는 것을 경험한다는 것이 '카타르시스' 이론의 핵심이다.

연극에는 '카타르시스'와는 다른 '라사'의 원리를 구현하고 있는 것도 있다. 중세 인도 연극을 좋은 본보기로 한 '라사'의 연극에서는 적대적인 인물들끼리의 싸움이 아닌 우호적인 인물들끼리의 차질이 원만하게 해결되는 것을 보면서 관중이 우주적인 조화의 커다란 원리에 동참하도록 한다.

'카타르시스'·'라사'와 대립되는 또 하나의 기본원리가 바로 '신명풀이'이다. '카타르시스'에서는 적대적인 인물들끼리의 싸움을, '라사'에서는 우호적인 인물들끼리의 화합을 강조하는 것과 다르게, '신명풀이'의 연극에서는 적대적인 인물들끼리의 싸움이 화합에 이르도록 해서, 싸움이 화합이며 화합이 싸움인 원리를 구현한다. '신명풀이 연극'에서는 관중이 연극 진행에 개입하면서 싸움과 화해의 당사자 노릇을 하는 점이 크게 다르다.

'카타르시스'·'라사'·'신명풀이'는 연극의 세 가지 기본원리이다. 고대 그리스, 중세 인도, 중세에서 근대로의 이행기 한국에서, 그 셋의 본보기를 보여준 것은 세 시대의 특징과 세 문명권이 지닌 세계관의 지향이 특히 선명하게 구분되기 때문이다. 다른 어느 곳에서 누가 하는 연극이라도 그 가운데 어느 하나이거나, 다른 성향도 함께 지닌 복합형인 것으로 확인되며, 네 번째로 들어야 할 기본원리는 없다.

문학이나 예술의 다른 형태는 언제나 있으면서 시대에 따른 변천을 보인 것과 다르게 연극은 있기도 하고 없기도 했다. 그리스 연극은 고대에만 있고 중세에는 없었다. 인도 연극은 고대에 없다가 중세에 등장했다. 인도 연극이 쇠퇴한 다음 시기인 중세 후기에 중국·일본·인도네시아 등지의 연극이 나타났다. 한국은 그 대열에 들어서지 못하고, 중세에서 근대로의 이행기 민속극을 힘써 가꾸어 오늘날까지 전승하고 있다.

선후의 차이를 들어 우열을 나누자는 것은 아니다. '라사'의 원리와 '신명풀이'의 원리 사이의 관계가 문제이다. 인도뿐만 아니라 중국, 일본, 인도네시아의 연극도 중세 연극으로 등장하면서 '라사'를 기본원리로 삼았다. 중세에서 근대로의 이행기 중국이나 일본의 연극은 '신명풀이'의 요소를 받아들이기는 했어도 '라사'를 버리지는 않고 그 하위에 두었다.

그런데 한국연극은 '라사' 시대를 거치지 않아 '신명풀이'로 일관했다. '라사' 시대의 연극을 만들지 않은 것은 그 원리가 한국인의 심성과 맞지 않았기 때문이라고 보아 마땅하다. '신명풀이'의 시대인 중세에서 근대로의 이행기가 오자 한국연극이 비로소 활기를 띤 것은 한국인이 그런 성향을 지니고 있었기 때문이다. 한국인은 '신명풀이' 연극의 특징이 되는 마음가짐을 이웃 나라 사람들보다 더욱 뚜렷하게 지니고 있다고 보는 근거가 바로 거기 있다.

'신명풀이 연극'인 한국의 탈춤은 여럿이 함께 노래 부르고 춤을 추면서, 흥겨워하고 신명을 푸는 행위를 근거로 해서 이루어진다. 풍물패를 앞세우고 마을 사람들이 사방 돌아다니면서 함께 노는 행사가 탈춤의 기원이고 바탕이다. 놀이패가 한 곳에 자리를 잡아 길놀이가 마당놀이로 바뀌고, 누구든지 참여하는 대동놀이에서 탈꾼들이 특별한 배역을 맡는 탈놀이로 넘어가면서 탈춤이 시작된다.

모여든 사람이 누구든지 군무(群舞: 여러 사람의 춤)에 참여해 3, 4시간 기(氣)가 진(盡)하도록 난무(亂舞: 어지러운 춤)하여 흥이 하강할 때쯤 되면 후편인 가면무극으로 넘어간다고 한 말을 보자. 여기서 '흥(興)'이라는 말과 '기(氣)'라는 말을 사용한 것을 주목할 필요가 있다. 사람이 지닌 기가 흥으로 발현된다고 했다. 군무에 참여한 사람들의 기가 다해서 흥이 떨어질 때가 되면, 탈꾼들이 나서서 기를 새롭게 발현해서 흥을 다시 돋운다고 했다.

탈춤은 탈꾼들 사이에서 벌어지는 싸움이다. 노장과 취발(취바리:

탈의 한 가지), 양반과 말뚝이, 영감과 미얄 사이의 싸움이 어떤 의미를 가지는가를 이미 고찰했다. 탈꾼들이 그런 배역 노릇을 하면서 등장시킨 인물들은 함께 흥겨워하지 않고, 싸움의 전개에 따라서 흥하기도 하고 망하기도 한다. 그러나 탈춤진행 도중에 이따금씩 탈꾼 모두 함께 춤을 추면서 즐거워한다. 일어서서 춤을 추면서 반주를 하던 풍물패 반주자들이 앉은 악사로 바뀐 다음에도, 그런 관습이 변함없이 이어져서, 탈춤공연의 기본방식으로 정착되었다.

〈봉산탈춤〉의 양반과장에서 그 점을 확인할 수 있다. 거기서 양반이 말뚝이에게 호령하고 말뚝이는 항변을 하다가 양쪽이 다툼을 멈추고 함께 춤추며 즐거워한다. 그런 전개의 실상을 확인하기 위해서 양반과장의 서두를 들어보자.

말뚝이와 양반 삼형제가 처음 등장할 때 함께 춤을 추었다. 한 과장이 '춤 대목'에서 시작되었다. 양반 삼형제가 말뚝이와 함께 등장한 곳은 놀이판이다. 하인과 함께 춤을 추면서 놀이판에 등장하는 것은 양반을 양반답게 하는 위엄을 부인하는 처사이다. 노장이 놀이판에 등장할 때 필요했던 복잡한 과정을 거치지 않고, 양반 삼형제는 아무런 절차 없이 놀이판에 등장한다.

그 이유를 밝히지 않고 생략해 버렸으니, 관중이 추측해서 알아내야 한다. 사람은 누구나 마음속에 신명이 있으니 풀어야 하고, 신분 차별의 장벽을 넘어서서 누구나 평등한 것이 마땅하니 양반이 말뚝이와 함께 춤추고 노는 것이 당연하다고 하면 올바른 해답을 찾았다고 할 수 있다. 그러나 여러 단계를 거쳐 길게 추리하지 말고 한꺼번에 깨닫는 비약을 경험해야 관중도 '신명풀이'에 동참한다.

처음 '춤 대목'에서는 말뚝이가 앞서서 양반을 인도하고 등장했다. 평등을 이룩해서 '신명풀이'를 함께하는 일을 말뚝이가 선도해야 했기 때문이다. 양반과 말뚝이의 신분상의 위계질서를 부정하는 데 그치지 않고 역전시키기까지 해야 평등이 이루어진다. 그런데 양반 삼형제 가운데 막내인 악소년 도령이 형들의 면상을 부채로 치며 노는 것도 연령에 따르는 위계질서를 파괴하는 점에서 그것과 같은 의미를 지닌다고 하고 말면 피상적인 이해이다.

도령은 함께 춤을 추면서 경망스러운 태도로 남을 해쳐, 두 형들이 위엄을 차리느라고 감추어 두었던 허위의 깊은 층위를 드러내는 구실을 한다. '춤 대목'에서 의식 차원의 문제가 해결되면서 무의식 차원의 문제가 표출된다. 그렇게 해서 '춤 대목'의 화해가 화해이기만 하지 않고, 화해가 또한 싸움임을 일깨워준다.

말뚝이가 관중에게 양반 험담을 하는 말은 양반이 즐겨 쓰는 언사를 모방해 공격효과를 높인다. 양반은 역임한 관직을 열거하면서 뽐내기를 잘 하고, 상대방이 선뜻 알아차리지 못할 말을 할 때에는 어느 한자를 쓰는 말인가 밝혀 "자(字)에 자(字) 쓰는"이라고 해야 설명이 제대로 이루어진다고 믿는다. 그런데 열거한 관직에 "노론·소론"도 들어 있다. 관직이야 다다익선이지만, "노론"을 하다가 "소론"을 하는 지조 없는 짓은 해서는 안 된다. "양반"이라는 말이 "개잘량이라는 양자에 개다리소반이라는 반자"로 이루어졌다고 하는 것은 그보다 더 심한 억설이지만, "양반=개"라는 등식을 들어 양반을 경멸하는 공격을 하는 데 큰 힘을 발휘한다.

양반은 그렇게 공격하는 말을 대강 듣기는 했으므로 호령을 하지만, 제대로 알아듣지 못했으므로 말뚝이의 변명을 듣고 안심해서 '춤 대목'으로 들어간다. 등장인물들이 함께 즐거워하는 '춤 대목'에서 연극이 중단되는 것은 아니다. 대사를 주고받아서는 도저히 나타낼 수 없는 깊은 의미가 구현된다.

양반과 말뚝이는 서로 싸울 필요가 없음을 알고 화해를 하는 춤을 추자는 데 합의해 함께 춤추며 즐거워하는데, 그 이유는 서로 다르다.

양반은 말뚝이를 호령해서 제압했으므로 만족해하고 평화를 구가하지만, 말뚝이는 양반에 항거해 승리를 거두었으므로 즐거워하는 것이다. 그런 동상이몽의 균형을 관중이 개입해서 깨버린다. 관중은 양반의 착각을 보면서 재미있어 하고, 말뚝이와 함께 승리를 구가한다. 양반은 그런 사태를 이해하지 못해 패망하지 않을 수 없게 된다.

탈놀이에서 진행되는 싸움이 바라는 방향에서 진행되고 해결되는 것이 관중으로서는 더욱 흥겹고 신나는 일이다. 관중이 줄곧 연극진행에 개입하기 때문에, 탈놀이가 대동놀이로 진행되어, 싸움의 승패를 나누는데서 '신명풀이'가 최고조에 이른다. 탈놀이가 끝난 다음에도 시작하기 전과 마찬가지로 관중 모두가 나서서 함께 춤을 추는 난장판 군무를 벌이면서, 탈놀이에서 이룩한 승리를 구가한다. 그러나 상·하나 우·열을 뒤집어 패배자를 조롱하고 박해하자는 것은 아니다. 그런 구별이 원래 있을 수 없어 대등하고 평등하다는 것을 함께 춤을 추면서 재확인한다. 그래서 싸움이 화해이고, 극복이 생성임을 입증한다.

한국의 '신명풀이 연극'은 그리스의 '카타르시스 연극'과 마찬가지로 적대적인 관계의 승패를 문제 삼는다고 하겠으나, 승패가 바람직하게 이루어지는 점이 다를 뿐만 아니라, 패배자의 고통은 보여주지 않는다. 노장·양반·영감은 패배를 겪으면서 자기네들 또한 승리자가 되었다. 허위를 거부하고 진실을 되찾은 기쁨을 누리는 데 동참해서 그렇게 될 뿐만 아니라, 서로 나누어져 싸우는 것이 허위라고 배격되어 아무런 구분이 없는 대등하고 조화로운 관계가 이루어지기 때문이다. 그래서 싸움의 부정이 최대의 승리임을 분명하게 하는 과정이 탈놀이가 끝난 다음의 군무이다.

탈춤 전체는 세 부분으로 이루어져 있다. 이제 각 부분을 지칭하는 용어를 확정해서 정리를 해보자. 서두에 '앞놀이'가 있고, 중간에 '탈놀이'가 있으며, 나중에 '뒷놀이'가 있다. '앞놀이'와 '뒷놀이'를 할 때에는 놀이패와 관중 사이에 아무런 구별이 없이, 모두 대등한 자격으로 함께 어울려 춤을 추면서 즐거움을 나눈다. 탈놀이를 할 때에는 탈을 쓴 놀이패가 등장인물들의 배역을 나누어 하면서 서로 싸우고, 관중은 관중석에서 구경하면서 그 싸움에 이따금 개입한다.

'탈놀이'가 진행되는 동안에, 일정한 간격을 두고 '춤 대목'이 있어, 서로 싸우던 등장인물들이 함께 어울려 춤을 춘다. 관중이 '앞놀이'와 '뒷놀이'에 참여하고, '탈놀이'에 개입하고, '춤 대목'의 의미를 자기 나름대로 해석할 수 있는 재량권을 갖고 있다. 탈춤이 완성되어 닫힌 구조일 수 없고, 미완성의 열린 구조인 원리가 그런 세부에까지 잘 갖추어져 있다.

'춤 대목'에서는 등장인물들이 싸움을 멈추고 함께 즐거워하는데, 그렇게 해야 한다고 판단하는 이유가 각기 다르다. 양반은 자기가 말뚝이를 눌러서 이겼다고 즐거워하고, 말뚝이는 자기가 양반을 속여서 이겼다고 즐거워한다. 관중은 그런 사정을 명확하게 알 수도 있고, 그렇지 않을 수도 있다. 그래서 '춤 대목' 자체에서 싸움이 화해이고, 화해가 싸움이다.

다시 '춤 대목' 앞뒤에서 벌어지는 '탈놀이'의 싸움과 '춤 대목'의 화합, 다시 '탈놀이'의 싸움과 '앞놀이'·'뒷놀이'의 화합을 함께 보여주어 싸움이 화합이고, 화합이 싸움임을 알려준다. 그 양쪽이 둘이면서 하나이고, 하나이면서 둘임을 명시한다. 그 둘이 둘이라고 보는 관중에게는 하나임을 일깨워주고, 하나라고 보는 관중에게는 둘임을 일깨워 주는데, 관중은 거기 맞서서 자기주장을 편다. 그렇게 하는 것이 싸움을 싸움답게 하면서 싸움을 없애 해결하는 방법이다.

4) 신명풀이의 철학사상

탈춤에서 벌어지는 것과 같은 신명풀이 방식의 싸움은 일찍이 원효(元曉)가 문제 삼았다. 원효는 금강삼매경론(金剛三昧經論)서두에서, "유(有)·무(無)"·"진(眞)·속(俗)", "일(一)·이(二)", "중(中)·변(邊)"이 둘이 아니고 하나이며, 하나가 아니고 둘이라는 이치를 밝힌 것을 그렇게 이해할 수 있다. 한문으로 글을 쓰면서 중국의 전례에 따라 불교나 유교의 철학을 전개하고, 기존의 용어와 사상을 재정리하는 작업을 하면서 한국인의 '신명풀이' 의식에 근거를 둔 논의를 전개하는 일이 계속되어, 한국철학사의 독자적인 영역을 마련했다고 할 수 있는 일이 원효에서 시작되었다.

원효는 스스로 춤추고 노래하고 가난하고 미천한 사람들이 사는 마을을 돌아다니면서 탈춤광대와 같은 짓을 했다고 한다. 그렇게 해서 더욱 절실하게 깨달은 바를 불교철학의 논설로 나타내면서, 기존의 개념과 논리를 자기 나름대로 휘어잡아 새로운 발전을 이룩했다. "유·무"·"진·속", "일·이", "중·변"을 함께든 것은 하나와 둘의 관계를 다루기 위한 선택이었다. 없음과 있음, 하나와 여럿의 관계는 불교에서 항상 중요시해온 바이고, 의상(義湘)이 〈화엄법계일승도(華嚴法界一乘圖)〉에서 "일즉다(一卽多)이고 다즉일(多卽一)"이라고 한 말은 하나와 여럿의 관계에 관한 불교의 논의를 집약한 의의가 있다. 그런데 원효는 하나와 둘의 관계를 문제 삼았다.

하나와 둘의 관계는 현실에서 발견한 문제이다. 현실에서 문제되는 대립을 넘어서기 위해서 둘이 하나라고 해서 대립을 부정하고, 그렇다고 해서 대립이 없다고 하는 것은 잘못임을 깨우쳐서 하나가 둘이라고 했다. 그래서 불교철학으로서 보편적인 의의와 당대 현실의 문제를 자기 관점에서 다루는 특별한 의의를 함께 지닌 철학을 마련했다고 할 수 있다.

"유·무"·"진·속", "일·이", "중·변"이라고 열거한 것들은 추상적인 개념이면서 또한 현실적인 대립을 집약하는 의미를 지니고 있다. "유·무"에는 부자와 가난뱅이, "진·속"에는 귀족과 민중, "일·이"에는 임금과 신하, "중·변"에는 서울과 시골을 지칭하는 분별개념이 다른 많은 것들과 함께 포함되어 있어서, 이해하는 쪽에서 그렇게 받아들인다고 해도 나무랄 수 없다.

그런 것들은 하나가 아니고 둘이어서 서로 대립되어 있었다. 당시 신라사회에 대립이 없다고 하면 거짓말이다. 사회적 대립의 심각한 문제를 외면하고 고매한 사상을 전개하기나 하는 것은 허공에 뜨자는 짓이다. 그러면서 둘이 하나인 이치로 대립을 넘어설 수 있다. 대립은 대립 아닌 것으로 만들어 본래의 화합을 되찾아야 해결된다. 그럴 수 있는 가능성이 본래 주어져 있다고 믿고, 거기 이르는 길을 찾고자 했다.

'신명풀이 연극'에서 대립을 제기하고 해결하는 방식의 원형이 되는 사상이 그렇게 나타나 있다고 할 수 있다. 그렇지만, 대립이 화합이라는 주장을 함께 펴면서 강조점은 서로 달랐다. 원효는 대립보다는 화합을 더욱 중요시하고, 탈춤에서는 화합보다는 대립을 더욱 중요시했다. 그 어느 쪽을 택할 것인가 하는 고민 때문에 시비가 일어날 수 있다.

양쪽의 거리를 메우기 위해서는 시대를 내려와서 하나가 둘로 나누어진 과정을 중요시하는 서경덕(徐敬德)의 철학을 찾을 필요가 있으며, 사람과 사람 밖의 사물의 부딪침을 특히 중요시한 정약용(丁若鏞)의 사상에서도 보충자료를 얻을 수 있다. 사회적 대립에서 생기는 싸움을 전개하고 해결하는 방식을 탈춤이 더욱 선명하고 치열하게 보여주지만, '신명풀이'의 이론을 선명하게 가다듬기 위해서는 철학을 가져와서 이용할 필요가 있다.

서경덕이 다음과 같이 말한 데서 생극론(生克論)의 이치를 발견해서 신명풀이의 원리를 해명하는 데 직접 원용할 수 있다.

一不得不生二 二自能生克 克則生 氣之自微至鼓盪 其生克使之也
일불득불생이 이자능생극 극즉생 기지자미지고탕 기생극사지야

하나는 둘을 생하지 않을 수 없고, 둘은 스스로 능히 극한다. 생하면 극하고, 극하면 생한다. 기가 미세한 데서 시작해서 진동하는 데까지 이르는 것은 생극(生克)이 그렇게 한다.

기(氣)가 하나이면서 둘이어서 생극을 빚어내는 것은 천지만물의 이치일 뿐만 아니라 사람이 살아나가는 과정 또는 사람의 마음의 움직임도 그렇다. 사람의 마음 또한 기(氣)이고, 기(氣)의 운동을 한다고 보아, 이(理)를 별도로 설정하지 않았다. 이(理)는 기(氣)의 자체의 원리일 따름이라고 했다.

서경덕의 사상을 계승해서 발전시킨 임성주(任聖周)는 천지만물과 사람의 마음 양쪽에 다 있는 창조적인 약동을 '생의(生意)'라고 지칭했다. 그 말뜻은 '생성의 의지'라고 풀이할 수 있다. 사람이 천지만물과 함께 지니고 있어서, 투쟁하고 생성하는 '생의'가 바로 '신명'이다. 최한기(崔漢綺)는 그것을 활동운화지기(活動運化之氣)라고 했으며, 그것이 사람에게 갖추어진 것은 '신기(神氣)'라고 일컬었다. 신기가 바로 '신명'이다.

최한기가 사람이 정신활동을 하는 기(氣)를 신기라고 하고, 사물을 인식하고 표현해 나타내는 과정을 신기의 발현으로 설명한 데 소중한 지침이 있다. 기는 '활동운화(活動運化)'를 기본 특징으로 한다 하

고, 사물이 그렇게 하는 것을 보고 마음에서 터득하면 "말을 하는 것마다 모두 영기(靈氣)를 지녀, 용이 꿈틀거리는 형체를 갖추고 만화(萬化)를 녹여서 지닌다"고 했다. 그래서 이루어진 표현물을 받아들이는 쪽은 신기가 흔들려 움직이고, 쉽사리 감통(感通: 자기생각이 상대자에게 통함)하게 된다. 고 했다. 글을 쓰고 읽는 행위에 관해 해명하고, 쓰는 사람과 읽는 사람 사이의 공감이 어떻게 해서 이루어지는가를 밝히느라고 이렇게 전개한 이론을 연극에다 적용할 수 있다. 그 과정에서 최한기 이론의 미비점을 보완해 나의 이론을 만들 수 있다.

천지만물과 함께 사람도 수행하는 활동운화(活動運化)를 표출해서 공감을 이룩하는 주체가 되는 기(氣)를 신기(神氣)라고 하면, '신기'가 바로 '신명(神明: 천지의 신령)'이다. 신은 양쪽에다 있는 같은 말이고, 기를 명이라고 일컬을 수 있다. 안에 간직한 신기가 밖으로 뻗어나서 어떤 행위나 표현 형태를 이루는 것을 두고 '신명'을 푼다고 한다. 그래서 '신명풀이'란 바로 '신기발현(神氣發現)'이다. 사람은 누구나 신기 또는 신명을 지니고 살아가지만, 천지만물과의 부딪힘을 격렬하게 겪어 심각한 격동을 누적시키면 그대로 덮어두지 못해 '신기'를 발현하거나 '신명'을 풀지 않을 수 없는 지경에 이른다.

동학(東學)을 창도한 최제우(崔濟愚)는 검결(劍訣)이라는 이름의 칼노래를 지어 부르면서, "용천검 날랜 칼로 일월을 희롱"하니 "좋을시고 좋을시고 이내 신명 좋을시고"라고 했다. 우주적인 범위에서 투쟁을 전개하는 '신명풀이'를 한다고 한 말이다. ≪동경대전(東經大典)≫에서는 "귀신자오야(鬼神者吾也)"라고 해서 "귀신이 바로 나이다"라고 일렀는데, 이 말을 그 뒤에 '인내천(人乃天)'이라고 고쳐 일러 "하늘이 곧 사람이다"라고 하는 원리로 정립하고, 그렇기 때문에 '신인합일(神人合一)'이 이루어진다고 했다.

그런 사상은 '신명'에 대한 새로운 해석에 근거를 둔다고 할 수 있다. 그 말은 사람이 곧 신이라는 뜻이기도 하다. 사람이 곧 신이라는 것은 사람밖에 따로 섬길 대상이 없다는 말이기도 하고, 사람이 스스로 대단한 능력을 지녔다는 말이기도 하다. 그 능력은 각자 사사로운 이익을 위해서 쓸 것이 아니고, 사람이 마땅히 지켜야 할 도리를 찾고, 사회정의를 구현하는 데 소용된다.

'신명풀이'의 행위뿐만 아니라 '신명'이 무엇인가 밝혀 논하는 사상도 아주 오래 전부터 있었으나, 18세기에서 19세기까지의 기간 동안에 명확하게 가다듬어 높은 수준의 창조물을 이룩할 수 있었다. 탈춤의 '신명풀이'를 발전시킨 사람들은 하층의 놀이패이고, 임성주와 최한기는 상층의 지식인이어서 서로 직접적인 교류를 하지는 않았으며, 연극과 철학이 다르기 때문에도 같이 일할 수 없었다. 최제우는 하층민의 각성을 위해서 떨쳐나서서 스스로 춤추고 노래하기까지 했으나, 탈춤판에까지 갔다고 보기는 어렵다.

그러나 탈춤패와 사상 혁신의 주역들은 같은 시대에 함께 살면서, 조상 전래의 지혜를 새로운 문화 창조의 원동력으로 삼고, 민중의 공동체적 결속을 근거로 사회문제에 함께 대처했다. 사상논쟁에 있어서 가장 심각한 문제를 슬기롭게 해결하는 역사적인 과업을 각기 서로 다른 자리에서 함께 이룩해, 여럿이 하나가 되게 했다. 양쪽 다 보면서 그 경과를 정리하자 사태의 전모가 비로소 드러나기 시작하고 있다. 세부적인 경과는 아직 제대로 밝히지 못해 계속 탐구해야 한다.

5) 신명풀이의 창조적 계승

'신명풀이'의 원리는 각자의 자발성과 주체성에서 창조가 발현된다는 것을 명시한다. 각자의 창조가 서로 만나 싸우고 한데 모여, 대립이 조화이고 조화가 대립이며, 싸움이 화해이고 화해가 싸움임을 구현하는 것 자체가 창조이다. 예술창조, 철학사상, 사회조직, 생산 활동 등의 여러 영역에서 그런 원리를 구현해야 한다. 그런 원리는 그 모든 영역에서 서로 같으면서 서로 다르다. 서로 같으므로 함께 논해야 하고, 서로 다르므로 분야에 따라서 각기 다르게 처리해야 한다.

예술창조·철학사상·사회조직·생산 활동이라고 열거한 것들 가운데 이번에는 철학사상부터 논의하기로 하자. 그 모든 영역에서 함께 인정되는 동일한 원리가 생극론(生克論)이다. 생극론은 탈춤으로 구현된 예술행위의 철학을 기(氣)철학에서 가져와서 오늘날의 시대적인 요구에 맞게 재창조한 창안물이면서 누구나 공유할 수 있는 공동의 자산이다. 사상의 내용뿐만 아니라 사상을 만들고 전개하는 과정 또한 탈춤에서 하는 것과 같은 관중의 참여로 이루어진다. 철학이면서 철학이 아닌 다면적인 논리를 마련해서 인생만사를 두루 다룬다.

그 가운데 문학사의 이론을 구체화하는 것을 나의 직접적인 소관사이자, 저작권을 주장해야 할 영역으로 삼고, 그 밖의 여러 영역에 관한 더욱 광범위한 연구와 실천은 다른 사람의 소관으로 넘긴다. 그래서 하나이면서 여럿인 연구를 하나이면서 여럿인 작업을 통해서 하자는 것이다. 예술창조·사회조직·생산 활동의 당면과제를 전문적인 식견을 가지고 해결하는 구체화 작업이 별도로 진행되어야 한다는 것을 강조하면서, 생극론의 총괄적인 관점에서 펼 수 있는 논의의 일단만 제시하고자 한다.

그런 원리를 구현하는 예술창조로서 지금에 와서는 영화가 특히 긴요하다. '카타르시스 영화'가 세계를 제패하는 데 맞서서, '라사 영화'가 독자적인 영역을 지키고 있는 노력에 자극을 받아, '신명풀이 영화'를 만드는 생극론의 작전을 수립하고 실행해야 한다. 그래야 영화전쟁에서 살아남을 수 있고, 문화 제국주의 횡포를 제어하며, 인류 문명을 더욱 다양하고 풍요롭게 가꾸어 가해자들마저도 행복하게 할 수 있다.

사회조직에서는 구성원 각자의 내면적인 욕구를 발현하는 자발적인 창의력을 최대한 존중해야 한다. 규제를 푼다고 하는 소극적인 대책에서 한 걸음 더 나아가, 누구나 최고 책임자임을 명확하게 해야 한다. 그러나 개인이 개인으로 흩어지자는 것은 아니다. 각자의 '신명풀이'는 반드시 다른 사람과의 공동 작업을 통해서 완수된다는 것을 믿고, 자발적인 협동이 생겨나는 것을 방해하지 말아야 한다.

내 자신이 직접 소속되어 있는 대학사회를 예로 들어본다면, 교수는 가르치고 싶은 것을 가르치고 학생은 배우고 싶은 것을 배울 수 있게 허용하고, 자발적이고 창의적인 강의가 이루어지게 해야 한다. 생각이 근접하는 학생들끼리 만나 무엇을 공부할까 토론하고, 교수와 만나서 그런 강의를 할 수 있는가를 협의하는 것 자체가 대단한 공부다.

생산 활동에서도 각자가 자발적인 욕구를 실현해 '신명풀이'를 하는 일을 남들과 더불어 하는 것이 최상의 방법이다. 자발적인 '신명풀이'는 경제적인 이득과 배치될 수도 있고, 실패할 수도 있다. 그래도 거듭 시도하는 것은 삶의 기본 욕구가 창조의 모험을 요구하기 때문이다. 우리 각자는 자기의 주체성을 관철시키기 위해서, 잠재적인 능력을 창조의 성과로 바꾸는 일을 남들과 함께 하는 것을 커다란 기쁨으로 삼아야 마땅할 것이다.

제5장

세속오계·새마을운동·국가개조

1. 세속오계

세속오계(世俗五戒)는 신라 원광법사(圓光法師)가 사량부(沙梁部)에 사는 귀산(貴山)과 추항(箒項)에게 가르친 다섯 가지 계율로 화랑오계(花郎五戒)라고도 한다. 600년(진평왕 22) 원광이 중국 수나라에서 돌아와 운문산(雲門山) 가슬사(嘉瑟寺)에 있을 때 두 사람이 평생의 경구로 삼을 가르침을 청하자, 사군이충(事君以忠)·사친이효(事親以孝)·교우이신(交友以信)·임전무퇴(臨戰無退)·살생유택(殺生有擇) 등 다섯 가지 계율을 가르쳤다. 그 뒤 사람은 이를 잘 지켜서 602년 백제와의 아막성(阿莫城: 지금의 남원군 운봉면) 전투에서 화랑의 일원으로 싸우다 순국하였다. 이 계율은 특히 화랑들에 의하여 잘 지켜졌고 화랑도 발전에 크게 기여하기도 하였으나, 그렇다고 해서 이 오계가 화랑들만의 것이라고는 볼 수 없다. 또한 원광이 가르쳤다고 해서 그의 독창적인 견해라고도 할 수는 없다. 이는 그 당시 신라인들이 가지고 있던 시대

정신이 당대의 석학인 원광의 탁월한 식견을 통하여 구체적으로 정리, 표현된 것이라 하겠다.

신라인들의 이러한 이념의 연원을 밝혀주는 것으로는 ≪삼국사기≫ 권4 〈진흥왕조〉에 최치원(崔致遠)의 「난랑비서(鸞郎碑序)」가 있다. 여기에 "우리나라에 현묘(玄妙)한 도(道)가 있었으니 풍류(風流)라 이른다. 그 교(敎)의 기원은 선사(仙史)에 자세히 실려 있거니와, 실로 이는 삼교(三敎)를 포함한다"는 기록이 있다. 이는 바로 원광이 세속오계를 가르치기 24년 전인 576년(진지왕 1)에 마련된 화랑제도에 앞서서 '풍류'라는 도가 있었고, 그때까지는 비록 유교·불교·도교 등 세 가지 사상이 전래되지는 않았으나 이미 신라사회에는 이들 사상을 포함하였다고 할 만한 고유사상이 있었음을 밝히고 있다. 기록상으로도 유교의 경우는 682년(신문왕 2)에서야 국학(國學)을 정식으로 설립하였고, 불교는 527년(법흥왕 14)에 공인되어 아직 얼마 되지 않았으며, 도교 또한 전래되었다는 기록이 없다.

세속오계의 사상적 연원이 된 신라의 고유사상이란 어떠한 것인가는 그 당시까지 신라사회를 지배하며 발전해온 사상적 특성을 통해서 알 수 있다. 역사적으로 볼 때 신라는 지증왕 때에 이르러 비로소 국호를 정식으로 제정하고 왕권국가로서의 면모를 갖추게 된다. 이때까지는 신의 뜻에 따라 국정을 운영하는 제정일치(祭政一致) 체제의 철저한 신권국가였다. 개국설화에서 보듯이 시조 왕 박혁거세 탄생의 신이성(神異性)을 믿고 그를 임금으로 봉대(奉戴: 공경하여 모심)함으로써 신의를 따르려 하였으며, 이러한 사상은 그 뒤 왕위승계에 있어 세습제를 따르지 않고 박·석·김 삼(三) 성 중에서 인물본위로 왕위를 승계하도록 한 사실에서도 분명히 이어진다. 당시 신라인들이 뚜렷하게 간직하였던 이러한 사상을 후세에서는 '고신도사상(古神道思想)'이라고 부르거니와, 이 사상은 멀리 고조선 초기의 단군신화에서 비롯되었으며 당시 동북아시아 일대에서 보편화하였던 무속신앙의 신앙형태를 갖추면서 이어져왔다. 신라의 경우는 ≪삼국사기≫ 〈신라본기〉 「남해차차웅조(南解次次雄條)」의 임금 자신이 무속신앙의 중심인물이었다는 기록에서 보듯이 더욱 분명하다.

이렇듯 무속신앙의 형태를 갖추며 이어진 고신도사상의 특징과 사회적 기능은 무엇인가? 이러한 사상적 바탕과 신앙적 형태는 상보작용(相補作用: 서로 보충함)을 하면서 그 특징과 사회적 기능을 더욱 뚜렷하게 나타낸다. 그 특징으로는 하늘의 뜻[神意: 신의 뜻]을 받드는 데 있어 절대적으로 요구되는 개개인의 무구청순(無垢淸純)한 신앙적 심성과, 지극한 정성을 통하여 이룩된 신[天神: 하늘의 신령]과 무(巫: 무당)와 사람[人]의 종적관계가 동족공동체라는 횡적관계로 파급되어 조성된 공고한 공동체의식 등이라 하겠다. 그리고 이러한 특징으로 말미암아 이룩된 사회적 기능으로는 ① 고결한 정의감과 신앙적이기까지 한 철저한 의리사상, ② 천민(天民) 또는 천손(天孫: 직녀성)이라는 긍지 아래 경천보본(敬天報本: 하느님을 공경함)하고 숭조여천(崇祖如天)하였던 투철한 경천숭조사상, ③ 멸사봉공의 희생정신이 크게 진작된 가운데 군신(君臣: 임금과 신하)이 더불어 보국안민하고자 하는 동족공동체의식 등을 들 수 있다. 이상의 여러 가지 사실들은 구체적으로 정치제도면에까지 작용하여 협동에서의 조화와 개인에까지 작용하여 협동에서의 조화와 개인 심성에서의 순백(純白: 순백색)을 바탕으로 이룩된 화백제도(和白制度)를 창출하기에 이른다. 이는 당시 신라인들의 사상적 진면목을 여실히 보여주는 것이며, 이것이 바로 세속오계의 바탕이 되었다 하겠다.

세속오계의 내용을 구체적으로 살펴보면, '사군이충'과 '사친이효'는 유교적인 충·효를 각각 강조하고 있다. 그런데 이 경우의 충·효는 '수신제가치국평천하(修身齊家治國平天下)'라든가 '충신출어효자지문(忠

臣出於孝子之門’이라고 한 유교적 관점에서 보면 순서가 뒤바뀐 것이다. 여기서 유교의 일반적인 사상과 달리 효보다는 충을 앞세웠던 당시 신라인들의 강렬한 공동체의식을 엿볼 수 있다. 이는 김유신(金庾信)과 그의 아들 원술(元述)과의 사이에 얽힌 이야기에서도 알 수 있다. ‘교우이신’ 역시 유교적인 신의를 평범한 차원에서 말하는 것은 아니다. 임신서기석(壬申誓記石)에 나타난 내용이나 사다함(斯多含)의 예에서 보듯이, 약사우(約死友: 생사를 같이함)하고 이것을 충실히 지켜낼 수 있는, 유교 일반적인 관점에서는 상상할 수도 없는 어떠한 신앙적인 차원의 것이었다. ‘임전무퇴’는 강렬한 공동체의식과 멸사봉공하자는 숭고한 희생정신의 표현인데, 관창(官昌)이라든가 김흠운(金欽運)의 경우가 좋은 예라 하겠다. 마지막 ‘살생유택’은 불교적이라고 하겠으나, 불교에서 말하는 ‘불살생(不殺生)’을 말하는 것이 아니고 실제에 맞게 냉혹한 현실 속에서도 인간성이 존중되어야 한다는 점을 나타내고 있다.

　세속오계는 고신도사상적 무속신앙을 통하여 신과 인간이 합일할 수 있는 차원에서 이룩된 순수성을 바탕으로 강력한 공동체의식과 철저한 의리정신, 숭고한 희생정신, 그리고 선량한 인간의 정신을 나타내고 있다. 그런데 이는 단순히 신라인들의 시대정신을 표출하는 데 그치지 않고 화랑도사상의 구체적 실천덕목을 약여(躍如)하게 부각시키고 이념적 체계를 가다듬게 함으로써 화랑도 발전에 결정적인 구실을 하였다. 이리하여 직접적으로는 신라로 하여금 삼국통일의 위업을 성취하고 세계사상 유례가 드문 천년왕조의 영광을 누리게 하였다. 또, 간접적으로는 후대에 와서 민족사의 흐름 속에서 거세게 밀어닥친 외래문화의 물결 속에서도 우리 민족 특유의 순수선량하고도 의연한 민족성을 이어오는데 중요한 이정표가 되었다. 그리고 민족적 전통사상의 도도한 흐름을 타고 고려왕조의 처절한 항몽정신

(抗蒙精神)과 조선왕조의 의리사상, 한말의 의병정신, 그리고 일제강점기하에서의 독립정신 등 불굴의 민족정기로 이어지는 맥락은 모두 이 세속오계의 정신에서 튼튼하게 다져진 것이라 하겠다.

2. 새마을운동

근면·자조·협동의 기본적인 정신과 실천을 범국민적 및 범국가적으로 추진함으로써, 총체적인 현대적 국가발전을 가속적으로 촉진시키려는 목적하에 행해지고 있는 지역사회개발운동·새마을운동에 대한 정의는 논자에 따라 매우 다양하다. 그리고 다른 모든 기획적 사회변동계획과 마찬가지로 새마을운동도 그의 발의 이후 오늘에 이르기까지 상당한 변동과정을 경과하여 오고 있으므로 정의를 내리기가 더욱 힘들다.

첫째 범주의 정의는 한국고유의 농촌종합개발의 성공적인 유형이라고 보는 것이다. 새마을운동이 상대적으로 낙후되어 있던 농촌지역의 획기적인 개발을 기하면서 발의되었기 때문인데, 오늘날에는 이른바 농촌새마을운동이라고 구별되고 있다. 그런데 국제적으로는 여전히 새마을운동은 종합농촌개발유형, 즉 농촌새마을운동으로 이해되고 있다. 둘째 범주의 정의는 새마을운동이 도시지역에도 확대되어 이른바 도시새마을운동이 전개됨에 따라서 새마을운동을 총체적인 구가발전을 위한 범국민운동이라고 보는 견해에 입각하여 있는 것이 된다. 셋째 범주의 정의는 새마을운동이 지역사회개발의 본질을 지닌다고 보는 시각에서이다. 새마을운동의 기본철학이나 접근·집행방법 등은 지역사회개발사업의 그것에 직결되어 있기 때문이다. 이와 같은 세 가지 범주의 새마을운동의 정의는 수많은 논자들의 각

양각색의 실질을 간직한 정의들을 구체적으로 살피지 않고 개념화하여 재구성한 것이 된다. 특히, 유념할 바는 새마을운동에 특별히 관심을 가진 전문가집단 사이에도 새마을운동의 정의에 관한 합의가 거의 없다는 사실이다. 새마을운동은 어느 이론에 의한 것이 아니라 경험 또는 실천에 의한 것이라고 많은 사람들이 주장하고 있음을 본다.

둘째 범주의 정의는 정치적 색채도 적지 않고 또한 본격적 전문가집단이라기보다는 국민이념화와 미래 지향화라는 관점에서 상대적으로 거시론을 편 사람들의 소견이라 볼 수가 있다. 첫째 범주의 정의는 제법 타당하다고 하겠지만, 이를 끝까지 이끌고 나가는 데 있어서 실효를 거두지 못한 셈이다. 그리하여 셋째 정의가 새마을운동의 과학적이며 객관적인 정의가 된다고 할 수 있는데, 도시·농촌통합개발이 오늘날 이의 실질로 되어 있다.

1) 새마을운동 배경

1970년 초의 전국지방장관회의에서 박정희(朴正熙) 전 대통령은 농민, 관계기관, 지도자 간의 협조를 전제로 한 농촌자조노력의 진작방안을 연구하라고 특별지시를 내렸는데, 이것이 새마을운동을 기획, 집행한 역사적 발단이 되었다. 농촌을 대상으로 한 새마을운동을 왜 국가원수가 직접 발의하였는가에 대해서는 여러 가지 설이 있지만, 가장 정설적인 것은 공업화 우선정책하의 당시에 농촌이 후진성을 크게 노정하였기 때문이라는 것이다. 그러나 비록 소수의 견해라 하더라도 북한의 '천리마운동' 등에 반응한 냉전의 한 산물로서 새마을운동을 보는 사례도 있으며, 또한 당시의 고도로 권위주의적이며 경직된 국내정치상황에서 비롯된 긴장완화적인 정치적 조처라고 보는 이도 있다.

따라서 새마을운동의 발의 초기에 지식인들은 냉담한 반응을 나타 냈다. 새마을운동은 주로 내무부의 계통적 관료에 의하여 그의 효율 적인 동원편제에 힘입어 농촌인의 자각을 일깨우지 않은 채 하행적·일방적·충격적으로 실시를 보게 되었다. 물론 이와 같은 행정적인 개발계획적 충격은 새마을운동이 진척을 봄에 따라서 지역주민과의 상호협동적인 본연의 것으로 발전되어갔다. 그리하여 새마을운동의 배태 또는 발의는 무엇보다도 국가원수의 이를 위한 정치적 의지의 실천과 이를 효율적으로 가능하게 하였던 당시의 권위주의적이며 중앙집권적인 정치적 풍토, 그리고 내무공무원의 총동원에 의하여 실현하게 되었다고 보고 있다. 따라서 그 당시의 이른바 '10월 유신'은 새마을운동의 배태 또는 발의를 가능하게 하였던 기본적인 선행 및 규제조건이라고 포괄적으로 보는 이도 있다.

2) 새마을운동 전개과정과 성격

새마을운동은 전국적인 규모로 개별적인 자연촌락을 대상으로 하여 하행적으로 하달된 사업지침에 따라서 밀고나가는 것으로부터 출발하였다. 따라서 일사분란하게 전개를 보고 목표를 비교적 단기간 내에 성취할 수가 있었다. 이와 같은 사실은 적어도 민주국가에서는 보기 드문 일로서, 놀라움과 부러움으로 국제적 관심거리가 되었다. 보다 구체적으로 보기를 든다면 주로 내무부 산하의 지방공무원 개개인에게 지역적인 사업추진의 분배를 하였으며, 또 새마을운동의 성취를 서약하는 상징으로 백지사표를 읍·면장 또는 군수에게 제출하고 맡은 바 임지로 떠났다. 직업공무원으로서의 신분이 제대로 보장되어 있지 못하였던 그 당시, 상급공무원은 매사를 뒷전으로 미루고 일선 공무원은 분배받은 마을에서 지시받은 사업의 전개에 혼신의 노력을 다하도록 되었다. 아무런 사업전개기술, 다시 말하면 마을 주민의 동기를 유발하여 소정의 사업을 실천하도록 하는 변화촉진자로서의 기술을 가지지 못한 일선 공무원들은 "행함으로써 배운다"는 말뜻처럼 시행착오도 겪으면서, 놀라울 정도로 마을지도자의 활용 등 이른바 집단동학(集團動學)의 실제를 터득하여 사업전개를 효율적으로 성취하였다. 이는 공무원으로서의 자리를 지키느냐 아니면 잃느냐의 사활이 걸린 상황하에서의 노력의 성과이다.

다른 한편 정부당국에서도 뒤늦게나마 관계 대학교수들을 중심으로 한 전문가집단을 활용함으로써, 새마을운동의 기획 전개와는 달리, 권위주의적 또는 행정적으로 목표지향적인 기획과 실천을 우선 명령하달식으로 발의한 뒤에 이론적·실제적인 뒷받침을 행하고 공무원들을 훈련시키는 접근을 취하였다. 농촌개발을 사업목표로 하고 출발한 새마을운동은 그 뒤 도시지역, 즉 전국가사회의 개발을 기본목표로 삼도록 확대되었다. 새마을운동의 기본사업목표가 농촌지역에서 어느 정도 성취되었다고 평가한 데 연유되었을지도 모르며, 또한 기본사업은 당연히 도시지역에도 전개되어야 한다는 정책의사결정으로 말미암은 것일 수도 있으며, 이 두 가지 판단의 결합에 의한 것일 수도 있다. 여기에서 애당초 새마을운동으로 출발한 것이 농촌새마을운동과 도시새마을운동으로 크게 범주화되었다. 즉, 총체적인 국가발전운동으로 기본적인 사업목표대상이 확대되고 있는데, 여전히 중점은 농촌새마을운동으로 되어 있는 것으로 여겨졌다.

새마을운동의 기본사업목표대상의 확대는 필연적으로 주요사업의 내용을 변화, 확대시켜오고 있다. 1970년 10월부터 1971년 6월까지의 겨울철 농한기를 이용하여 전국이 3만 3,267개 이동(里洞)에 시멘트를 335부대씩 무상으로 지급하여 이동개발위원회(里洞開發委員會)를 중심으로 각기의 마을의 환경개선사업을 주민협동으로 추진하도록 하였다. 볏짚지붕의 슬레이트 또는 함석으로의 대체개량, 담장 바로잡기, 마을 안길의 정비 등이 주된 사업내용이었다. 1972년부터는 주민지도자의 발굴·훈련 및 그 활용에 역점을 두면서 사업내용도 애당초의 환경개선사업, 즉 물리적인 생활 및 영농기반 조성사업을 발전적으로 추진하면서, 정신 계발사업, 그리고 생산소득사업 등을 포괄하는 종합적인 것으로 확대되었다.

도시새마을운동의 촉진을 위한 10대 구심사업은 소비절약의 실천, 준법질서의 정착, 시민의식의 계발, 새마을청소의 일상화, 시장새마을운동의 전개, 도시녹화, 뒷골목 정비, 도시환경정비, 생활 오물 분리수거, 그리고 도시후진지역의 개발 등으로 전개를 보았던 것인데, 반상회의 새마을 모체화에 의한 지역적인 사업전개와 직장을 통한 사업전개를 주안으로 하여 전개 발전을 보아왔다. 그리하여 새마을운동은 지역새마을운동·부녀새마을운동·직장새마을운동·공장새마을운동·새마을청소년운동·새마을체육운동·새마을금고운동·학교새마을운동·새마을유아원운동 등으로 범주화되기에 이르렀다. 한편 1980년에 〈새마을운동조직육성법〉에 의하여 새마을운동중앙본부가 설립됨에 따라서 민간주도적인 추진조직으로의 정착을 위한 체제건설사업(體制建設事業)을 전개하면서 새마을국민교육의 기획실시, 새마을운동에 관한 국내외 홍보와 국제협력, 그리고 새마을운동에 관한 조사·연구사업 등을 다각적으로 베풀었다.

그런데 새마을운동은 주민의 자조적 협동에 본바탕을 둔 것이지만 그의 전개는 이른바 관주도형의 것이었다. 그리하여 민간주도형의 것으로 전환, 토착화시키는 목적하에 설립된 것이 새마을운동중앙본부인데, 이는 5단계적인 조직체계를 갖추었다. 즉, 중앙·시도·시군·읍면동·마을 등으로서 중앙수준을 보면, 새마을지도자중앙협의회·새마을부녀회중앙연합회·직장새마을운동중앙협의회·공장새마을운동추진본부·새마을문고중앙회·새마을청소년회중앙연합회·새마을조기체육회·새마을금고연합회·새마을교육연구기관 등 이른바 회원단체를 중심으로 하고 있었으며, 스스로의 행정조직기구를 지니고 있었다. 이와 같은 중앙단위의 것이 시도와 시군의 수준에서도 계통적으로 조직되어 있었으며, 하위의 읍면동과 마을은 실천조직이라고 볼 수가 있다.

그러나 새마을운동중앙본부의 방대한 조직체계로 말미암아 새마을운동은 여전히 정부의 인적 및 재정적 지원을 많이 받고 있으며, 특히 자체 기금조성을 위한 목적과 사업전개의 필요상 거의 모든 공공적·민간적 조직 및 기업과 직접 간접으로 관련을 지니고 왔다. 또한 새마을운동의 기본목적이 총체적 국가발전을 겨냥하는 성격을 심화시킴으로써, 정부와 기타 공공 및 민간적 기관과의 상호관계는 더욱 짙게 되었다. 그런데 이와 같이 자립적이자 민간주도형적인 것으로 발전적인 전환을 꾀하던 새마을운동중앙본부는 그의 방만하고도 정치권력형적인 일탈적 운영행태로 말미암아 1987년 말에 본격적으로 문제화되기에 이르렀는데 이는 새마을운동의 역사상 초유의 일이었다. 그리하여 새마을운동중앙본부는 새마을운동중앙협의회로 대체되고 기구조직도 대폭 정리, 조정하는 등 진통기를 벗어나 발전적인 개혁을 단행하고 필요한 제반조정을 과감하게 하면서 사업계획을 집행하고 있다.

3) 새마을운동의 결과와 문제점

애당초 농촌을 겨냥한 새마을운동의 발의 전개는 저지 않은 두저도 겪었지만, 전통적 체계하의 농촌을 현대적인 것으로 변화하도록 충격을 가하는 데 있어서 크게 성공하였다고 평가할 수가 있다. 즉,

농촌사회에 팽배되어 있었던 봉쇄성, 숙명론적 체념성, 그리고 지역지향성 따위를 극히 짧은 기간 내에 전국적인 규모로 타파시키는 데 성공한 것으로 국제적으로도 높이 평가되었다. 그러나 농촌을 겨냥한 원래의 새마을운동이 도시지역으로 확대되어 거의 전방위적인 사업을 기획, 집행한 이래 공식적인 성과와 사업전개 대상자인 국민의 평가 사이에는 적지 않은 괴리가 생기게 되었다고 볼 수 있다.

초기의 새마을운동의 성과가 '농촌의 사회적 혁명'이라고 규정될 정도로 매우 컸으며, 우리나라 역사상 유례를 보지 못하는 성공적인 기획적 사회변동으로 평가되는 것은 매우 정확하다고 보겠다. 문제는 권위주의적인 강력한 정부의 기획 관리에서 새마을운동중앙본부 체계를 통하여 민간주도 화하는 과제의 도전이 기본목표와 사업내용을 전방위적인 것으로 확대하는 것과 상승적으로 얽혀서 상대적으로 근래의 새마을운동의 결과가 그다지 부각되고 있지 않은 것으로 보여졌다. 그러나 분명한 사실은 새마을운동을 포함한 모든 사회운동과 국민운동, 또는 기획적인 사회변동계획은 그의 지속적인 전개과정에서 목표치환(目標置換), 수단 또는 도구 치환이 필요불가피하며, 따라서 연속체적인 사업집행과정은 언제나 기대에 부응되는 것은 아니며, 따라서 그의 성과 내지 결과도 언제나 두드러지게 성공적인 것이 된다고 볼 수는 없는 것이다. 초기의 농촌을 겨냥한 새마을운동을 평가해보건대, 다른 조건이 같다고 할 때에, 개별적인 마을 단위로 기획 전개된 이른바 미시적 종합농촌개발 계획으로서 크나큰 성과를 얻었다고 여겨진다.

그러나 최근의 우리나라의 농촌발전에는 미시적이 아니라 광역적인 종합농촌개발 접근이 요구되는데, 이를 위한 새마을운동 중앙본부 체계의 능력은 한계가 있는 것으로 판단된다. 즉, 기본적인 생활 및 영농기반은 물리적으로 가능하였으나 소득증대를 겨냥한 모든 계획과 쾌적한 생활환경이라는 과제는 극히 도전적이며, 종합적인 기획과 집행이 요구되는데 새마을운동 중앙본부체계는 이를 감당하기에 역부족이라고 하겠다. 근래 역점을 두고 있는 농산물의 유통개선을 위한 사업계획도 동일계의 것이 된다고 본다.

　이른바 도시새마을운동의 경우는 더욱 큰 도전을 안고 있다고 본다. 또 하나의 기획적 사회변동계획인 사회정화운동을 그 체계 환경(體系 環境)으로 가지고 있었던 것도 기본적으로 문제가 되었지만, 보다 심각한 것은 새마을운동이 마치 전방위적으로 국가발전을 촉진시키는 것으로 여기는 듯 사업영역을 지나치게 확대하였던 것이 사실이다. 단계적으로 체제건설을 굳히면서 사업영역을 발전적으로 확대하여 나가는 것은 극히 당연하며, 바람직한 것이나, 과포부 또는 지나친 목표지향성을 지니고 한꺼번에 방대하게 사업체계를 구축하고 있는 느낌이 적지 않았다. 새마을운동은 이른바 개량주의적인 것이며 변환주의(變換主義)의 것이 아니다. 또한 새마을운동은 전방위적 또는 전체론적인 성격을 지니는 총체적 국가발전의 직접적인 담당자가 될 수 없다. 그럼에도 불구하고 새마을운동은 그의 고유의 목표와 따라서 사업계획을 정의 내리지 못하고 있는 것으로 여겨지는 바, 이것이 가장 근본적인 문제점과 도전적 과제가 될 것으로 본다.

　새마을운동의 고객으로서의 지역주민 또는 국민은 이제 고전적이되다시피 한 미시적 종합농촌개발계획으로서의 농촌새마을운동의 경우와는 달리 자발적이며 자율적인 합의에 바탕을 두지 않은 외부적 개입에 의한 발전적 충격의 대상이 기대할 수 없게 되어있다. 그리고 자연촌락내의 유대와 동질성만을 의지할 수도 없으며, 광역적인 기반하에서의 자조·근면·협동을 동기 유발하여 실천하게 하는 새로운 결속수(結束手)가 필요하다. 사회가 도시주의적이며 이익사회적이고 또한 정보화되어 있으며, 국민의 의식수준이 높아지고 있으며,

국가발전단계는 바야흐로 선진국 문턱에 서 있기 때문이다.

새마을운동중앙본부체계가 그 자체, 그리고 대학과의 연계에서 새마을운동의 이론정립과 기타 사업계획상의 연구 활동을 전개하기 시작한 것은 매우 바람직한 일이다. 그러나 여태까지의 이 노력의 성과에 비추어볼 때 역시 새마을운동중앙본부체계의 능력에 벗어나는 것이며, 대학의 이른바 새마을연구 활동은 비효율적이며 자원낭비라고까지도 비판될 수 있는 면이 적지 않다는 평가가 있었다. 그리하여 1988년에 들어서면서 새마을운동은 일대혁신과 개혁의 전환기를 맞아 자성적 평가와 자기갱생적 발전을 꾀하였다.

과학기술의 발전과 시대상황에 맞는 조직과 기구와 목적은 변화되어야 한다. 저개발국가에서 변화와 발전의 요구로 새마을운동을 배우려고 하고 있다. KOICA(코이카: 한국국제협력단) 해외봉사단 김영목 신임이사장은 새마을운동을 1.0 근면, 자조, 협동, 2.0 지역공동체 소득증대와 환경개선, 3.0 국가역량 강화, 4.0 IT, 모바일 등을 통해 여성존중, 아동보호, 교육 보편적 가치 전파를 역설하였다(〈조선일보〉 2013년 6월 4일 A31).

3. 국가개조의 비전

1) 국가개조의 비전

'국가개조'가 왜 필요한가? 그 암울한 미래타개를 위해 5가지의 미래예측을 보기로 한다.

첫째, 통계청은 2006년 7월, 3~4년 만에 한 번씩 발표하는 사회통계조사 결과를 발표했다.

조사대상은 전국의 만 15세 이상 가구원 7만 명(가장 3만 3,000명 포함)이었다. 일생동안 본인의 '사회경제적 지위가 높아질 가능성'에 대해 46.7%가 낮다, 27.5%가 높다라고 답함으로써 부정적이었다. 미래에 대한 자신감이 줄어들고 비관과 불안이 확산되는 우려가 현실 조사에서 입증된 것이다.

　또한 경제적 상태와 직업·건강을 고려한 현재생활 만족도는 만족한다가 28.9%, 보통이 38.8%, 불만족이 32.3%였다. 자신을 중산층이라고 생각하는 가장의 수도(직업·교육·재산을 고려한 사회경제적 지위) 상은 1.5%, 중은 53.4%, 하는 45.1%로서 2003년 조사와 비교하면 상은 불변, 중은 2.8% 감소, 하는 2.7% 늘어났다. 그리고 40, 50대의 자살충동도 10명 중 1명꼴(10.3%)로 그 이유는 경제적 어려움이 48.2%, 가정불화 15.4%, 외로움, 고독 12.0%로 나타났다.

　둘째, 이 맥락은 갤럽 국제조사기구가 실시한 여론조사에서도 한국 국민의 경제우울증이 중증으로 나타났다.

　한국경제가 2007년에 더 나빠질 것이라고 한 응답이 51%에 달했다고 한다. 2006년과 비슷할 것이라는 응답은 35%였고 지금보다 나아질 것이라는 희망적 의견은 10명 중 1명에 불과했다. 조사대상 57개국 중 55위에 해당할 만큼 한국이 심각한 경제 비관주의에 빠져 있다는 것이다.

　우리 주변을 둘러보면 온통 경제 암초뿐이고 희망과 기대를 걸만한 일은 별로 눈에 띄질 않는다. 성장틀만 하더라도 정부나 한국은행, KDI 등에선 내년에 4.3~4.6%를 예상하고 있지만 경총조사에 따르면 주요기업 CEO 상당수는 4%대 유지가 어려울 것으로 내다보고 있다.

　그 원인은 말할 섯도 없이 참여정부가 기업가 정신과 국민의 경제심리를 억누른 탓이다. 실체도 모호하고 해법도 불분명한 '양극화'를 근거로 반(反)시장적 정책을 일삼다보니 다 같이 불행해지는 결과를 초래한 것이다. 한마디로 배 아픔 해소하려다 배고픔만 커진 꼴이다.

경제 비관론은 내년에만 국한된 것이 아니다. 다음에서 볼 IMF 장기 전망에서는 비관론은 예측되고 있다. 현대경제연구원 보고서는 "한국경제가 현 추세로 가면 영원히 일본을 따라잡을 수 없다"고 했고, 비전 2030 민간작업단 보고서는 "고령화와 출산을 저하로 잠재성장률이 2021년부터 2%대까지 추락할 것"이라고 경고했다. 꺼져가는 성장 동력을 시급히 회복하지 못하면 경제우울증은 만성화할 수밖에 없다.

셋째, '물가를 자극하지 않고 노동, 자본, 기술 등 생산요소를 모두 투입해 달성할 수 있는 최대 성장능력'을 잠재성장률이라고 볼 때 IMF(국제통화기금)가 전망한 한국경제에 대한 장기보고서에서는 '21세기 중반에 한국의 잠재성장률이 연평균 2%로 추락할 것이라는 것이다.

이 보고서는 한국경제를 위협하는 장기적 위험 요인으로 고령화와 노동시장 경직성에 따른 노동력 부족, 서비스산업의 경쟁력 저하, 자본시장의 비효율성, 복지예산 증액에 따른 재정난 등을 꼽았다. 우선 한국의 만 15세 이상 인구 중 경제활동을 하는 인구는 1980년 이후 계속 증가추세를 보이다 2016년경부터 감소한 것으로 확인되었다.

인구고령화 속도가 경제협력개발기구(OECD) 회원국 가운데 가장 빠른 데다 정규직 중심의 노동시장이 매우 경직돼 있기 때문이라고 이 보고서는 분석했다. IMF는 서비스 산업의 경쟁력이 현저히 떨어지는 점도 문제점으로 지적했다.

지난해 말 기준 한국의 서비스 부분 생산은 국내총생산(GDP)의 절반가량을 차지하고, 전체 취업자의 3분의 2가 이 분야에 종사하지만 서비스업 노동생산성은 제조업의 절반 수준에 그친다는 것이다.

이 보고서는 "OECD 국가 가운데 제조업과 비교한 서비스업 생산성이 이렇게 낮은 나라는 없다"며 "비영리법인만 학교나 병원운영을 할 수 있는 등 시장경쟁원리를 외면하면서 생산성이 낮아졌다"고 밝혔다.

넷째, '한국경제의 체질과 체력개조'에 대한 보고서도 발표되었다.

저출산·고령화로 인한 인구 감소로 잠재 성장률이 2020년대에 2% 대로 떨어질 것이란 전망이 나왔다. 이를 해소하기 위해서는 여성과 노인 인력을 활용할 수 있는 방안과 학제·군복무제도 개편 등을 통해 노동시장에 공급되는 노동력을 절대적으로 늘릴 수 있는 방안을 서둘러 찾아야 할 것으로 지적되었다.

먼저 노동투입량 감소가 '경제의 기초체력'을 떨어뜨린다는 지적이다.

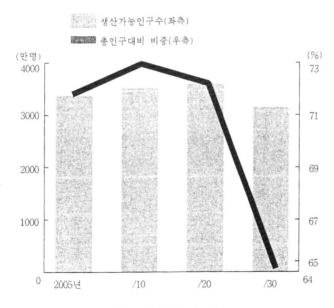

<그림5-1> 생산가능 인구 추이
<자료: 이상안, 『선진한국창조 국가개조론』, 서울: 대명출판사, 2007, 114>

국가발전 장기 전략인 '비전 2030' 보고서에 따르면 우리나라가 저출산·고령화와 사회양극화 등 핵심 과제들을 해결하지 못할 경우 2006~2010년 중 4.9%로 추정되는 잠재 성장률은 2011~2020년 4.3%, 2021~2030년 2.8%로 떨어질 것으로 전망했다(〈그림5-1〉).

보고서를 작성한 민간 작업단은 이 같은 잠재성장률 하락의 원인을 노동 투입량 감소로 설명했다. 2011~2020년의 경우 노동 투입량(취업자수·근로시간)에 따른 성장률 기여도는 0.4%에서 -0.1%로 떨어져 노동 투입이 오히려 경제성장의 발목을 잡게 될 것이라는 것이다.

구체적으로 취업자 수 감소로 인한 성장률은 0.7%에서 9.3%로 근로시간 감소에 따른 성장률은 -0.3%에서 -0.4%로 각각 내려갈 것으로 분석했다. 이같이 노동 투입이 경제성장에 역기여하는 정도는 2020년대 들어 더 커질 것으로 작업단은 분석했다.

반면 자본 투입량과 총 요소 생산성은 2030년도까지 약간 둔화되거나 현상을 유지할 것으로 전망했다.

결국 앞으로 한국경제의 기초체력이 떨어진다면 이는 인구감소로 인한 취업자 수 감소와 주 5일 근무제 등으로 인한 노동시간 감소에 따른 부작용일 것이란 분석이다.

작업단은 이 같은 잠재성장률 하락은 급격히 고령사회로 전환하는 한국사회에 가장 큰 과제이자 부담이 될 것으로 우려했다. 해법은 노동력의 양과 질을 개선하는 측면에서 논의되고 있다.

단기간에 출산율을 높이는 것은 힘들다. 여성과 노인 노동력을 활용하고 학제 개편과 군복무 제도 개선을 통해 젊은 인력들이 조기에 노동시장에 참여할 수 있게 환경을 만들어야 한다.

끝으로 '사회제도와 교육제도에 대한 체질개조(뿌리째 확 바꿈)'를 강조하는 미래 예측도 있다.

세계적인 미래학자 토플러(A. Toffler)는 한국은 그동안 기술 발전에 힘을 쏟아온 것처럼 모든 창의력과 인재를 동원해 사회와 제도를 바꿔나가는 데 주력해야 할 것이라고 보고 "동시에 이 과정에서 발생할 수 있는 갈등요소를 줄여나가기 위해서는 창의력이 필요하다"고 지적했다.

특히 그는 "산업화시대에 초점이 맞춰져 있는 전근대적인 교육제도를 혁신하는 게 중요하다"고 강조했다. 지금까지는 공장시스템에 맞춘 교육이 이뤄져 왔지만 앞으로는 직업과 기술교육만으로는 안 된다는 것이다.

한두 해 전에 빌 게이츠가 지적한 바와 같이 교육시스템을 기존시스템의 토대 위에서 개혁(reform)할 수는 없다. 아예 뿌리째 바꿔야(replace) 체질과 체력을 개조할 수 있다고 본다.

2) '선진한국'을 위한 국가개조 방향

대한민국이 21세기 선진국가로 나아가기 위해서는 '통합의 리더십'을 발휘해 국가체질을 개조하고 이를 기반으로 국가발전 전략을 제시하고 국민 에너지를 결집해야 한다. 냉전시대의 퇴물인 이분법적 이념대립에서 벗어나 국민의 힘을 하나로 묶는 실용적 통합 국가개조작업이 이루어져야 한다.

IMF는 한국의 성장잠재력을 떨어뜨리는 요인으로 고령화로 인한 노동공급 부적, 노동시장 경직, 서비스업의 낮은 생산성, 자본시장 비효율, 복지예산으로 인한 재정난 등을 꼽았다. 국내에서도 자주 거론돼 온 내용들로, 정부가 적극적으로 국민의 저력을 모아 지속적으로 대응해 왔다면 잠재성장률을 끌어올리는 일이 결코 불가능한 것은 아니다. 정부가 말만 앞세우며 바른 정책의 실행을 게을리 했거나, 잘못된 이념코드를 고집하면 정책을 역방향으로 몰고 간 탓에 성장력이 급격히 추락한 것이다.

지금이라도 IMF의 경고를 극복하려면 당장 종합대책을 세우고 국민의 힘을 모아야 한다. 우선 노사관계를 재정립해야 한다. 파업 만능의 '철 밥통 노조'를 변화시키지 못하면 제조업뿐 아니라 모든 산업이 무너질 우려가 있다. 일할 의욕과 능력이 있는 사람이면 일할 수 있도록 고용과 해고의 유연화, 재취업 활성화, 임금피크제 등을 촉진해야 한다.

'동북아 금융허브'를 만들겠다고 외치면서 자본시장의 비효율에 발목 잡힌 것도 아이러니다. 개방, 규제 타파, 경쟁촉진이 고부가가치, 서비스산업 육성의 첫걸음이다. 복지도 '일하며 땀 흘리는 복지'여야 한다.

위의 개괄적 지표를 중심으로 '5가지의 비전'으로 나누어 보기로 한다.

(1) '비전 2020'의 시대성

대한민국의 경제정체성을 올바르게 인식하여 '위기의 나라'를 구하고 '선진복지국가'의 성공적 진입에 소명과 열정을 다한다.

다음으로 대한민국을 위해 무엇을 할 것인가 또 어떻게 접근할 것인가를 먼저 보고 '대한민국의 미래희망 비전 2020'이라 이름 짓고 '이들 국가개조 전망과 접근'을 비전으로 제시한다.

먼저 국가목표는 '경제부강 선진 복지국가'에 우뚝 서는 것이다.

메가 트렌드(Mega trend: 거대한 시대적 조류)의 주요변수로는 내륙운하의 물류체계개조와 에너지 안보를 비롯하여 인구자원, 에너지자원, 수자원, 여성자원, 기초과학, 과학도시, 국가 경제리더십, 기술교육, 정부규모, 국정통치구조, 사회통합, 국가소통방식과 운영방식의 거버넌스(통치시스템의 개념)로 선정하여 이들을 국가개조의 영향변수로 개조하고 정책화한다.

'선진화냐', '후진국 전략이냐'의 기로에서 우리는 '2020 희망'의 국가과제를 어떻게 설정하고 실천전략을 짜야 하는가.

우리는 60년대와 70년의 가난 극복의 '산업화시대'를 살았다. 국가의 자율성이 경쟁과 유인(인센티브 전략)을 통한 차등성을 토대로 시장자율성을 대체하면서도 시장의 기능을 살렸다. 그래서 잘하는 기능이 칭찬받고 보상받는 '시장'을 선도자로 세워 성공적 산업화 시대를 이끌었다(Market leads). 이를 토대로 80년대와 90년대에는 평등실현의 '민주화 시대'를 살았다. 인간의 아름다운 삶이 인권으로 보장되고 권리의 신장과 민주주의 참여가 확장되면서 시장의 성장과 함께 권리의 평등분배의 시대에 들어섰다.

전자가 경제자유주의의 이념이었던 반면 후자는 정치자유주의의 이념으로서 60년대와 70년대는 전자의 이념이 나라의 발전을 이끌었으나 80년대와 90년대는 후자의 이념이 확산됨으로써 권리·분배·평등이 경제성장 중심의 시장기능을 압도했다. 그 결과 대한민국은 갈등·분열·대립·교란·양극화가 대한민국의 선진화에 걸림돌로 나타나기 시작한 것이 우리가 해결해야 할 큰 사회과제로 등장한 것이다.

왜 선진화의 걸림돌이 되고 있는가?

왜 시장이 성장 동력이 되지 못하고 주춤거리는가?

그것은 좌파적 역사관과 이로 인한 대한민국의 정통성 부정과 경제정당성에 대한 인식 오류 때문이다.

21세기 국가발전원리인 민간창의와 시장자율을 부정하고 명령적이고 획일적 코드로 국가주도·평등주의를 국가이념으로 세웠기 때문이다. 누가 일하려 들일 수 있겠는가. 어느 기업인이 투자를 확대할 것인가. 일자리가 줄어 젊은 청년실업이 만연하고 따라서 소득양극화가 갈수록 심화되는 것 아닌가.

또 다른 걸림돌의 하나는 '경제회복'과 '사회통합'에 대한 리더십 부재이다. 사회통합은 '서로 다른 것들의 공존'을 말한다. 아무리 경제가 회복되었다 하더라도 사회통합으로 공동체가 협력과 조화로 균형을 이루고 개인의 개성과 능력을 최대한 존중하는 '서로 다름의 인정'이 없으면 항상 갈등·대립·분열하고 말기 때문이다. 사회의 연대의식과 일체감이 유지되지 않으므로 경제적 성장과 사회자본(기초자본)의 양극화만 더욱 크게 만들어 공동체는 와해될 것이다.

(2) 악순환적 경제위기요인은 무엇인가

97년 외환위기 이후 '산업화'와 성공을 밑거름으로 '선진화'의 미래희망을 향해 도약하고자 하는 우리에게 경제는 왜 주춤거리며 회복의 징후를 보이지 못하는가.

경제위기 요인은 '외환위기'라는 순간적 충격여파인가 아니면 구조적 경제 질서의 근본에 관한 문제인가. 근본원인을 찾아내는 것이 경제 질서의 진단이며 처방을 낼 수 있게 하는 것이다.

역사적으로 보면 경제성장의 '산업화' 전반을 이끈 것은 정부의 개입이었다. 그러나 정부(국가)의 권위주의적 자원동원 방식의 고착은 우리 경제의 모든 영역의 경계를(자원동원·생산방식·교환 등) 쉽게 해체할 수 없고 대체할 수 없는 '경직성'을 낳았다. 우리 경제의 '고비용·저효율' 구조의 고착도 바로 이 고도화된 경직성에서 비롯된 것이다.

이 경직성의 대표적 시장이 '노동시장'이다. 노동인력의 진입과 퇴출이 유연성을 상실한 이 '노동시장의 경직성'은 기업경영의 활력과 의욕을 앗아가고 임금의 시장 기능적 조절을 제약하고 말았다. 또한 '금융시장'도 시장이 아닌 정책의 도구 수단으로 보는 시각 때문에 산업정책은 금융제도를 경직성이 강한 산출로 잉태시켜 금융시장도 경직시킨 것이다.

이외에도 신문시장도 토지시장도 부동산시장과 교육시장도 전혀 '시장'으로서의 기능을 약화시켜왔다.

다시 말하면 시장의 개념에서 보는 신문시장·부동산시장·노동시장·교육시장 등은 '자생적 질서'라는 특성에서 보면 인위적 질서로 자의적으로 규제만 할 수 있는 것은 아니므로 시장적 특성인 경쟁, 수요공급의 가격원리를 존중해야 한다는 뜻이다.

새마을운동 등은 한때 세계 각국의 성장모델로서 표본이 되어온 경험도 있었지만 우리 경제의 성장모델은 시장경제모델이 아닌 국가에 의한 시장자율성 조정으로 시장 자율적 성장의 자생력과 잠재력은 키우지 못한 구조적 문제로 이어진 것이다.

다시 말하면 그동안 압축 경제성장을 성공으로 이끈 정부의 역할에 대한 과도한 기대심리와 습관화된 의타심은 하나의 '악순환 고리'가 되었고 이 악순환의 고리를 해체시키는 데서 우리는 우리 경제의 위기요인을 찾아내는 것이 중요한 과제이다.

이 악순환 고리 때문에 효율성을 기본규범으로 삼는 시장경제의 원리가 약화되고 정부의 규제개입은 더욱더 주무기화되어 결국 시장기능은 왜곡되어 '악순환'이 하나의 '경직성과 병폐'로 남게 된 것이다.

따라서 우리 경제를 회복시키기 위해서는 시장의 경직성을 유연성으로 '개조차원'의 작업으로 이행시켜야 한다. 이때의 '시장경직성'의 대상과 범위에는 '민간 부문경제'는 물론 정부기능의 경쟁 유인화, 신문시장과 노동시장 등의 활성화 등도 포함하는 개념이다. 특히 세계화, 무한경쟁시대의 국가생존력 보존차원에서도 민간경제는 물론 국가경영분야에서도 공정한 자율경쟁을 접목시켜야 한다.

능력 있는 사람이 정당한 보상을 받는 체제를 정착시키는 일에서 먼저 출발해야 한다. 혈연·지연·학연·코드에 의한 차별은 '능력'과 '기여'에 의한 인사원칙으로 바뀌어야 하고 국민생활의 모든 분야에서 수직적·수평적 이동이 자유롭게 이루어지도록 공직 및 사회제도를 개조하여 '경쟁과 유인'이 보상과 등용 그리고 부의 획득의 기준이 되게 해야 한다.

이를 위해 자원배분의 왜곡요소를 찾아 개조하여 '시장생산적' 자원으로의 풍토를 조성하고 근본적으로 모든 자원과 정보 그리고 기술을 '전(全) 생산적' 자원으로 최적화하여 능력과 기여 그리고 근면성에 따른 보상체계를 강화해야 한다. 우선 각종 가격 및 보상체계에 대한 규제를 철폐하여 '가격기구'의 원활한 작동을 보장해야 한다.

(3) 경제운영의 새 패러다임
　-정부가 시장보다 더 불확실성을 해소할 수 있는 것은 오해-

21세기 세계화 개방주의의 보편적 수용이 불가피하다고 보면 정부는 특혜나 정경유착적 의미의 몰지각을 타개하고 결국 시장 메커니즘의 작동에 의한 경제운영 살림살이로 개조해 나갈 수밖에 없다. 그러기 위해 우선 경제운영이 국가(정부)주도에서 시장과 경쟁주도로 개조되어야 한다.

정부의 경제정책 실패(시장실패의 3유형)를 차단하기 위해 정책개입에서 경제제도 및 규제법 그리고 관행을 개조하여 시장의 외부환경을 시장 지원적 기능으로 바꾸는 노력을 집중해야 가능해질 것이다. 시장질서는 '보이지 않는 손'과 '보이지 않는 질서'이므로 이는 자연질서에 근접한 '자생 질서'로서 '주어진 질서' 기능을 한다고 볼 수 있다.

그러므로 인류는 이 질서가 사화구성원들 간의 자유로운 상호 경쟁과정에서 어느 누구의 한 사람의 손에 강제되지 않고 자연적으로 생성된 것이므로 그 본질은 '자생 질서'인 것이다. 이 질서를 이끌고 가는 힘은 '시장(Market leads)'이다. 정부는 인위질서(법과제도)로서 이

질서의 근본을 훼손하려고 의도해서는 모두가 다 파멸한다.

인간의 인위질서가 자연 질서를 조종하려든다고 생각해 보자 인간이 장녀질서에 순응하지 않고 역행하려든다면 자연은 인간에게 재앙을 던지고 말 것이다. 따라서 인위적 질서의 주체인 정부는 자생 질서인 시장의 규제를 완화하여 시장질서의 자율성 확보에 우선해야 하며 시장을 질식시켜서는 인류의 최고 대안장치를 상실하고 말 것이다.

숨은 의도는 안 된다. 어떤 경우에도 자생적 시장 질서를 인위적 법제도질서로 대체하려는 것은 정부가 시장보다 '더 잘 알고' '더 잘 할' 수 있다고 보기 때문이다. 이 오류 때문에 정부는 시장만이 할 수 있는 일을 개입하고 또 정부가 끝내 할 능력과 의지도 없는 일까지도 망치는(실패) 일이 정책실패를 통해 확인되고 있다.

물론 정부의 인위적 법제도 질서로서 공정한 경쟁질서를 유지시키는 데 있어 정부의 역할을 부인할 수는 없는 것이다. 공정한 Game Rule을 지키는 일이야말로 시장을 보호하는 '울타리 질서'요 '내생적 환경'이기 때문이다. 차등의 원리(시장)로 평등에 접근하는 원리가 시장의 원리이므로 이 원리의 현실 실현에는 정부의 외곽 보호적·공정 게임 룰은 반드시 내생변수로서 있어야 할 장치이다.

'자유'와 '평등'은 인간이 가진 최고의 가치며 이상이다. 인간이기 때문에 자유와 평등을 신(神)이 '주어진 질서'로 본래적인 권리(자유권과 생활권)로 장치한 것이다. 그러므로 인간이 '만드는 질서'로는 어떤 법·제도·관습으로도 이는 존중되어야 하는 권리이므로 헌법으로 내생적으로 보장하고 있고 자유민주주의 기본이념으로 설정한 것이다.

그런데 문세는 '자유'와 '평등'이 가각 다른 가치적 의미를 내포하므로 자유와 평등의 실현방법이 다르고 이들이 항상 선순환계에 있는 것은 아니라는 점이다.

자유는 빈곤·공포·억압·무지·차별로부터 벗어나는, 즉 '국가로부터의 개입 받지 않는' 소극적 가치인 반면 평등은 기회·소득분배·형평성·교육을 무차별하도록 국가가 적극 개입함으로써 실현되는 적극적 가치인 점에서 차이가 있고 그 차이 때문에 그 실현방법이 전자는 개입·침해받지 않으면 실현되나 후자는 적극 개입·지원받아야 실현된다. '서로 다름을 인정'하는 것이 통합사고의 출발점이다.

자유를 주어 경쟁을 마음대로 하게 해보자. 재능·능력·성격·모습·키·성별·피부색·가정환경이 다 다르다는 것이 우선 자유롭다. 그래서 각각 다르게 생기고 다르게 생각하고 다르게 행동한다. 차이와 차등이 처음부터 타고났으므로 어찌 보면 그것이 아름답고 관찰할만한 가치가 있다. 모든 인간은 다 다르다. 이 차이나는 것이 더 자유롭다는 것이다. 그 차이에서 경쟁이 나오고 그 경쟁이 결국은 인간을 더 자유롭게 할 수 있는 것이다.

또한 그 자유로운 사람들이 이 치유를 전제로 경쟁하면 그 과정과 결과는 불평등하게 나타난다. 똑같이 나타날 수가 없다. 누구는 잘 살고 누구는 불평등하게 나타난다. 똑같이 나타날 수가 없다. 누구는 잘 살고 누구는 못 살고, 누구는 건강하고 누구는 허약한 것까지도 그 차이가 평등한 것이다. 얼굴이 똑같고 똑같이 오래 살고 똑같이 생각하고 똑같이 행동하면 한 사람만 있는 격이 된다. 시장과 국가가 어떻게 운영되고 생존할 수 있겠는가.

어떤 사람은 잘 사는데 어떤 사람은 병들고 늙고 해서 못살게 되면 국가가 개입해 그 불평등을 해소해 준다. 즉, 국가가 어떤 시민의 자유를 일부 빼앗아 다른 사람에게 줌으로써 평등을 찾는다. 그러나 이와 같은 '자유희생', '평등보완'도 한계가 있다. 불평등을 조정한다고 해도 꼭 같은 평등상태는 실현되지 않으므로 또 다른 제3의 방법(자원봉사)을 쓰기도 하며 빼앗는 자유의 희생과 보태는 평등의 이익

비율을 조정해야 자유와 평등이 균형을 유지한다.

너무 자유의 희생을 크게 하면 자유와 경쟁을 전제한 시장이 훼손된다. 시장이 위축되면 불평등 해소의 여지가 아예 없어져 버리기 때문이다. 사회주의나 공산주의의 자유희생은 평등보다 심했기 때문에 실패한 것이다. 그러면 자유와 평등의 조화로운 균형점은 무엇인가. 차이·차별(차등)은 평등을 해(害)하지 않으나 '균등'한 것이 도리어 평등을 해친다는 의미이다. 기여와 능력이 큰 근로자에게는 많은 보상을 주는 것이 평등한 것인데 '일'한 사람이나 하지 않는 사람을 균등하게 대우하는 것 자체가 평등을 해치기 때문이다. 따라서 균등이 아닌 차이와 차별이 도리어 평등한 것이다.

'다른 것은 다른 것으로', '다른 것을 더욱 다르게' 대우하는 것이 개성의 존중, 능력의 계발, 쓸모 있는 인재의 양성이며 '근거 있는 차별'은 사회발전의 원동력이 된다. 차별하지 않으면 누가 더 열심히 일하겠는가. 이 차별(차등)을 '정의' 개념의 토대로 삼은 사람이 존 롤스(John Rawls)이다. 인간에게 자유를 극대화시키고 이 자유를 바탕으로 최저상태에 있는 불리한 자에게 최대의 개선을 해주는 'Maxmin 원리'가 이를 증명한다. 최저상태를 최대로 개선했음에도 발생한 불평등은 그것이 바로 '평등'하다고 보는 입장이다.

인종·성별·나이에 의한 차별은 금지되어야 하나 근거 있는 차별과 본래적 차이는 평등정신에 벗어나지 않는다. 우리의 헌법정신도 같은 논리이다. 따라서 '서로 다른 것들의 공존'인 사회통합은 반드시 이루어져야 한다.

서로 다른 것들이 다르다는 이유로 서로 갈등·반목·분열 대립하면 어떻게 되겠는가. 이와 같이 '서로 다른 것들의 공존'을 이루는 것이 '공동체 사회통합'이다.

'화이부동(和而不同)'은 서로 다른 것들을 협력하고 조화 있게 하되

서로 다른 것은 서로 다른 것으로 그 개성과 창의를 존중해야 공동체
가 생존할 수 있으며 사회발전이 이루어지기 때문이다. 이것이 '시장
원리'의 전제가 되는 이유가 바로 여기에 있다(이상안, 『선진한국창조
국가개조론』 제5장 참조).

(4) 국가와 정부의 체질·성격(character)의 개조

국가경쟁력은 국가생존력을 좌우하는 가장 중요한 요인이다. 기업
의 경쟁력은 이 국가경쟁력 구성의 핵심에 있다. 기업경쟁력은 국가
사회내의 모든 하부구조(인프라)의 생산성을 반영함으로 결국 경쟁력
의 근간은 국가경영시스템의 생산성에 있다. 특히 정부 부문은 경제
적 SOC의 제공, 법질서 SOC의 유지, 경제관련 법제도의 정비 그리고
거시경제의 관리(경제체질의 장기안정과 개조) 등 국가시스템에서 매우
중요한 부문을 이룬다.

대부분의 국가에서 정부 부문의 규모(재정)는 GDP의 큰 비중을 차
지한다. 따라서 세계화(Global) 경쟁에서 이기기 위해서는 민간 부문
의 기업국제경쟁력뿐만 아니라 이를 뒷받침하는 정부 부문의 생산성
및 공공서비스의 질은 함께 제고되어야 하는 동반자적 역할이다
(partarnership). 대학의 국제화가 요청되는 이유도 여기에 있다.

IMD(스위스 국제경영개발원)의 세계국가경쟁력 보고서에는 정부가
국가경쟁력의 발목을 잡는가(Are government dragging their feet?)라고 문
제를 제기한다. 민간 부문이 아무리 잘해도 정부가 제 역할을 하지
못하면 국가경쟁력이 높아질 수 없다는 것이다.

정부가 국가경쟁력을 막는 대표적 사례로 유전 국유화 등의 좌파
정책적 요인(베네수엘라 등 남미 국가), 한국 정부효율성의 급격한 비효
율화(한국 31위 → 47위), 한국의 공공재정(14위 → 27위), 제도적 여건(30
→ 46위), 기업 관련법(34 → 51위) 등이다. 이외에도 국민연금·국가채무

에 대한 불안, 정부의 반(反)기업정서 확산, 기업투자를 막는 각종 규제(출자총액제한제도), 사회통합실패, 국수주의 만연, 외국노동자 고용규제, 원·달러 환율의 급락, 인재등용의 코드화 등이 이에 속한다고 앞에서 본 바 있다.

우리나라 정부 부문은 공공정책기능의 전환기에 인간 경제활동의 여건개선을 위한 행정서비스(공공재 등)의 공급자라는 확고한 역할 인식을 해야 한다. 국가개조작업의 첫 출발점이다. 세계화시대의 무한경쟁을 이기고 국가경쟁력을 제고하기 위해서는 관료체계의 개조로 규제중심의 정부기능 및 조직체계를 개조해야 한다.

정부는 시장에 대한 직접개입방식에서 벗어나 시장의 자율조정 기능을 활성화하고 민간기업 활동의 지원자로서 경제운용의 틀과 방식으로 전환·개조하는 것이 중요하다. 간섭적인 정부 부처와 조직은 축소·통합하고 지방정부의 기능도 '지원자'로의 기능으로 바꾸어야 한다.

(5) 선진국 도약을 위한 걸림돌의 체계적 정리

이상에서 본 국민경제의 선진국 도약을 위한 핵심과제의 체계도를 보면 다음과 같다(〈그림5-2〉). 국민경제의 선진국 도약을 위한 핵심과제이다.

선진국 도약의 정치·행정·경제의 질서구조

정치부문	행정부문	경제부문
체제무능과 이념혼란	큰 정부와 과잉규제	경직노동시장과 반 기업환경

주 제	내 용(Key Words)
· 지향이념	자유민주주의 〉 사회민주주의, 경제적 자유주의 〉 정치적자유주의
· 선순환성	Market leads, government facilitates, 투자→일자리→소득→소비
· 국가개조	국가 체질·권리·의무, 합리적 선택신제도주의, 역사적제도주의, 사고의 틀
· 사회기초자본	가족간 사랑, 도덕성, 섬기는 리더십, 노사간 신뢰, 네트워크, 사회통합
· 신 성장동력	내륙운하 물류체계와 물관리·보존 체계개조, SOC, Infra, R&D, 기초과학의 투자, 에너지 안보강화, 수자원 부족대비, 과학도시, 대규모 기업집단의 순환출자
· 성장·분배가치	작은정부, 일하는 복지, 친기업적 조세정책,
· 국제화	열린민족주의, IT경쟁력, 외국자본유인, 테러안보
· 인적자원	노동시장의 유연성, 고급인력개발, 산학연계, 대학경쟁력
· 기업환경	반시장적 방송지양, 기업인존중, '정치행정 시장결정요인'지양
· 분석단위	기업인(개체), 기업(단체), 정부, 대규모 기업집단
· 방법론	방법론적 개체주의, 방법론적 신비주의(역사적고찰)
· 주류경제학 흐름	수요의 공급창출(수요중심경제학)→공급의 수요창출(공급중심경제학)

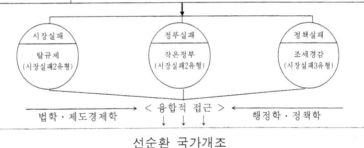

시장실패	정부실패	정책실패
탈규제 (시장실패2유형)	작은정부 (시장실패2유형)	조세경감 (시장실패3유형)

법학·제도경제학 ← 〈 융합적 접근 〉 → 행정학·정책학

선순환 국가개조

<그림 5-2> 선진국 도약을 위한 핵심과제의 체계도
(이상안, 『선진한국창조 국가개조론』. 서울: 대명출판사, 2007, 129쪽)

(6) 선진국 도약을 위한 '공동체통합 시장경제'와 '사회통합리더십'

시장경제체제는 사회가 '법칙'이나 '인과관계' 등 인위적 질서로 파악될 수 없는 '자생적 질서'에 속한다. 수많은 행위주체들이 참여

해 창조한 이 같은 자생적 질서를 완벽하지는 않지만 옳은 방향으로 인도하기 위해 강조되어야 하는 것이 '시장'과 '경쟁'이다.

하이에크(Hayek)는 그의 『예종의 길』에서 이 같은 시장에서의 경쟁과 자유를 바탕으로 계획경제를 비판하고 있는 것도 경쟁과 자유의 시상개념이 아니고서는 결국 '노예'의 상태에 빠진다는 것을 강조하기 위해서이다. 이 같은 합리적 행동결정의 메커니즘인 '시장'에 의한 자원배분도 한계와 결함을 지닌다는 점에서 또 다른 논의가 필요하다.

무엇보다도 시장경제는 '자유와 경쟁', '이윤과 이기주의'를 전제로 하고 있으므로 공동체적 친화력과 통합력은 약화시킬 수밖에 없다는 단점도 있다. 독일이 1948년 이후 '사회적 시장경제'를 통해 경제의 동력과 사회정의 및 권리신장을 조화시켜온 사실은 바로 이 시장의 한계를 극복하기 위한 노력이었다.

이와 같은 의미에서 우리는 '시장경제'를 성장모델로 하되 이 시장경제가 더 발전 동력을 가속화한다는 의미와 '공동체가 더불어 산다'는 의미를 부가시켜 '공동체통합 시장경제' 모델을 선진국 도약의 전략으로 삼을 수 있다.

사회통합은 앞에서 본 바와 같이 '서로 다른 것들의 공존'을 말한다. 서로 다른 것은 창의와 노력면의 장점도 있지만 너무 차이가 심화되면 사회발전의 후퇴를 가져온다. 즉 갈등·대립·분열·양극화로 범죄·무질서·비통합이 가져오는 사회비용이 너무 크게 된다는 의미이다. 따라서 시장경제를 기본 축으로 하면서 공동체 통합적 요소를 고려하자는 것이다.

첫째, '더불어 사는 사회'의 문제와, 둘째, '선순환적 변화'의 문제이며, 셋째, '경제성장과 사회통합의 리더십 공유'의 문제이다.

첫째, '더불어 사는 사회'의 핵심은 소득의 분배문제와 직결된다.

시장경제의 효율성 가치가 소득분배의 형평성과 양립하기 어려운 데 있다. 시장경제체제에서의 소득분배방식은 1차적으로 생산에 참여한 능력과 기여에 의한 분배방식으로 결정된다. 이에는 시장에서 간과하기 쉬운 장애인, 비경제활동인구인 청소년과 노약자 등 사회적 약자집단(소득·의료·의료·교육·유아출산)이 있으므로 이들의 인간다운 권리를 보장하기 위해서는 정부의 2차적 분배방식인 공공정책서비스의 확대가 따라야 한다. 이것이 이전소득(transfer payment)이다.

이 소득이전의 형태는 최저생계비보장, 의료보험, 무상교육 등이 있으나 이 복지정책적 수단은 또한 한계를 가진다. 일하지 않고 먹고 사는 풍토의 만연이나 피수급자의 자아실현의 불능에 있다. 그래서 '공동체통합' 방식은 자원봉사 등기부에 의한 이웃돕기, 호스피스 등 서비스지원 등의 비강제적 지원을 제도화·유인화하여 활성화하여 서로서로 돕자는 의미이다.

둘째, 선순환적 공동체 협력·상생방식이다. 선순환은 먼저 자연과 인간 간의 관계에서 찾을 수 있다. 자연에서 만드는 식물의 엽록소 동화작용은 동물이 할 수 없다. 동물은 엽록소를 먹어야 생존할 수 있으므로 식물의 힘을 도움 받는 '상생의 원리'의 지배를 받는다. 그리고 동물은 죽어서 다시 흙으로 돌아가 다시 식물의 토양으로 변한다. 이것이 자연에서의 물질순환관계이듯 인간사회에도 사회적 약자의 근로의욕을 북돋아 노동력을 재생시킴으로서 생산을 가능케 하는 방식이다.

기업이 투자해서 일자리를 만들면 가계는 소득이 늘고 정부는 조세를 확보한다. 그래서 소비가 늘면 다시 기업의 이윤과 투자가 지속되는 원리가 바로 공동체(기업·가계·정부)가 선순환관계로 성장–발전하는 모델이 된다.

셋째, 경제성장과 사회통합의 리더십 공유이다. 시장은 기업이 이끌게 하고 정부는 밀어주어야 한다. 그러나 반대의 양상도 나타난다. 정부는 발목을 잡고 기업은 숨을 못 쉬게 한다. 그리고 '서로 다른 것의 공존'을 사회통합적으로 이끌지 못하고 갈등·대립·분열·차별하는 지도자도 있다. 성장의 불은 키우면서 그 과실은 사회통합으로 분배하는 방식을 리더는 알아야 하고 리더십으로 실현할 때 '공동체 통합 시장경제'가 바람직한 국가발전의 원동력이 된다.

따라서 경제를 회복시키고 사회를 통합시키는 리더십은 구조 동일성의 특성을 지닌다. 다시 말하면 하나의 체제가 발전하기 위해서는 두 가지 조건을 갖추어야 하는데 그 하나는 모든 참여자(시장 또는 사회)를 목표와 가치는 동질성(Homogeneous)을 갖게 하는 것이고 다른 하나는 모든 참여자의 정보처리능력과 사회문제해결 능력 그리고 창의·자율·책임을 각각 다르게 그 개성을 존중하는 이질성(Heterogeneous)을 말한다.

예컨대 100명의 경찰관을 양성할 때 경찰의 목표와 가치가 '안전과 사회통합'이라면 100명의 경찰은 능력과 문제처리방식은 각각 특징 있게 만들어야 쓰임새가 100가지로 확대되지만 100명을 똑같은 사람으로 키우면 한 가지 능력을 100명의 경찰의 능력과 문제처리방식은 각각 특징 있게 만들어야 쓰임새가 100가지로 늘어난다. 그러면 국민에 대한 공공봉사가 100배로 확대되지만 100명을 똑같은 사람으로 키우면 한 가지 능력을 100명이 똑같이 가지게 되므로 쓸모가 100분의 1로 줄어든다.

시장은 '경쟁력', '이윤'이라는 가치실현에 많은 사람이 각각의 능력과 기여로 참여하는 자생적 질서이다. 사회통합도 '서로 다른 것들의 공존'을 만들어 내는 자생적 연대감 질서여야 한다. 코드로서 각자의 개성을 얽어매어 한곳에 묶는 것은 자생적 연대질서가 아니기 때문에 그것은 리더십이라고 볼 수 없다. 그리고 그것은 사회기초자본이 되지 않는다. 리더십은 구성원(시장·사회) 모두가 자발적으로 목표와 가치를 공유하고 각각 개별적 능력과 기여로 목표달성에 몰두케 하는 것이므로 지시와 명령에 의해 움직이는 것과는 다르다.

따라서 '시장경제'도 '사회통합'도 자율·창의·책임이 동일구조성을 띤다. 리더십의 유형도 자유주의와 자율주의에 바탕을 둔 민주형 리더십이 된다.

자유주의의 토대는 국가나 정부에 의해 구속·억압되지 않음을 말하며, 자율주의는 의사결정과 집행을 창의와 책임에 맡기기 때문에 민주적 리더십 형태로 유지하게 된다. 특히 '서로 다른 것들의 공존'이 공동체 안에서 요구되는 이 갈등·분열의 시대에는 사회통합의 리더십이 더욱 절실하다.

"군자(君子)는 화이부동(和而不同)하고 소인(小人)은 동이불화(同而不和)한다"고 공자는 ≪논어≫의 〈자로(子路)〉편의 가르침을 전해주고 있다. 다른 사람과 생각을 같이 하지는 않지만 이들과 화목·협력·화해할 수 있는 생각을 같이 하지는 않지만 이들과 화목·협력·화해할 수 있는 군자의 세계를 밖으로는 같은 성격을 가진 것처럼 보이나 실은 화목하지 못하는 소인의 세계에 비추어 인간의 덕목을 철학으로 제시한 것이다.

사회가 혼란하고 질서가 파괴된 세상을 염려한 공자는 인(仁)의 실천을 위해 군자가 사회내부의 통합을 위한 화합과 조화에 힘써 불화와 혼란을 부추기는 소인의 세계를 막아야 한다는 의미의 사회통합 리더십을 말한다. 이해관계가 서로 다르지만 공동체 안에서 서로 화해하고 공존할 수 있다는 '군자의 세계' 리더십 확보가 절실한 이때 우리에게도 마찬가지로 필요한 리더십이다.

제6장

현대평화사상과 기독교

1. 한국의 사상과 평화

1) 서론: 평화교육

평화는 인류의 소원이요 세계의 이상이다. 평화세계의 건설은 인류최고의 목표다. 이보다 더 큰 역사의 선은 없다. 그러나 인류의 역사는 평화의 역사라기보다는 전쟁의 역사였다. 전쟁은 역사의 기조음(基調音)과 주류를 이룬다. 어떻게 하면 전쟁의 역사에 종지부를 찍고, 평화의 역사를 창조할 수 있느냐하는 것이 인간의 가장 어려운 역사의 과제요, 최대의 난문이다. 미국의 케네디 대통령은 1961년 9월 25일 유엔총회의 연설에서 이렇게 말했다.

인류는 전쟁에 종지부를 찍어야 한다. 만일 그렇지 못하면 전쟁이 인류에 역사적 종지부를 찍을 것이다.

또 그는 1963년 6월 10일 워싱턴의 아메리칸 대학 졸업식에서 「평화의 전략을 찾아서」라는 강연에서 이렇게 외쳤다.

우리는 부단히 노력을 합시다. 평화는 반드시 실현 불가능한 것이 아니고 전쟁은 반드시 불가피한 것이 아닙니다.

만일 앞으로 핵전쟁이 일어난다면 인류의 운명에 종말을 가져올 것이다. 우리는 평화에 대한 확고한 비전과 신념을 가지고 꾸준히 평화를 추구하고 평화를 정착시켜야 한다. 평화는 존재하는 것이 아니고 창조하는 것이다. 그러므로 「마태복음」 5장 9절에서 평화의 사도 그리스도는 이렇게 말했다.

평화를 창조하는 자는 복이 있나니 저들이 하나님의 아들이라 일컬음을 받을 것이오.

누가 하나님의 아들이냐? 지상의 평화를 건설하는 자다. 동서고금을 막론하고 평화의 기원(祈願)은 인류의 간절한 희구(希求)였다. 우리는 그 간곡한 표현을 구약성경의 「이사야서」 2장 4절에서 발견한다.

그가 열방(列邦) 사이에서 많은 백성을 판결하시리니 무리가 그 칼을 쳐서 보습을 만들고 그 창을 쳐서 낫을 만들 것이며 이 나라와 저 나라가 다시는 칼을 들고 서로 치지 아니하며 다시는 전쟁을 연습하지 아니하리라.

우리는 칼과 창을 쳐서 보습을 만들고 낫을 만들어야 한다. 전쟁의 무기를 만들지 말고 평화의 무기를 만들어야 한다. 이 나라가 저 나라를 치지 말고 저 나라가 이 나라를 도와야 한다. 우리는 전쟁의 연습을 하지 말고 평화의 연습을 해야 한다. 그러나 세계의 현실은 그렇지 않다. 지상의 모든 나라가 무장에 급급하고 국방에 골몰하고 있다. 미국은 매년 216만의 병력을 유지하기 위하여 2,800억 달러의 군사비를 쓰고, 소련은 500만의 병력을 유지하기 위하여 456억의 군사비를 쓴다. 1980년의 통계를 보면 소련은 주로 개발도상국에 160억 달러의 무기를 판매했고, 미국은 주로 선진국에 107억 달러의 무기를 팔았으며, 프랑스는 27억 달러의 무기를 수출했다. 이것이 역사의 냉엄한 현실이다. 무장이 없는 곳에 평화가 없고 총칼이 없는 곳에 안전이 없다. 이것이 세계사의 현실이다.

만일 세계의 170개 국가가 그 막대한 국방비를 사회개혁과 경제개발에 투입한다면, 인류는 머지않아 평화로운 민주복지 사회를 건설할 수 있을 것이다. 남한과 북한이 통일되어 그 많은 국방비를 사회경제개발에 쓴다면 우리는 머지않은 장래에 번영의 낙원을 건설할 수 있을 것이다. 지구상에는 아직도 오대악(五大惡)과 오대적(五大敵)이 존재한다. 첫째는 전쟁이요, 둘째는 압제요, 셋째는 빈곤이요, 넷째는 무지요, 다섯째는 질병이다. 이것은 인류의 공적(公敵)이요 공악(公惡)이다. 오대악 중 역시 으뜸가는 것이 전쟁이다. 전쟁은 인류의 최대 악이다. 전쟁의 신을 그리스 말로 아레스(Ares)라고 하고 라틴 말로 마르스(Mars)라고 한다. 전쟁의 신은 포악하고 잔인하여 유혈(流血)과 살육과 파괴를 일삼고 증오와 분노와 광기를 근본속성으로 삼는다. 전쟁의 신은 저주받아야 할 신이요, 파멸해야 할 신이다. 평화의 신을 그리스 말로 이레네(Irene)라고 하고, 라틴 말로 팍스(Pax)라고 한다. 평화의 신은 언제나 아름답다. 그래서 '평화는 가장 좋은 것이다(Pax optima rerun; peace is the best thing)'라고 하였다. 평화의 신은 평온하고 화목하고 온유하고 행복하다.

인류가 전쟁을 저주하고 평화를 갈구함에도 불구하고 세계도처에서 전쟁은 왜 일어나는가. 일찍이 71세의 노 철학자 칸트(Immanuel Kant, 1724~1804)는 프러시아와 프랑스공화국 간의 평화조약체결을 보고 크게 기뻐하며 영구평화론에 관한 조그마한 책을 썼다. 『영구평화를 위하여: 철학적 고찰(zum ewigen Frieden: Ein philosophischer Entwurf)』이라는 이 책은 세계 최고의 철학자가 쓴 것으로 대단히 유명하다. 칸트는 이 책에서 "인류의 역사는 전쟁이 없는 영구평화의 상태를 향하여 전진하고 있다. 이것은 단순한 공상적 이상은 아니다. 인류가 부단한 노력에 의하여 일보일보 접근해야 할 도덕적 이념이요, 실천적 과제"라고 말하고, 평화를 위한 구체적 방법론을 장상하게 제시한다. 그러면서도 칸트는 이 책을 그의 몽상곡(夢想曲)이라고 하였다.

평화의 길은 멀고도 어렵다. 인류의 영구평화는 도저히 실현될 수 없는 꿈인가. 아니면 실현될 수 있는 높은 이상인가. 전자의 견해를 주장하는 이도 적지 않다. "국가가 있는 곳에 전쟁은 끊이지 않는다"라는 영국의 정치가 버크(Edmond Burke, 1729~1792)의 말이 있고, "평화라는 것은 인간의 세계에는 존재하지 않는다. 평화라고 하는 것은 전쟁이 끝난 직후 또는 전쟁이 시작되기 전을 말하는데 지나지 않는다"라는 중국의 유명한 작가 노신(魯迅)의 말도 있으며 "세계에 국가의 복잡성이 존재하는 한 전쟁은 세계 역사가 끝날 때까지 계속 된다"는 영국의 시인 드라이덴(John Dryden, 1631~1700)의 말도 있다.

전쟁은 국가만이 수행할 수 있는 인간 최대의 행동이다. 개인은 전쟁을 할 수가 없다. 전쟁은 병력에 의한 국가상호 간의 전투행위다. 국가는 지상 최대의 권력집단이다. 국가의 절대의 최고 권력을 주권이라고 한다. 주권 이상의 힘은 이 세상에 존재하지 않는다. 국가는 이 주권을 가지고 모든 것을 지배한다. 영국의 사상가 홉스(Thomas Hobbes, 1588~1679)는 이러한 국가를 가리켜 리바이어던(Leviathan)이라고 하였다. 리바이어던은 바다에 사는 거대한 괴물이다. 국가는 리바이어던과 같은 무서운 힘을 가지고 그 일체를 지배한다. 국가는 최고의 주권을 갖기 때문에 오만하고 횡포가 심하고 독재를 한다. 그러므로 국가는 때때로 전쟁을 일으킨다. 국가는 2대 악덕에 지배되기 쉽다. 첫째는 집단적 이기주의요, 둘째는 집단적 폭력주의다. 국가는 자기의 이익을 위하여 폭력을 사용한다. 이러한 행동을 우리는 제국주의라고 한다.

제국주의는 폭력으로 다른 나라를 침략하고 지배하는 권력악(權力惡)이다. 이것이 세계평화를 위협하는 무서운 파괴력이다. 국가는 야누스처럼 두 개의 얼굴을 갖는다. 하나는 선의 얼굴이요, 또 하나는 악의 얼굴이다. 국가는 힘으로 국민의 생명과 재산과 자유와 권리를 보호한다. 이것은 국가의 선의 기능이다. 국가는 힘으로 다른 나라를 침략하고 지배한다. 이것은 국가의 악의 기능이다. 동서고금의 모든 강국이 악을 범하여 평화의 침략자가 되었다. 국가는 이성을 상실하고 양심이 마비되기 쉽다. 국가의 이러한 악을 제지하기 위하여 1920년에 국제연맹이 만들어지고 1945년에 국제연합이 창설되었지만 큰 실효를 거두지 못하였다. 우리가 진실로 세계평화를 원한다면 교육의 혁명을 일으켜야 한다. 그것은 평화교육이다. 평화교육이란 무엇이냐. 국제 간의 상호이해를 깊게 하고 세계평화를 촉진시키는 교육이다. 인류평화를 달성하기 위한 조건을 조성하고 평화의 사상과 정신을 심는 교육이다.

우리는 세계평화라는 원대한 이상을 가지고 교육내용을 대담하게 새로 개편하여 평화주의의 교육을 실시해야 한다. 어느 나라가 세계평화에 가장 많이 공헌하였는가. 어떤 인물이 인류평화에 크게 기여하였는가 어떤 사상과 제도가 세계의 평화건설에 많이 이바지하였는가를 가르쳐야 한다. 과거에는 애국의 영웅을 예찬하고 전쟁의 천재를 찬양하고 자기국가중심, 자기민족본위의 교육을 강조하였다.

이것은 평화교육에 조금도 도움이 되지 않는다. 앞으로 모든 나라는 세계와 인류의 평화건설을 근본기준으로 삼는 새로운 교육을 실시해 야한다. 평화교육을 하려면 먼저 교과서의 개편이 필요하다. 자기 나라 사람이 자기 나라의 역사책을 쓰지 말고 다른 나라 사람이 써야 한다. 그래야만 그 나라의 역사책을 공평하게 쓸 수 있다. 일본국사의 교과서는 한국 사람이 쓰고, 한국국사의 교과서는 일본 사람이 써야 한다. 독일의 국사책을 프랑스 사람이 집필하고, 프랑스의 국사책을 영국 사람이 집필해야 한다. 아랍의 역사는 이스라엘 사람이 쓰고, 이스라엘의 역사는 아랍 사람이 써야 한다. 그리해야만 편견과 아집과 독선과 국가적 이기주의에서 벗어나 이성적 입장에서 공평무사한 역사책을 쓸 수 있다. 그 나라 사람이 그 나라의 역사책을 쓰면 의식무의식리(意識無意識裡)에 편협하고 배타적인 애국심에 사로잡혀 옹졸한 이기주의에 빠지고 저마다 자기 나라가 제일이라고 생각하는 망상과 편견에 사로잡히기 쉽다.

일본인은 야마토다마시(大和魂)을 강조하고 중국인은 중화사상을 역설하고 영국인은 유니온 잭크의 우수성을 외치고 독일인은 도이취 란트 위버알레스(독일이 세계 최고)를 말하고 러시아는 슬라브주의를 과시하고 이스라엘은 하나님의 선민사상을 내세우고 미국은 미국제일주의를 제창한다. 저마다 자기 나라를 중시하고 다른 나라를 경시하는 폐쇄적이고 배타적인 국가적 이기주의를 강조하면 세계와 인류의 평화는 도저히 이루어질 수 없다. 우리는 편협한 애국심의 노예가 되지 말아야 한다. 우리는 옹색한 민족적 자만심에 빠지지 않아야 한다. 영국의 작가 버나드 쇼는 이렇게 외쳤다. "인류에서 애국심을 분쇄하지 않는 한 결코 평화세계는 실현되지 아니할 것이다." 참으로 일리가 있는 말이다. 여기서 말하는 애국심은 편협한 애국심을 의미한다. "세계가 나의 조국이다. 전 인류가 나의 형제다. 그리고 선한 일을 하는 것이 나의 종교다." 영국의 문인 토마스 페인의 말이다. 현대는 개방사회요, 현대인은 개방인이다. 이러한 개방적 정신과 넓은 마음을 가져야만 평화세계를 실현할 수 있다. 평화교육에서 가장 강조되어야 할 2대 원리가 있다. 첫째는 인류적 공생공영(共生共榮)의 원리요, 둘째는 비폭력의 원리다. 우리는 지구촌에서 같이 살아야 할 세계가족이요, 인류공동체의 형제자매요, 모두 하나님의 아들이요 딸이다. 이러한 의식과 감정을 심어주는 것이 평화교육의 목표이다.

우리는 비폭력주의를 배워야 한다. 인도의 위대한 평화주의자 간디는 이렇게 말했다. "폭력은 동물의 법칙이요, 비폭력은 인간의 법칙이다." 폭력은 쓰지 말라. 이것은 평화주의의 첫째 법칙이다. 비폭력은 평화교육의 기본신조다. 우리는 평화의 기술을 먼저 가르쳐야 한다. 어떻게 하면 우리는 개인 간에, 가족 간에, 단체 간에, 인종 간에, 국가 간에, 종교 간에, 계급 간에 평화롭게 살 수 있는지 그 지혜와 방법을 가르쳐야 한다. 인간과 동물은 생리적 구조부터 다르다. 동물은 생긴 모습부터 폭력적이다. 호랑이의 이빨, 사자의 발톱, 독사의 혀, 매의 눈, 황소의 뿔, 고슴도치의 피부, 독수리의 부리 등 모두가 폭력적이다. 그러나 인간은 그렇지 않다. 부드러운 피부, 아름다운 손, 매혹적인 눈동자, 우아한 몸매, 예쁜 얼굴 등 인간의 어느 부분을 보더라도 평화적이다. 폭력은 동물적이요, 동물적인 것은 폭력적이다. 인간은 비폭력적이요, 비폭력적인 것은 인간적이다. 신은 인간을 평화와 비폭력의 존재로 만들었다. 결코 투쟁과 폭력의 존재로 만들지 않았다.

앞으로의 세계교육은 평화교육을 해야 한다. 우리는 지식교육, 기술교육, 과학교육, 건강교육, 예술교육, 국사교육 등 여러 가지 교육을 하면서도 평화교육을 등한히 하였다. 세상에 무엇이 중요하다고 하여도 마음의 평화, 가정의 평화, 나라의 평화, 세계의 평화처럼 중요한 것은 없다. 모든 사람의 가슴속에 평화의 혼을 먼저 심어야 한다. 이것이 평화교육의 핵심이다.

2) 유교사상(儒敎思想)과 한국인

한국인은 평화를 사랑하는 국민이다. 평화사상은 한국사상의 기초를 이룬다. 우리의 평화사상은 어디서 오는가. 주로 유교사상에서 유래한다. 한국인은 누구를 막론하고 심정적으로 유교인이다. 우리의 사고와 행동, 생활과 성격의 근저(根柢: 사물의 밑바탕)에는 유교사상이 깊이 깔려 있다. 한국인에게 결정적인 영향을 미친 것은 유교사상이다. 우리는 인도 불교사상의 영향도 받았지만 불교사상은 유교사상만큼 우리에게 지대한 영향을 주지 못했다. 조선조 오백 년은 유교를 국교로 정하고 유교사상을 우리 교육의 기본, 정치의 기본, 도덕의 기본으로 삼았다. 우리는 오랫동안 삼강오륜의 윤리 속에서 살아왔다. 유교는 한국인의 성격형성과 생활예절과 사회도덕과 정치이데올로기에 실로 지대한 영향을 주었다.

봉건시대에 한국에는 사농공상의 제도가 있었고, 일본에도 사농공상의 제도가 있었다. 그러나 일본의 사(士: 선비 사)와 한국의 사는 근본적으로 다르다. 사는 그 당시 사회의 중추적 지도계급이었다. 일본의 사는 칼을 쓰는 무사의 사요, 한국의 사는 글을 배우는 선비의 사다. 일본의 무사도가 발달하고 한국은 선비도가 발달했다. 무사도는 일본의 자랑이요, 선비도는 한국의 자랑이다. 그 결과 일본은 칼과 힘을 숭상하는 상무국가(尙武國家)가 되었고, 한국은 글과 학문을 숭상하는 숭문국가(崇文國家)가 되었다. 숭문과 상무는 엄청난 차이다. 일본 남자의 이름을 보라. 모두 무사적 이름이다. 일본인의 이름에는 무(武), 역(力), 건(健), 강(剛), 웅(雄), 용(勇), 영(英) 등의 한자가 압도적으로 많다. 모두 남성적이고 힘을 상징하는 글자들이다.

일본은 사무라이의 나라다. 무는 일본인들의 성격의 기조를 이룬다. 일본이 명치유신 이후 아시아의 침략국가가 된 것은 결코 웅녀한 일이 아니다. 미국의 유명한 문화인류학자인 베네딕트(Ruth Benedict, 1887~1948) 여사가 일본을 상징하는 2대 요소로서 '칼과 국화'를 든 것은 깊은 통찰이다. 국화는 일본인의 자연애호를 나타내고 칼은 상무정신을 표현한다.

한국남성의 이름을 보라. 인(仁), 의(義), 도(道), 덕(德), 효(孝), 교(教), 신(信), 충(忠), 예(禮), 순(順), 성(聖) 등의 한자가 압도적으로 많다. 모두 평화적이고 도덕적인 정신을 표현하는 말이다. 이것은 유교사상의 영향이다. 일본인과 한국인은 이름을 짓는 것부터 다르다. 전자는 무에 가깝고 후자는 문에 가깝다. 또 하나의 예를 들면 서울시의 동(洞)과 이(里)의 이름자를 보라(모두 옛날에 지은 것이다). 효자동(孝子洞), 숭인동(崇仁洞), 흥인동(興仁洞) 등 모두 유교의 도덕사상과 평화사상을 강조한 것이다. 서울 장안의 사대문의 명칭을 보라. 동대문은 흥인지문(興仁之門)이요(인을 일으킨다), 서대문은 돈의문(敦義門)이요(의를 돈독하게 한다), 남대문은 숭례문(崇禮門)이요(예절을 숭상한다), 북대문은 홍지문(弘智門)이다(지혜를 넓힌다). 사대문의 명칭은 유교의 사대덕(四大德)인 인의예지(仁義禮智)를 나타낸 것이다.

이와 같이 우리가 의식하건 의식하지 않건 한국인의 사고방식, 행동방식, 인간관계, 생활윤리, 예절문화 등에는 유교적인 것이 깊이 배어 있다. 유교사상을 떠나서 한국을 생각할 수 없다. 한국인은 모두 심정적 유교인이다. 이것이 한국인의 본질을 이해하는 열쇠의 하나다. 유교는 오랫동안 한국인을 평화국민으로 만들었다. 평화사상의 시각에서 유교사상을 음미하기로 한다.

(1) 인간관에 관하여

동양과 서양은 이상적(理想的) 인간상(人間像)의 유형이 다르다. 서양인과 동양인은 인간관계부터 다르다. 서양의 이상적 인간상은 영웅(英雄)이요, 동양의 이상적 인간상은 성인(聖人)이다. 서양인은 영웅을 예찬하고 동양인은 성인을 숭배했다. 영웅과 성인은 근본정신이 다르다. 영웅은 힘이 뛰어난 자요, 성인은 덕이 뛰어난 자다. 영웅은 용기의 화신(化神)이요, 성인은 선의 화신이다. 서양의 신화에는 영웅에 관한 기사가 많고, 동양에는 동양은 성인에 관한 신화가 많다. 서양인은 알렉산더 대왕, 줄리어스 시저, 나폴레옹과 같은 영웅을 좋아한다. 서양문화의 정신적 원천인 그리스의 신화와 그리스의 고전인 ≪일리아드≫와 ≪오디세이≫를 보라. 영웅의 이름이 많이 등장한다. 아가멤논, 율리시스, 헤라클레스, 헤르메스, 아킬레스, 프로메테우스, 시지프스 등 모두 완력과 지략(智略)과 무용(武勇)에서 탁월한 영웅이다. 서양인은 힘을 예찬한다. 영국 경험론 철학의 시조 베이컨(Francis Bacon)의 과학과 기술과 기계에 의한 장녀지배사상, 영국의 사상가 칼라일(Thomas Carlyle)의 영웅숭배(hero-worship), 니체의 권력의지와 초인사상(超人思想) 등 모두 다 힘을 강조하는 사상이다. 서양인은 식사도구부터 동양인과 다르다. 우리는 젓가락과 숟가락을 사용하지만 서양인은 나이프와 포크, 칼과 창을 쓴다. 힘은 서양을 이해하는 기본개념의 하나다.

동양에도 힘을 강조하는 사상이 없는 것은 아니지만 영웅보다도 성인을 숭배한다. 인간의 이성이 무엇이냐. 선과 덕이 뛰어난 성인이 되는 것이다. 성인은 인류최고의 존재요, 만인의 사표요, 인간이 도달할 수 있는 가장 위대한 경지다. 학문에 뛰어난 사람은 학성(學聖)이요, 시에 뛰어난 사람은 시성(詩聖)이요, 음악에 뛰어난 사람은 악성(樂聖)이요, 글씨에 뛰어난 사람은 서성(書聖)이요, 바둑에 뛰어난 사람은 기성(棋聖)이다. 성(聖)이라는 글자의 구조는 뜻이 깊다. 이(耳)와 왕(王)을 합한 자이다. 남의 이야기를 듣고 입으로 말씀을 하는 데 있어서 가장 뛰어난 사람이란 뜻이다. 우리는 성(聖)을 인생의 목표로 삼고 살아야 한다. 유교는 성인의 본보기로서 요(堯)와 순(舜)과 우(禹)와 탕(湯)과 문왕(文王)과 주공(周公)과 공자(孔子)를 숭앙한다. 한국인의 이름자 가운데 요와 순과 우와 문과 주가 많은 것은 결코 우연한 일이 아니다. 학문을 하는 궁극의 목적이 무엇이냐. 성인이 되는데 있다. 성현의 말씀과 행동을 배워 성인과 같은 경지에 도달해야 한다. 이것이 유교의 학문관이다. 율곡 선생이 20세가 되던 해 봄에 강릉의 외조부가 계신 오죽헌으로 돌아와 스스로 경계하는 「자경문(自警文)」을 쓰고 자기수양의 본보기로 삼았다. 율곡의 「자경문」은 모두 십오조(十五條)로 되어 있고 제일조는 다음과 같다.

先須大其志 以聖人爲則 一豪不及聖人則 吾事未了
선수대기지 이성인위칙 일호불급성인칙 오사미료

풀이하면 "먼저 그 뜻을 크게 가져 성인을 표준으로 삼는다. 추호라도 성인의 경지에서 미치지 못하면 나의 할 일은 끝난 것이 아니다"라는 뜻이다. 학문의 목적을 성인에 둔 율곡의 크고 높은 뜻이 약동하고 있다. 참으로 위대한 입지다. 힘을 근본으로 삼는 서양의 영웅 숭배사상보다도 덕을 근본으로 하는 동양의 성인숭배사상이 훨씬 차원이 높은 것은 말할 필요도 없다. 성인은 평화의 완성자다. 평화의 최고경지에 도달한 사람이 성인이다.

(2) 정치관에 관하여
서양의 정치사상을 대표하는 것은 마키아벨리의 군주론이다. 마키

아벨리에 의하면 정치는 정치, 도덕은 도덕이다. 정치와 도덕은 차원이 서로 다르다. 나라를 다스리는 군주(君主: 임금)는 사자의 용기(勇氣)와 여우의 교활(狡猾)을 가지고 때로는 권모술수를 써야 한다. 동양에서 힘을 강조하고 술(術)과 수(數)를 역설하는 정치사상이 없었던 것은 아니다. 신불해(申不害)의 술치주의(術治主義)는 그 대표적인 예다. 그러나 동양의 정치사상의 주류는 어디까지나 왕도사상과 덕치주의다. 그 대표적인 사상가 맹자(孟子)다. 맹자는 이렇게 말했다(孟子 ≪公孫丑≫ 上).

以力假仁者霸
이력가인자패

以德行仁者王
이덕행인자왕

정치에는 왕도(王道)와 패도(霸道)가 있다. 왕도는 도덕정치요, 패도는 무력정치다. 무력으로 천하를 장악하고 겉으로 인자한 척 국민을 속이는 것은 패도정치다. 덕으로 인정(仁政)을 베풀어 나라를 다스리는 것이 왕도정치다. 왕도정치는 평화적 정치다. 유교는 내성외왕(內聖外王)의 원리를 강조한다. 나라의 통치자는 안으로 덕과 인격을 갈고 닦아 성인의 경지에 도달하고, 밖으로 제왕이 되어 선정을 베풀고 국리민복(國利民福)을 도모해야 한다. 내성(內聖)한 자가 외왕(外王)이 될 수 있다. 외왕이 되려면 내성의 경지에 도달해야 한다. 유교는 수기치인(修己治人)을 역설한다. 자기를 갈고 닦은 후에 남을 다스려야 한다. 수기가 안 된 사람은 치인을 할 자격이 없다. 치인에 앞서 먼저 수기에 힘써야 한다. 나를 다스릴 줄 모르는 사람이 어찌 남을 다스릴 수 있으랴. 유교는 제왕도(帝王道)의 근본으로서 왕도사상과 덕치주의를 강조하고 치인에 앞서 수기를 역설하고 외왕에 앞서 내성을 주장한다. 이것은 권모술수의 정치와는 거리가 멀다. 이 세상의 악 중에서 가장 무서운 것은 권력 악이요, 정치 악이다. 군주나 제왕이 국가의 주권을 악용하거나 오용하거나 남용할 때 온갖 부정과 부패와 독재의 악이 발생한다. 이것을 방지하려면 먼저 제왕과 군주가 덕과 인격을 갈고 닦아 통치자의 자질과 품격을 구비해야 한다.

그래서 플라톤은 ≪이상국가≫의 제7권과 제7서한에서 철인정치를 강조하면서 이렇게 말했다. "군주가 철학을 배우거나 철학자가 군주가 되어 정치적 권력과 철학적 지혜가 결합하지 않는 한 인류의 불행은 영원히 그치지 않을 것이다." 동서고금을 통하여 정치의 근본 문제의 하나는 권력의 독재와 부패와 횡포를 방지하는 것이다. 이것을 막으면 사회의 평화가 이루어지고 이것을 막지 못하면 사회의 평화는 이루어지지 않는다. 플라톤은 그러한 정치적 장치로서 철인정치를 강조했고 유교는 왕도사상과 덕치주의를 역설했다. 이것이 평화를 실현하는 길이다.

유교가 한국사회에 남겨놓은 가장 위대한 정신적 유산은 선비도다. 선비도는 한국유교의 정수요, 결정이요, 기념비다. 우리는 선비도를 오늘의 우리 사회에 살려야 한다. 선비도 정신의 정치를 하고 선비도 정신으로 기업을 하고, 선비도 정신으로 교육을 할 때 우리는 평화와 도의(道義)와 번영의 사회를 건설할 수 있다. 정몽주의 일편단심, 사육신의 절개, 생육신의 의기, 송시열의 충성, 조정암의 의리, 퇴계의 교육혼, 삼학사의 지조, 율곡의 경륜(經綸), 충무공의 순국, 유성룡의 살신성인, 민충정공의 의관, 안중근의 의열, 도산의 민족혼, 윤봉길의 의거, 의병의 항거 등 모두 다 한국선비도의 표현이요, 발로요, 개화요, 결실이다. 이것은 선비도의 뿌리에서 나온 희생이요, 봉사요, 헌신이요, 순국이요, 의기다.

조선조의 선비도는 세 가지 행동윤리를 갖는다. 첫째는 경리중의 사상(輕利衆意 思想)이다. 선비는 이(利)를 가볍게 보고 의(義)를 중하게 생각한다. 선비의 행동윤리는 이보다 의를 앞세우는 것이다. 이는 경제적 가치요, 의는 도덕적 가치다. 이와 의 중 어느 것을 선택해야 하느냐, 양자택일 앞에 설 때 선비는 이를 버리고 의를 취한다. 사리취의(捨利取義)는 선비의 행동신조다. 의는 선비의 가는 길이요, 선비의 자리요, 선비의 받드는 덕이다.

見利思義 見危授命
견리사의 견위수명

≪논어(論語)≫ 〈헌문〉 편에 나오는 공자의 명언이다. "이를 보면 의를 생각하고 나라가 위태로우면 목숨을 바쳐라." 의란 무엇이냐. 옳은 길이다. 사람이 사람으로서 해야 할 바른 도리이다. 의는 위대하다. 그래서 대의(大義)라고 하였다. 소아(小我)와 소리(小利)를 버리고 대아(大我)와 대의(大義)를 따르는 것이 선비다. 서울 남산의 안중근 의사 기념관 앞에 '견리사의 견위수명(見利思義 見危授命)'이라고 쓴 안 의사의 글씨가 큰 돌에 새겨져 있다. 안 의사가 순국하기 전에 여순(旅順) 감옥에서 쓴 글씨다. 그는 나라가 위태로운 것을 보고 살신성인의 정신으로 조국의 제단 앞에 용감하게 목숨을 바쳤다. 그것은 천고에 빛나는 의기다. 만고불멸의 애국혼이다. 우리는 여기서 선비도의 위대한 본보기를 본다.

둘째는 선공후사 사상(先公後私 思想)이다. 공을 사보다 앞세우는 것이 선공후사다. 이 세상에는 공과 사가 있다. 우리는 공과 사를 혼동하지 않아야 한다. 공과 사를 혼동하는 데서 악과 부정이 생긴다. 공은 공이요, 사는 사다. 사는 나요, 공은 우리다. 사는 작고 공은 크다. 공적 이익은 사적 이익보다 앞선다. 사리사욕에 사로잡히면 공과 의가 보이지 않는다. 사리(私利)의 노예가 되면 정의의 판단이 흐려진다. 선비는 언제나 사보다 공을 중시한다. 공은 큰 것이다. 그래서 대공심(大公心)이라고 하고, 대공정신(大公精神)이라고 한다. 사리사욕의 노예가 되지 말라. 사를 버리고 공과 정을 앞세워라. 이것이 선비의 행동윤리다.

끝으로 수양의 정신이다. 선비는 학문과 덕행이 높은 사람이다. 선비는 지조가 굳고 신의가 두텁다. 선비는 모든 사람의 사표(師表)가 되려고 부단히 자기를 갈고 닦고 다듬고 수련하고 절차탁마(切磋琢磨)하였다. 선비는 지혜를 담는 그릇, 용기를 담는 그릇, 덕을 담는 그릇, 의를 담는 그릇이 되기 위하여 부지런히 힘썼다. 누구나 선비가 될 수 있는 것이 아니다. 이보다 의를 중시하고, 사보다 공을 앞세우고 열심히 공부하고 수양하는 사람만이 선비가 될 수 있다. 오늘날 우리 사회의 가장 필요한 것은 선비도다. 선비는 나라의 빛이요, 민족의 혼이요, 사회의 양심이요, 땅의 소금이다. 우리는 선비정신을 현대에 다시 살려야 한다. 선비도의 재건이야말로 우리의 가장 중요한 정신적 과제다.

유교사상의 근본을 간결 명쾌하게 설명한 것은 사서(四書)의 하나인 ≪대학(大學)≫의 삼강령 팔조목(三綱領 八條目)이다. 유교의 근본목표는 평천하(平天下)다. 평화세계의 건설이다. 어떻게 하면 평화세계를 건설할 수 있느냐. 평천하하려면 치국(治國)해야 하고, 치국하려면 정심성의(正心誠意)해야 하고 정심성의하려면 격물치지(格物致知)해야 한다. 이것이 팔조목의 골자다. 이것을 현대적 개념으로 바꾸어 설명하면 평화세계를 건설하려면 국가관리를 잘해야 하고 국가관리를 잘하려면 가정관리를 잘해야 하고 가정관리를 잘하려면 자기관리를 잘해야 한다. 수신이 안 되면 제가가 안 되고, 제가가 안 되면 치국이 안 되고, 치국이 안 되면 평천하가 안 된다. 모든 것은 나에서부터 출발한다. 그러므로 평천하를 수신에서부터 풀어나가야 한다. 가장 큰 문제를 가장 적은 데서부터 가장 쉬운 데서부터 가장 가까운 데서부터 풀어나가자는 것이다. 내가 나부터 나 자신을 바로 일으켜 세워 자아확립을 하는 것이 평천하의 시작이요 평화세계를 건설하는 근본이다. 그래서 ≪대학(大學)≫ 경1장(經一章)에서 다음 같이 갈파했다.

自天子至於庶人 壹是皆修身爲本
자천자지어서인 일시개수신위본

"위로는 천자에서부터 밑으로는 서민에 이르기까지 자기를 갈고 닦는 것을 근본으로 삼는다." 우리는 무엇을 근본으로 삼고 무엇을 먼저 해야 하느냐. 그것은 수신이다. 우리의 급선무, 우리의 근본사업은 먼저 수기요, 자기완성이요, 자기 확립이요, 나의 인격혁명이요, 내가 나를 바로 일으켜 세우는 것이요, 내가 나를 사람다운 사람으로 만드는 것이다. 선비도의 재건, 이것은 한국유교의 기본과제인 동시에 우리 사회의 가장 중요한 정신적 숙제다.

(3) 도산 안창호의 평화사상

최근 백 년 동안에 우리나라에는 많은 지도자를 배출하였지만 그 중에서 가장 뛰어난 인물은 도산 안창호 선생이다. 도산의 인간관을 바로 파악하려면 다섯 가지의 시각에서 보아야 한다. 첫째는 육십 평생을 민족독립의 제단 앞에 바친 혁명적 정치가로서의 도산이요, 둘째는 인재양성과 민중교화에 심혈을 기울인 교육자로서의 도산이요, 셋째는 애국연설로 만인의 심금을 울렸던 웅변가로서의 도산이요, 넷째는 동포에게 고하는 글을 위시하여 독립사상과 사회경륜의 글을 쓴 문필가로서의 도산이요, 끝으로 민족의 진로와 올바른 가치관을 밝힌 사상가로서의 도산이다. 그는 뛰어난 선각자요, 만인의 스승이었다.

그의 말씀과 사상 중에서 평화사상을 중심으로 논술하기로 한다. "나는 인간을 가리키어 개조(改造)하는 동물이라고 하오." 이것은 도산의 인간관을 간결하게 요약한 말이다. 동물은 개조하는 능력이 없다. 그러므로 발전이 없고 향상이 없고 진보가 없다. 그러나 인간은 개조능력이 있기 때문에 정신의 향상이 있고 인격의 성장이 있고 사회발전이 있고 역사의 진보가 있다. "산다는 것은 개조하는 것이다. 개조가 없는 생활은 생활이 아니다." 그러면 무엇을 개조해야 하는가. 도산은 민족의 오대개조(五大改造)를 강조하였다. 첫째는 국토개조(國土改造)요, 둘째는 사회개조(社會改造)요, 셋째는 생활개조(生活改造)요, 넷째는 성격개조(性格改造)요, 다섯째는 정신개조(精神改造)다. 특히 도산이 강조한 것은 정신개조와 성격개조다. 새 나라를 만들려면 새 인격을 만들어야 하고, 새 인격을 만들려면, 새 정신을 일으켜야 한다. 새 나라, 새 사람, 새 인격, 새 정신이다. 그래서 우리의 인격혁명과 정신개조를 강조하였다.

우리의 인격을 개조하는 우리의 생각을 바꾸는 데서부터 모든 개조가 시작된다. '인격혁명'은 도산이 만년에 강조한 사상이다. 내가 내 인격을 개조하는 일이야말로 우리가 해야 할 가장 중요한 일이다. 인생의 첫째사업은 자기개조요, 인격형성이다. 도산은 이렇게 말했다. "나 하나의 건전한 인격을 만드는 것이 우리 민족을 건전케 하는 길이다." "모든 큰일은 가장 작은 거부터 시작하고 크게 어려운 일은 가장 쉬운 것에서부터 풀어야 한다." 그러면 어떤 인격을 만들어야 하는가. 도산은 우리가 만들어야 할 인격의 내용으로서 네 가지 요소를 들었다. 첫째는 무실(務實)이요, 둘째는 역행(力行)이요, 셋째는 충의(忠義)요, 넷째는 용감(勇敢)이다. 무실, 역행, 충의, 용감이라는 4대정신을 기본으로 하는 건전인격을 형성하는 것이 우리의 급선무다. 민족개조론은 자기개조에서부터 시작해야 한다. 나는 나를 개조할 수 있지만 남을 개조할 수는 없다. 그러므로 나부터 개조해야 한다. 한국 전체를 개조하려면 그 부분의 각 개인을 개조하여야 하겠고 각 개인을 다른 사람이 개조해주는 것이 아니라 자기가 자기를 개조하여야 한다. "천병만마(千兵輓馬)를 쳐 이기기는 오히려 쉬우나 내 습관을 개조하기는 어려운 일이니 우리는 이 일에 일생을 노력해야 한다." 민족개조의 시발점은 자기개조다.

특히 도산은 정신개조, 인격개조 중에서 사랑을 가장 강조하였다. 우리는 사랑의 인격을 만들고 사랑의 정신을 심어야 한다. 사랑이야 말로 평화의 근본이다. 도산의 평화사상은 사랑의 강조와 실천에서 가장 잘 나타난다. 사랑과 무저항주의를 강조한 도산의 말씀을 몇 가지 인용하기로 한다.

"그대는 나라를 사랑하는가. 그러면 먼저 그대가 건전한 인격이 되어라. 백성의 질고(疾苦=병고)를 어여삐 여기거든 그대가 먼저 의사가 되어라. 의사까지는 못되더라도 그대의 병부터 고쳐서 건전한 인격이 되라." "세상에 마음 놓고 믿는 동지가 있다는 것처럼 행복이 또 어디 있으리요." "너도 사랑을 공부하고 나도 사랑을 공부하자. 남자도 여자도 우리 이천 만이 다 사랑하기를 공부하자. 그래서 이천 만 한족(韓族)은 서로 사랑하는 민족이 되자." 서로 사랑하면 살고, 서로 싸우면 죽는다." "적어도 동포끼리만은 무저항주의를 쓰자. 때리면 맞고 욕하면 먹자. 동포끼리만은 악을 악으로 대하지 말고 오직 사랑하자." "나는 참으로 일본이 망하기를 원치 않고, 좋은 나라가 되기를 원한다. 대한 나라를 유린하는 것은 결코 일본의 이익이 아니 될 것이다. 원한 품은 이천 만을 억지로 국민 중에 포함하는 것보다 우정 있는 이천 만을 이웃 국민으로 두는 것이 일본의 득일 것이다. 그러므로 대한의 독립을 주장하는 것은 동양의 평화와 일본의 복리까지도 원하는 것이다." "만일 너도 한국을 사랑하고 나도 한국을 사랑할 것 같으면 너와 나와 우리가 다 합하여 한국을 개조하자. 교육과 종교도 개조하고 농업도 상업도 개조하고, 풍속과 습관도 개조하여야 한다. 의복, 음식, 거처도 개조하고, 도시와 농촌도 개조하고 우리의 강과 산도 개조해야 한다." "남더러 '합하지 않는다, 편당(偏黨)만 짓고 싸움만 한다'고 원망하고 꾸짖는 그 사람들만 다 모이어서 합동하더라도 몇 백만은 되리라." "대한사람은 대한사람의 말을 믿고 대한사람은 대한사람으로 더불어 합동하기를 즐거워할 것이다." "사회에 정의(情誼)가 있으면 화기(和氣)가 있고, 화기가 있으면 흥미가 있고, 흥미가 있으면 활동과 용기가 있다." "모진 돌이나 둥근 돌이나 다 쓰이는 장처(長處)가 있는 법이니, 다른 사람의 성격이 나와 같지 않다 하여 나무랄 것이 아니다." "내게 한 옳음이 있으면 남에게도 한 옳음이 있는 것을 인정하여서, 남의 의견이 나와 다르다 해서 그를 미워하는 편협한 일을 아니하면 세상에는 화평이 있을 것이다. 그런데 우리나라에서는 예로부터 나와 다른 의견을 용납하는 아량이 없고, 오직 저만 옳다 하므로 그 혹독한 당쟁이 생긴 것이다. 나도 잘못할 수 있는 동시에 남도 옳을 수 있는 것인데 내 뜻과 같지 않다 해서 이를 사문난적(斯文亂賊)이라고 해서 멸족(滅族)까지 하고야 마는 것이 이른바 사화(士禍)요, 당쟁(黨爭)이었으니 이 악습이 지금까지도 흐르고 있다.

그러므로 우리는 서로 사상의 자유, 언론의 자유를 인정하고 존중하면서, 비록 의견은 다르다 하더라도 우정과 존경에는 변함이 없음이 문명 국민의 본색일 것이다. 이리하여 우리나라 천만 가지 사상과 의견이 대립하더라도 우정과 민족적 습성만은 하나이니 사상의 대립은 서로 연마, 발달하는 자극이 될 수 있고, 서로의 존경과 애정은 민족통일의 묶은 실이 되어서 안으로는 아무러한 의견의 대립이 있더라도 외모(外侮)나 전

민족의 운명이 달린 일에 대해서는 혼연히 하나가 되어서 막아낼 수 있을 것이다"

"제 의견의 주장도 민족을 위함이거든 민족을 깨뜨려서까지 제 의견을 살릴 사람이 있겠는가. 그런데 사실은 그만 저라는 것에 눈이 어두워 민족이 아니 보이는 일도 있는 모양이니 가히 한탄할 일이다." "자손은 조상을 원망하고 후배는 선배를 원망하고 우리 민족의 불행의 책임을 자기 이외에 돌리려고 하니 대관절 당신은 왜 못하고 남만 책망하는가. 우리나라가 독립이 못되는 것이 다 나 때문이라고 하고 가슴을 두드리고 아프게 뉘우칠 생각은 왜 못하고 어찌하여 그 놈이 죽일 놈이요, 저 놈이 죽일 놈이라고 하고 가만히 앉아 있는가. 내가 죽일 놈이라고 왜들 깨닫지 못하는가." "우리나라를 망하게 한 것은 일본도 아니요, 이완용도 아니다. 우리나라를 망하게 한 책임자가 누구냐. 그것은 나 자신이다. 내가 왜 이완용으로 하여금 내 조국에 손톱을 박게 하였으며, 내가 왜 이완용으로 하여금 조국 팔기를 용서하였소? 그러므로 망국의 책임자는 곧 나 자신이외다."

필자는 사랑과 평화에 관한 도산의 글을 장황하게 인용하였다. 그의 글에는 애국의 충정이 스미어 있고 그의 문장에는 놀라운 설득력이 있고, 그의 언론에는 깊은 지혜가 있다. 그는 참으로 위대한 애국자요, 뛰어난 평화주의자였다. 도산이 쓴 친필 중에 '애기애타(愛己愛他)'라는 글이 있다. 이 네 글자는 도산의 인격과 정신과 사상을 가장 잘 표현한다. 자기를 사랑하고 남을 사랑하여라. 우리는 나의 생명을 사랑하는 동시에 남의 생명을 사랑하여야 한다. 스스로를 학대하고 남을 미워하는 사람이 세상에 얼마나 많은가. 애기애타에서 평화는 시작된다. 평화를 실현하려면 나를 사랑하는 동시에 남을 사랑해야 한다.

도산은 또 이렇게 말했다. "훈훈한 마음으로 빙그레 웃는 얼굴. 이 것이 우리 한국인이 가져야 할 얼굴표정이요, 마음표정이다. 저마다 봄바람처럼 훈훈한 마음을 가지고 남을 대할 때 빙그레 웃는 표정을 가져야 한다. 이것이 평화인의 얼굴이요, 평화인의 마음이다." 도산이 가장 강조한 말은 '사랑하기 공부'와 '정의돈수(情誼敦修)'다. 정의 돈수는 도산이 애지중지한 말이요, 그가 항상 역설한 것이다. 정의는 정(情)답고 의(誼)좋은 것이고, 돈수는 두텁게 닦는 것이다. 저마다 정답고 의좋기를 힘쓰는 것이 정의돈수다. 정의돈수를 쉬운 말로 표현하면 사랑하기 공부다. 우리 국민이 해야 할 공부가 여러 가지 있지만 그 중에서 가장 중요한 공부는 서로 사랑하기 공부다. 도산은 우리 국민에게 사랑하기 공부를 가장 역설하였다. 사랑하기 공부란 무엇이냐. 남의 생명을 아끼고 남의 자유를 존중하고 남의 의견을 이해하고 남의 개성을 존중하는 것이다. 인간관계에서 가장 중요한 것은 서로의 인격존중이다. 우리는 서로 남을 존중해야 한다. 이것이 평화로운 인간관계를 맺는 근본이요, 평화로운 사회를 건설하는 핵심이다. 상호멸시, 상호불신, 상호증오 할 때 평화로운 인간관계는 절대로 이루어지지 않는다.

이제 우리가 세계사의 중심무대에 우뚝 서서 크게 활동해야 할 도약과 번영의 때가 왔다. 국제무대에 당당하게 나서서 민족의 얼과 덕과 힘을 발휘할 웅비와 창조의 시대가 도래했다. 한국인아, 가슴을 펴라. 우리는 저마다 훈훈한 마음과 빙그레 웃는 얼굴을 가지고 세계 무대에 씩씩하게 나서서 인류의 평화를 위하여 활동하고 기여하고 공헌해야 한다. 이것이 역사가 한국인에게 부여한 고귀한 사명이다.

2. 한반도의 평화적 완전통일과 삼신일체사상

1) 외래조상숭배의 폐단과 역대국가의 멸망

외래조상(신)이란 유교·기독교(가톨릭, 개신교, 성공회, 정교회)·도교(일관도 곧 도덕협회)·창가학회·천리교·이슬람교 등 외래종교의 교조(敎祖)와 성인(聖人)의 신위(神位)와 동상(銅像) 곧 위패(位牌)를 지칭한다. 이를 지금까지 무심히 믿어왔으나 깊이 연구해 보면, 중대하고 엄청난 모순과 폐단을 지니고 있었다. 곧 외래조상(신) 숭배는 내 민족의 민족의식을 다른 민족에게 예속시키고, 내 민족의 본원종교(토속종교, 재래종교, 민족종교)를 부정하여, 국가부정·국적부정·국시부정·문화부정·주체사상부정 등의 원흉이었다. 이를 연구하는 것이 이 글의 목적이다.

우선 간단히 그 모순을 설명하면, 모든 종교(민족종교와 외래종교)는 교조(敎祖)와 성인(聖人)의 동상을 세우거나 위패를 모시고 거기에 배례하고 기도하면서 축문(祝文)과 경문(經文)을 읽고, 내 종교(민족종교와 외래종교)의 역사와 사상만을 가르치고, 노래하고 좌선한다. 정신을 오로지 교조(敎祖) 또는 성인(聖人)의 얼굴과 의식에 집중한다. 그러면 정신이 통일되고, 민족의식은 두 갈래로 나누어진다. 이를 민족종교와 외래종교로 나누어 정리하면, "민족종교의 역사교육과 사상교육(교리교육)+정신통일+민족종교의 국조숭배와 성인숭배=민족의식의 외국화(外國化) 내지 민족의식 부정(否定)"이라는 등식이 성립된다. 곧 조상숭배에 의해 의식이 애국자가 되기도 하고, 비애국자가 되기도 한다는 것이다.

여기에서 외래종교 가운데 가장 문제가 되었던 한국의 유교당국과 기독교당국의 교조숭배(敎祖崇拜)와 성인숭배(聖人崇拜), 곧 외래조상숭배가 정도(正道)인가? 위선(僞善)인가? 그 모순과 폐단 그리고 국가적 손실은 무엇인가? 외래조상숭배를 버려야 할 것인가? 묵인해야 할 것인가? 축출해야 할 것인가? 하는 문제에 대해 따져보기로 한다.

2) 외래조상숭배의 모순과 폐단

예를 들면, 한국인의 외래조상숭배 대상을 보면, 유교 측은 중국인의 공자(公子)·안자(顔子)·증자(曾子)·자사(子思)·맹자(孟子) 등 5성(五聖)과 공자의 제자 10철(哲), 공자의 제자 72현(賢), 주자(朱子) 등 송(宋)나라의 6현(賢), 한국인 주자학자 18현(賢)을 모시고 배례한다(유교와 유학의 다른 점은 뒤에 설명한다). 한국의 기독교 측은 이스라엘 인의 예수와 마리아에게 기도하면서 여호와 하느님을 부르고 아멘 한다. 그것이 정도(正道)인가? 위선(僞善)인가? 어떠한 모순과 폐단을 갖고 있느냐 하는 문제이다.

첫째, 한국인(어느 민족)이 남의 나라의 조상을 숭배함은 스스로 한국을 남의 나라(종주국)에 예속시키는 신앙행위이다.

예컨대, 한국인은 중국인의 공자와 맹자를 숭배하고, 이스라엘 인의 예수와 마리아를 숭배한다. 그것은 공자와 한국인, 예수와 한국인의 관계이며, 교조(敎祖)와 신자(信者), 스승과 제자의 관계이다. 그것은 주인(主人)과 하인(下人)의 관계와 같으며, 주인과 종업원의 관계와 같다. 곧 사제관계(師弟關係)이며, 주종관계이다. 사제관계와 주종관계(主從關係)는 종주국(宗主國)과 종속국(從屬國)의 관계와 같다. 종주국은 종속국에 대하여 종주권을 가진 본국 곧 중국(명나라)·로마·미국 등을 지칭하고, 종속국은 형식적으로 독립되어 있으나 종주국에 매어있는 속국, 곧 한국을 지칭한다. 종주국은 속국에 대해 지시 관리하며 보호할 의무를 지니고, 속국은 종주국의 지시와 감독을 받고 복종의 의무를 지닌다. 따라서 명나라는 근세조선에 대해 지시 감독했고, 임진왜란 때에 군대를 보내어 근세조선을 돕기도 하였다. 그것이 사제관계이며 주종관계이다. 곧 근세조선은 종교적으로 자유로운 나라가 아니라 사대모화국(事大慕華國)으로서 명나라의 속국, 곧 번국(藩國: 제후의 나라)이었으며 어용식민지(御用植民地)였다.

이를 현재의 한국에 적용하면, 로마와 한국, 미국과 한국은 사제관계이며, 주종관계이다. 근세조선이 명나라의 속국(屬國)이며 어용식민지였다면, 현재의 한국은 로마·미국의 종교적 정치적 준(準)속국이며 준(準)어용식민지라고 할 수 있다. 미국의 요청에 따라 한국에 미군기지(美軍基地)를 만들었고, 현재도 경기도 평택에 미군기지를 건설 중이며, 미국군대를 한국에 주둔시키고, 한국군대를 다른 나라에 파병하였다. 미국은 계획에 따라 한국을 좌지우지(左之右之)하는 것이다. 정신적으로 한국을 미국의 식민지로 만드는 것이다.

세계화와 국익주의, 시장경제와, 부익부 빈익빈의 빈부격차, 수십만인지 수백만인지 알 수 없는 길거리의 노숙자(露宿者)들, 그것이 모두 미국의 조정에 의한 것들이 아닌가? 가난했던 시대에 없었던 것들이다. 한국정부는 형식상 독립 정부이며, 미국의 준(準)어용정부이며 반(半)어용정부이고 반(半)꼭두각시가 아닌가? 그것을 부정할 수 있는가? 그것은 한국정부에 기독교인이 많고, 미국의 지시와 간섭에 따르며, 국가적 민족적 자주의식과 주체의식이 없기 때문이다. 그것이 외래조상숭배의 첫째 모순이며, 폐단이라 할 수 있다. 그래서 외래조상숭배를 버려야 한국이 산다는 것이다. 곧 모든 나라와 모든 민족은 외래조상숭배를 버려야 자주독립 국가가 된다는 것이다.

둘째, 한국인(어느 민족)이 남의 나라의 조상을 숭배함은 내 나라의 태고사와 토속신앙을 부정하는 주요 원인이다.

예컨대, 종교적으로 한국은 중국·로마·미국에 예속되고 있다. 그래서 한국 유교당국은 한국인에게 중국의 ≪한서(漢書)≫·≪후한서(後漢書)≫·≪사기(史記)≫ 등의 삼사(三史)와 ≪논어(論語)≫·≪맹자(孟子)≫·≪대학(大學)≫·≪중용(中庸)≫ 등의 사서오경(四書五經)만을 가르치면서 한국인의 환국사(桓國史)·배달국사(倍達國史)·고조선사(古朝鮮史) 등의 태고사(太古史)와 ≪천부경(天符經)≫·≪삼일신고(三一神誥)≫·≪참전계경(參佺戒經)≫ 등 한국사상을 가르치지 않았고, 도(道)·불(佛)·유(儒) 등 삼교일체(三敎一體)의 민족종교인 천교(天敎)를 인정하지 않는다. 환인·환웅·환검의 삼성(三聖)을 신화적인 가상 인물로 취급한다.

한국의 기독교 당국은 한국인에게 이스라엘의 역사와 사상(바이블)만을 가르치면서 한국인의 한국사와 한국사상을 가르치지 않는다. 곧 "한국인은 종교도, 철학도, 이상(理想)도, 꿈도 없는 하층인간이다. 그러므로 한국인은 한국정신을 버리고, 이스라엘 정신 곧 미국정신을 가지라"는 것이다.

그래서 한국인은 역사와 사상이 없는 더부살이 민족이 되고, 정조(正朝)·한식(寒食)·단오(端午)·추석(秋夕) 등 미풍양속이 모두 중국에서 전래된 것이라 주장하며, 유적과 유물은 시베리아 또는 서구(西歐)에서 유래된 것이라 가르치고 인식하며 자학한다. 한국인의 유교인과 한국의 기독교인은 법적으로 한국인이지만 종교적으로는 가짜 한국인, 가짜 중국인, 가짜 이스라엘인, 가짜 미국인이라는 것이다. 한국인의 신앙은 영육상치(靈肉相値) 신앙이며, 주객전도(主客顚倒) 신앙이다. 개인적 사적(私的)으로는 똘똘하고 주체적이지만, 전체적 민족적으로는 주인의식도 주체의식도 없다는 것이다. 그래서 선(善)과 악(惡), 정(正)과 사(邪)의 구별이 없는 사회가 되고 있는 것이다. 가치관의 혼동이며, 윤리도덕의 타락이다. 그래서 외래조상숭배를 버려야 제 나라가(한국이) 산다는 것이다.

다시 말하면, 어느 민족이나 어느 나라나 남의 나라의 조상숭배를 버려야 한다는 것이다. 그것이 외래조상숭배의 둘째 모순이며 폐단이다.

한국정부는 근세조선 시대에는 명나라에 충성을 다하는 명나라의 어용정부(御用政府)였으며, 일제강점기(日帝時代)에는 일본에 충성을 다하는 일본의 어용정부였다. 그렇다면 현재는 미국에 충성을 다하는 미국의 어용정부가 아닌가? 그것은 약자로서 어쩔 수 없다고 한다. 그러나 외국인이 볼 때, 한국정부는 미국에 의해서 왔다갔다하는 노리개이며 장난감이다. 국가적 민족적 주체의식이 없다는 것이다. 국민도 개인적으로는 주체적이지만 국가적으로는 주체의식이 없는 철부지라는 것이다. 그래서 국제적으로 무시당하게 되는 것이다.

되돌아보면, 단기 4252년(서기 1919년) 3월 1일 독립선언서 기독교인이 진정한 한국인이라면, 한국이 일본에 강제 점령됐을 때, 당연히 독립운동을 했어야 했다. 그러나 서기 1919년 3월 1일 독립선언 이후 유교인과 기독교인이 독립운동에 참여했었다는 기사를 한두 사람을 제외하면 거의 본 바 없다. 상해임시정부 요인 명단에도 유교인과 기독교인의 이름을 찾을 수 없었다. 유교인과 기독교인은 수치감도, 죄책감도 없는 것이다. 파렴치한 인간이 되고 있는 것이다. 그래서 어느 나라, 어느 민족이든 외래조상숭배를 버려야 제 나라(한국이) 산다는 것이다.

셋째, 한국인(어느 민족)의 외래조상숭배는 신토불이(身土不二)의 원칙위배로서 국가분열과 민족분열의 주요 원인이다.

신토불이를 의역(意譯)하면 정신과 육체가 둘이 아니라 하나이며(身土一體), 민족과 국토는 둘이 아니라(民土不二) 하나(民土一體)라는 뜻이다. 만약 신앙이 분열되거나 국기(國紀: 나라의 기강)가 해이되면, 국가는 민족과 국토로 분리되어 민족은 유랑민(流浪民)이 되고, 국토는 무주공산(無主空山)이 되거나 다른 나라에 예속하게 된다. 신토불이(身土不二)의 원칙위배는 국가분열과 민족분열의 주요원인이다. 그것이 외래조상숭배의 셋째 모순이며 폐단이다.

예컨대, 한반도의 남북분단이 그것을 의미하며, 위만조선이 낙랑(樂浪)·진번(眞番)·임둔(臨屯)·현토(懸吐)의 사군(四郡)을 한(漢)나라에 뺏기어 그것은 한사군(漢四郡)이라 한다. 그것은 신토불이(身土不二) 원칙위배를 의미한다.

넷째, 한국인(어느 민족)의 외래조상숭배는 천륜위배(天倫違背) 신앙으로써 윤리도덕 부정이다.

중국인은 중국인의 조상인 공자와 맹자를 숭배하고, 이스라엘 인은 이스라엘 인의 조상인 예수와 마리아를 숭배한다. 그것은 조손일체(祖孫一體)의 천륜이며, 자연의 순리에 맞는 신앙이다.

그러나 한국인은 공자와 맹자를 섬기고, 예수와 마리아를 섬긴다. 그것은 한국인이 중국인의 조상을 섬기는 것이며, 이스라엘 인의 조상을 섬기는 것이다. 곧 한국인은 남의 조상을 섬기는 것이다. 그것은 남의 부모와 남의 조상을 나의 부모와 나의 조상같이 섬기는 주객전도(主客顚倒) 신앙이며, 부모를 바꾸고 조상을 바꾸는 환부역조(換父易祖) 신앙이다. 그것은 자연의 순리에 맞지 않는 천륜위배(天倫違背) 신앙이다.

한국인의 외래조상숭배는 환부역조(換父易祖) 신앙으로서 국조부정(國祖不正)이며, 윤리도덕 파괴이다. 근세조선이 효치정치(孝治政治)를 했다지만, 그것은 양반사회에 국한한 정치이며, 서민(庶民)에 대해서는 이존기비(理尊氣卑) 이론에 따라 엄격한 신분제도와 족벌제도를 적용하고, 관존민비(官尊民卑)와 남존여비(男尊女卑) 그리고 양반(兩班)·중인(中人)·상인(常人)·천인(賤人)의 4계급으로 나누고, 천인을 칠반천역(七般賤役) 내지 팔반천역(八般賤役)으로 나누어 학대하였다. 그것은 윤리도덕 부정이며 천륜파괴이다. 그것이 외래조상숭배의 넷째 모순이며 폐단이다.

다섯째, 한국인(어느 민족)의 외래조상숭배는 국토진혼신의 권한을 스스로 포기하는 신앙행위이다.

한국인의 건물인 성균관과 향교에 중국의 공자와 맹자 등 100명에 가까운 중국인의 조상 위패가 안치돼 있다. 심지어 성균관과 향교의 경내에 공자상(孔子像)이 높이 세워져 있다. 그리고 교회의 경내와 묘지에도 이스라엘의 예수 상(像)과 마리아 상(像)이 세워져 있다. 그것은 모두 한국의 국토진혼신(國土鎭魂神)인 환웅천황신(神)과 단군왕검신(神)의 허락 없이 세운 것들이다. 그러므로 중국인의 공자와 맹자, 이스라엘의 예수와 마리아 등 외래조상숭배는 한국 국토진혼신의 권한을 침범하는 신앙행위이다. 한국인의 국가적 민족적 국시(國是: 국정 근본 방침)에 위배되는 신앙이다. 그것이 외래조상숭배의 다섯째, 모순이며 폐단이다.

여섯째, 한국인(어느 민족)의 외래조상숭배는 민족분열의 주요원인이다.

한 가족을 예로 들면, 할아버지는 유교를 신앙하고, 할머니는 불교를, 아버지는 개신교를, 어머니는 가톨릭을, 아들은 창가학회를, 딸은 이슬람교를 신앙한다고 가정하자. 이때 어느 한 사람이 죽었다고 가정하면, 장례식을 유교식으로 치러야 정도인가? 불교식으로 치러야 정도인가? 기독교식으로 치러야 정도인가? 하는 문제가 생긴다. 그와 같이 신앙이 다름으로써 국가와 사회도 무엇을 어떻게 하면 좋을지 모른다는 것이다. 기독교를 믿는 것이 정도인지. 불교를 믿는 것이 정도인지, 동으로 가야 할지, 서로 가야 할지, 남의 것을 믿어야 할지, 우리 것을 믿어야 할지. 철학도 종교도 없는 민족이 되고 있다는 것이다.

부모님이 생존해 계실 때에는 형제자매가 한 자리에 모이고 의론도 하고 즐기기도 했지만, 부모님들이 돌아가시어 안계시면 고아(孤兒)가 되고 뿔뿔이 헤어져 모이기 어렵다. 그와 같이 외래조상숭배는 민족을 하나로 뭉치지 못하게 하고 분열시킨다. 그것이 외래조상숭배의 여섯째 모순이며 폐단이다.

이상과 같이 외래조상숭배는 민족을 도탄에 빠지게 하고, 나라를 멸망시켰다. 그 주요원인을 간단히 정리하면 다음과 같다.

1) 어느 민족이 외래조상을 숭배함은 내 나라를 다른 나라에 예속시키는 것이다.

2) 어느 민족이 외래조상을 숭배함은 내 나라의 역사와 자생종교(토속종교)를 부정하는 것이다.

3) 어느 민족이 외래조상을 숭배함은 국조부정(國祖不正) 내지 국시위반(國是違反)이다.

4) 어느 민족이 외래종상을 숭배함은 민족부정 내지 민족정신 부정이다.

5) 어느 민족이 외래조상을 숭배함은 주체의식 부정 내지 주인의식 부정이다.

곧 어느 민족(한국인)이 외래조상을 숭배함은 내 민족과 내 나라의 전통에 맞지 않는 다른 민족의 사상과 종교를 신앙으로서 결국 나라까지 멸망시켰다는 것이다.

3) 고구려·신라·고려·근세조선의 멸망

이상의 이론이 정당하고, 거기에 모순이 없다면, 그것을 증명할 수 있느냐 하는 문제이다. 우리나라는 서기 372년, 고구려 소수림왕 2년에 인도의 불교를 받아들였다. 중국은 우리나라와 인접해 있으므로 그 종교인 유교는 인도불교(印度佛敎) 전래 이전에 전래되었다고 단정해도 모순이 없다고 생각한다. 그 후 우리 민족은 서서히 외래사상에 물들게 되었고, 역대왕조의 멸망이 외래종교 신앙과 무관하다고 할 수 없다. 이를 생각하면, 이상의 이론이 정당하다는 것을 알 수 있을 것이다.

첫째, 대국인 고구려가 소국인 신라에게 멸망하게 되었던 주요원인은 외래종교인 오두미교(五斗米敎, 도교의 일종)를 지나치게 장려하고, 이를 신앙한 데에 있었다.

고구려는 고유사상(예컨대, 조의선인皂衣先人)과 불교 및 유교의 균형에 의해 700년의 역사를 지탱해왔다. 그러나 그 말엽 제27대 영류왕 7년(624)에 당(唐)나라로부터 천존상, 노자상(天尊像, 老子像)과 도법(道法)을 들여오고, 제28대 보장왕 2년(643)에는 도사(道士) 8명과 ≪도덕경(道德經)≫을 들여옴으로 왕은 기뻐하여 절[寺]을 빼앗고, 그들을 머물게 하였다고 ≪삼국사기(三國史記)≫는 전한다. 그 후 조정은 전국적으로 도관(道觀)을 세우고 도사를 관리에 우선 임용하는 등 오두미교(五斗米敎)를 적극 장려함으로써 집집마다 ≪도덕경≫을 소지할 정도에 이르렀다. 반면에 불교에 대해서는 오히려 핍박하였다. 이에 따라 백성들은 도관으로 몰리게 되었고, 불교신자는 줄어들어 법당이 텅텅 비게 되는 동시에 불교계의 지도적 스님인 보덕화상(寶德和尙)마저 참다못해 고구려를 떠나 남쪽의 완산주(完山州), 지금의 전주지방으로 떠나버렸다. 그 후 얼마 없어 나당(羅唐) 연합군이 고구려를 침략하였다.

이러한 국가적 위기를 당해서 고구려 백성들은 어떻게 하였던가? 종교인들은 대체로 국가와 민족보다도 신앙을 더욱 소중히 여긴다. 따라서 당(唐)나라의 오두미교 신자가 된 고구려 백성의 입장에서 오두미교 국가인 당(唐)의 왕실은 신앙의 본산이 되고, 당군(唐軍)은 신앙의 조국군대가 된다. 그래서 고구려 백성들은 당군의 침략을 신앙의 조국군대가 입성한다 하여 저항하기는커녕 오히려 협조적이었고, 불교도 또한 조정에 대한 반감에서 비협조적이었다. 하나의 예를 들면, 연개소문(淵蓋蘇文)의 장남 남생(男生)은 오두미교를 신앙하고, 차남 남건(男建)은 불교를 믿어 형제 사이에 신앙이 다름으로서 서로 불신하고 권력투쟁 끝에 남생이 막리지의 직(職)을 동생 남건에게 뺏기게 되자 적군인 당군(唐軍)에 가담하여 제 나라를 공격하였다. 그래서 나당(羅唐) 연합군은 피를 흘리지 않고 무저항 속에서 고구려를 쉽게 정복했던 것이며, 고구려는 멸망하게 되었다. 다시 말하면, 고구려 멸망의 주요원인은 다른 데도 있었지만 사상적인 측면에서는 외래종교인 오두미교를 수입하여 이를 지나치게 장려하고 신앙함으로써 민족정기를 해이시켜 외국화시킨 데에 있었다고 할 수 있다.

둘째, 신라가 쇠약하게 된 주요원인은 외래종교인 유교(儒敎)를 고유종교보다 더욱 중요시한 데에 있었다.

신라는 고유사상인 화랑도 숭천교(崇天敎)에 의해 지탱해왔다. 그러나 제28대 진덕여왕 때(650)에 당(唐)나라 고종의 영휘(永徽) 연호를 쓰기 시작하였으며, 삼국을 통일한 후, 당(唐)나라의 학제를 받아들여 제31대 신문왕 2년(682)에 당나라 식 국학(國學)을 세웠으며, 제33대 성덕왕 16년(717)에는 공자(孔子)·십철(十哲)·칠십이(七十二) 제자의 화상(畫像)을 당으로부터 수입하여 교학(敎學)의 사표로 삼았고, 제38대 원성왕 4년(788)에 지혜와 덕망과 무술로써 인재를 선발하던 고유의 제도를 고쳐, 당나라 식 문과제도를 설치하였다.

이에 따라 중국의 삼사(三史)와 사서오경(四書五經)과 제자백가서(諸子百家書)에 통한 사람을 특별 채용하는 등 무술을 경시하는 문약한 유학출신을 더욱 우대해 국가의 요직에 기용함으로써 국풍파(國風派)

와 유학파(儒學派) 사이에 갈등이 생기고, 문약한 유학파가 우세하면서 신라는 쇠퇴의 길을 걷게 되었다.

셋째, 고려 멸망의 주요원인은 외래종교인 불교도의 타락과 외래종교 세력인 주자학파의 쿠데타에 있었다.

고구려는 왕건태조 건국 이래 그 초엽에는 화랑파와 불교와 유교 등 삼교일체(三敎一體)의 기반 위에 운영되어 왔다. 그러던 것이 중엽 이후에는 왕실이 유교 쪽으로 더욱 기울게 되면서 서경(西京) 천도를 주장하는 묘청(妙淸)과 정지상(鄭知常) 등 국풍파를 타도한 유학파가 더욱 득세하여 안일과 방종에 빠지게 되자 무신반란(武臣反亂)이 일어나 고려는 쇠퇴의 길을 걷게 되었다. 드디어는 몽고의 지배와 간섭을 받게 되면서 문물제도와 관행이 몽고식으로 변질되었고, 불교마저 몽고식으로 강요받게 되었다.

이로 인해 불교계마저 부패하게 되고, 민족의식이 자주성을 잃어 국민도덕이 타락하게 되자, 이를 바로 세우기 위해 외래사상인 주자학(朱子學)을 원(元)나라의 연경(북경)으로부터 수입하고 장려한 것이 주자학파의 득세를 가져왔다. 여기에서 신진무장 이성계(李成桂)를 앞세운 정도전(鄭道傳) 이하 외래의 주자학파 일당들이 실지(失地: 고조선과 고구려의 잃어버린 옛 영토) 회복의 좋은 기회를 포기하면서 압록강의 위화도(威化島)에서 반란을 일으켜 제 나라의 조정을 무너뜨렸다. 이래서 고려는 망하게 되었다. 따라서 고려조정이 멸망하게 된 주요원인은 외래종교인 불교도의 타락과 주자학자의 쿠데타에 있었다.

넷째, 근세조선 멸망의 주요원인은 외래사상인 주자학(朱子學), 곧 유교신앙 일변도에 있었다.

근세조선은 건국 초부터 외래사상인 주자학을 정치·종교·교육·문화 등 전 분야에 걸쳐 그 기반으로 하였고, 주자학 외의 종교나 사상, 예컨대 불교와 도교 심지어 내 민족의 신앙까지도 이를 모두 이단으로 몰아 붙였다. 이에 따라 명(明) 나라의 문물제도를 무조건 받아들임과 동시에 명나라의 연호(年號)를 사용하였고, 세자(世子)의 책봉(冊封)도 자청하여 명나라의 양해를 구하였다. 조정에서는 물론 교육기관에서도 사당(祠堂)을 지어 거기에 명나라의 공자와 맹자 등 명나라의 위인(偉人) 백여 명을 모시어 숭배하면서도, 자기민족의 삼성(三聖)인 환인(桓因)·환웅(桓雄)·환검(桓儉)은 평양의 구월산(九月山)에 방치하여 모시지 아니하였다. 향교나 성균관의 교과(教科)와 국가고시(國家考試)인 과거(科擧)의 시험과목도 모두 지나(중국의 다른 이름) 족의 역사인 ≪사기≫·≪한서≫·≪후한서≫ 등의 삼사(三史)와 ≪논어≫·≪맹자≫·≪대학≫·≪중용≫의 사서(四書) 그리고 ≪주역≫·≪시경≫·≪서경≫·≪예기≫·≪춘추≫의 오경(五經)과 그밖에 제자백가서(諸子百家書) 등이었고, 거기에서 제 민족의 역사와 사상과 종교에 애한 과목을 전혀 찾아볼 수 없었다. 사회의 일반 제례도 오례의(五禮儀)와 주자가례(朱子家禮)에 의하여 지나 식으로 변질되었다. 정치와 종교와 교육과 사회제도가 그러므로 정치적 사회적으로 출세하기 위해서는 지나 족의 역사와 사상과 종교를 알아야 하였고, 제 민족의 그것은 알 필요가 없게 되었다. 또한 가르치지도 아니하였다.

따라서 근세조선의 주자학자들은 제 민족의 역사와 사상과 종교에 대하여 전혀 무식하게 되었다. 일반 학풍이 그러하므로 거기에서 어떻게 참다운 민족애와 민족의 식이 나고 자랄 수 있으며, 가짜 한국 사람을 만들 수밖에 없었으니, 주자학자들은 겉모양은 한국 사람이면서, 정신은 명(明)나라 사람이 되고 있었다. 그러므로 써 주자학의 이존기비(理尊氣卑) 이론을 국가에 적용시켜 지나를 대국(大國)·부국(父國)·중화(中華)·중국[中國은 원래 국명이 아니었다. 전에는 청(淸)·명·명(明)·당(唐)·수(隋)였다]이라 높이는 반면, 제 나라를 스스로 소국(小國)·자국(子國)·이적(夷狄)이라 멸시하였다.

또한 제 민족에 적용시켜 관존민비(官尊民卑)·남존여비(男尊女卑)의 신분차별제도를 만들어내어 제 민족을 양반(兩班)·중인(中人)·상인(常人)·천인(賤人)의 네 계급으로 나누었는가 하면, 다시 천인을 칠반천역(七般賤役), 팔반사천(八般私賤)으로 나누어 서민들로부터 갖은 수탈을 다하였다. 이러한 차별대우 밑에서 아무리 윤리도덕을 가르친다 해도 서민으로서 어떻게 조정에 대해 충성심을 지닐 수 있으며, 양반 계급에 대해 원한이 없었겠는가? 그래서 민란(民亂)이 자주 일어났는가 하면, 동학혁명이 전국적으로 일어나, 청군(淸軍)과 일군(日軍)이 개입하면서 근세조선이 멸망하게 되었던 것이 아닌가?

다시 말하면, 외래사상인 주자학이 국민도덕을 진작시키기도 하였고, 외침을 당했을 때나 서구세력이 말려올 때, 위정척사(衛正斥邪)를 내세워 국권을 수호한 공로도 있지만, 제 민족임에도 불구하고 서민에게는 오랑캐 대하듯 함으로써 서민들의 조정에 대한 충성심과 국가에 대한 애국심을 부정한 데 있었다고 할 수 있다.

이상과 같이 외래종교가 우세해지거나 극성하게 될 때, 독선적 배타적으로 흘렀고, 동포의식이 해이해지면서 제 나라의 조정을 무너뜨렸거나, 국가가 멸망하게 되었다.

4) 외래조상숭배에 의한 국가적 민족적 손실

다음은 유교와 기독교 등 외래종교인들이 우리 민족의 태고사와 본원종교(민족종교)를 인정하지 않고, 부정함으로써 가져온 손실의 예이다.

1) 배달국과 단군조선의 역사를 인정하지 않음으로써 그 영토인 중원(中原)·만주·몽고·연해주와 그 민족을 잃어버렸다. 더욱이 간도(間島)는

지금도 거기에 조선족(한국인)이 많이 살고 있는데, 이 땅을 우리의 땅이라고 강력히 주장하지 못한다.

2) 외래종교인들이 환인·환웅·환검을 부정함으로써 태고사를 잃어버렸다.

3) 환단고기·단기고사·규원사화 등을 인정하지 않고, 천부경·삼신신고·참전계경과 천지인 일체의 본원사상을 부정함으로써 사상과 철학이 없는 민족이 되고 있다.

4) 고구려·신라·고려, 특히 근세조선의 멸망은 외래종교인들의 소산이다.

5) 북한의 고고학적 발굴과 평양의 단군릉을 인정하지 않고 있다.

6) 중국의 동북공정을 강력히 부정하지 않는다는 점.

7) 근세조선 때, 유교당국은 불교탄압, 불찰방화, 불상파괴를 공공연히 자행했고, 최근에는 기독교인이 불찰방화, 불상파괴, 단군좌상 파괴를 자행했다는 사실.

8) 대한민국 헌법전문과 각 정당의 당헌에 우리 민족의 상고사와 남북통일에 관한 내용이 없다는 것.

9) 환웅천황의 선천개벽(先天開闢) 기념행사인 10월 3일의 개천절을 인정하지 않음으로써 고대의 천문학·의술·미풍양속이 모두 중국에서 전래된 것이라 믿는 오류.

10) 우리 민족의 고유한 추석·단오·한식 등 미풍양속(美風良俗)과 기일제사(忌日祭祀)를 중국에 전래된 것이라고 믿는 오류.

11) 남한과 북한은 혈통·역사·문화·언어·인종이 같은 동포일체(同胞一體) 관계인데, 남한은 북한을 동포 또는 민족이라 호칭하는 사람이 드물다는 점.

12) 외래종교 정치인이 집권한 경우, 외래종교인이 주인이 되고, 일반서민은 손님이 된다. 따라서 일반서민의 정치비판을 정권에 대한 도전으로 간주하여 반정부운동 내지 테러로 취급하게 된다는 점.

5) 외래조상의 위패와 동상

축출대상인 동상(銅像)과 위패(位牌)는 다음과 같다.

첫째, 서울시 종로구 숭인동 238번지에 있는 관왕묘(廟)와 관왕상(像)(관우상).

둘째, 서울시 중구 예장동 산 5번지(남산)에 있는 와룡묘(廟)와 와룡상(像)(제갈량상).

셋째, 유교의 성균관과 향교에 있는 공자상(像)과 111개의 신위(위패).

넷째, 기독교의 교당과 묘지의 예수상과 마리아상 그리고 십자가상(十字架像).

다섯째, 기타 외래종교의 교조 동상과 위패 등이다.

6) 외래종교인의 이의(異義)와 해명

이상의 주장에 대해 기독교인들과 유교인들은 굉장히 반발할 것이다. 그 이유는 본 주장이 신앙의 자유에 위배된다는 문제와 기독교가 문화발전에 기여했다는 것, 불교도의 석가세존 숭배와 아미타불 숭배의 문제, 공자를 부정하면 윤리도덕을 어떻게 가르치느냐 하는 문제 등 이의(異義)를 제기할 것이다. 거기에 대해 설명한다.

1) 자유는 자연적이어야 한다. 그러나 도교의 교조(敎祖) 노자(老子)와 관왕(關王) 숭배 그리고 유교의 교조(敎祖) 공자와 맹자 등 5성, 10철, 72 제자 숭배는 당(唐)나라의 교사(敎唆)에 의해 전래된 것이며, 관왕묘와 와룡묘는 임진왜란 때에 전략상 수입된 것들이다. 기독교의 예수와 마리아 숭배는 서방과 기독교 측의 전도에 의해 비롯된 것들이다. 자연적으로 전래된 것이 아니다.

2) 기독교 당국은 미국과 유럽의 발전을 기독교의 공로라고 선전한다. 그 래서 기독교를 폄하할 수 있느냐 하고 반발할 것이다.

　기독교는 여호와와 바이블에 어긋나면 무조건 부정하고 파괴한다. 그래서 그리스의 과학과 철학을 부정하여 중세를 암흑세계로 만들었다. 그 후 르네상스 운동이 일어나 구라파와 미국이 발전하고, 더욱이 1914년 제1차 세계대전이 발발하자 미국이 과학자들을 마구 기용하고 우대함으로써 현재와 같은 미국이 된 것이다. 기독교의 공로가 아닌 것이다. 기독교로 나라가 발전하고 부강하게 됐다면 기독교 국가인 필리핀과 아프리카가 부유한 나라가 됐어야 한다. 그러나 이들 나라는 지금도 가난하다. 나라의 부강과 기독교는 무관한 것이다.

3) 석가씨보(釋迦氏譜)에 의하면, 불교의 교조(敎祖) 석가세존은 단군족(檀君族)이며, 인도인(印度人)이 아니다. 필자의 연구에 의하면, 아미타불은 아비·어미·타라니(어려움을 타파하는 사람, 곧 임금을 의미함)·붉다(밝다)의 합성어(合成語)로서 환웅천황을 태고시대의 언어로 표현한 박가범(薄伽梵), 곧 석가세존과 아미타불은 한국인이면서 세계적 인류의 스승이시었다.

4) 공자와 맹자 등 5성과 공자의 제자 10철, 공자의 제자 72현 등 중국조상을 부정하면, 논어·맹자·대학·중용 등 윤리도덕을 어떻게 가르치느냐 하고 반문할 것이다. 여기에서 중국조상 숭배와 유교와 유학이 다른 점을 설명한다.

공자와 맹자 등 5성과 10철, 72현은 중국인의 조상이며, 중국인의 숭배대상이다. 한국인 개인에게는 존경과 숭배의 대상이 될 수 있다. 그러나 국가적 민족적으로는 조상도 아니며, 숭배의 대상도 될 수 없다.

유교는 중국인의 조상·역사·사상의 합일(合一)인 신앙을 지칭한다.

유학은 논어·맹자·대학·중용 등 사서오경을 가르치고 비판하는 학문이다. 곧 유교가 신앙이라면, 유학은 학문이다. 유교가 주관적이라면, 유학은 객관적이다. 유교가 맹목적이라면, 유학은 비판적이다.

이 글은 유교를 거부하는 것이며, 유학을 거부하는 것은 아니다. 중국조상에 대한 국가적 민족적 숭배를 거부하는 것이며, 공맹의 가르침인 논어·맹자·대학·중용을 부정하는 것은 아니다. 이 점을 이해해야 한다.

또한 유교인은 "공자는 동이족이다" 하면서 이의를 제기할 것이다. 동이족의 문제가 아니라 국적이 문제이다. 공자는 중국 노(魯)나라 사람이다. 한국 사람이 아닌 것이다.

7) 자연의 순리에 의한 평화적 해결

(1) 자연의 순리에 의한 평화적 해결

전술한 바, 외래조상숭배는 엄청난 모순과 폐단, 국가적 민족적 손실과 국가의 멸망까지 가져왔다. 이를 생각하면, 강제력을 쓰더라도 외래조상숭배를 타파하고 강제축출을 명하고 싶은 심정이다. 그러나 몇 백 년 또는 천수백 년 이상을 참아온 것을 어찌 강제로 축출할 수 있겠는가? 자연의 순리에 의해 그 해법을 찾아보자.

인간은 나 혼자만이 사는 것이 아니라, 가정·이웃·민족·인류와 더불어 국가사회를 이루고 거기에서 태어나며, 그 속에서 생활한다. 그러므로 신앙은 자유라 하더라도 가정·이웃·국가·인류가 인정하는 범위 내에서 자유이다.

사람의 육체에 오장·육부가 있고, 거기에 따른 지령(地靈, 지기地氣)이 있다. 오장육부는 각각 자율신경을 지니어 제 역할을 다하고, 다른 기관(器官)의 역할에 간여하지 않는다. 예컨대, 간(肝)은 간의 자율신경을 지니어 간의 역할만을 다하고 폐(肺)의 역할에 간여하지 않으며, 폐(肺)는 폐의 자율신경을 지니어 폐의 역할만을 다하고 간의 역할에 간여하지 않는다. 그것은 자연의 순리이며 정도(正道)이다.

그와 같이 오대양·육대주의 어느 나라든 제 나라의 신앙이 있고, 제 나라의 역사와 문화가 있다. 그것을 서로 존중하고 지키며, 준수하는 것이 자연의 순리이며, 정도(正道)인 것이다. 그것을 어기면, 그것은 다른 나라의 역사와 문화와 신앙에 대한 간섭이며, 자연의 순리 위반이다. 이러한 원칙에 따라 아래와 같이 외래종교를 신앙하는 한국인과 다른 민족도 외래종교 신앙을 버려야 한다고 제언한다.

〈1〉 한국인이 공자와 맹자, 예수와 마리아, 노자와 관왕(관우), 마호메트, 천조대신(일본의 천황)을 숭배함은 외래조상숭배이며 자연의 순리위반이다. 그러므로 그것을 버려야 한다.

더욱이 대통령과 각부 장관과 국무위원들은 외래조상숭배를 버려야 한다. 위정자들이 외래조상을 숭배를 버려야 한다. 외래조상을 숭배하는 한 종교적으로 한국인이라 할 수 없다. 가짜 한국인이며, 가짜 미국인이며, 가짜 이스라엘 인인 것이다. 그러므로 위정자들은 외래조상숭배를 버려야 한다. 그래야 진정한 한국인이 되는 것이다. 만약 외래조상을 숭배하는 위정자들이 한국정치를 계속 한다면, 그 정치인은 불행하고, 한국의 장래는 그리 맑다고 할 수 없다. 마치 주자학 자들이 근세조선을 일본에 식민지로 넘겨주었듯이 기독교 정부가 그리될 것이 아닌가 하고 걱정스럽다.

〈2〉 새는 날고, 물고기는 헤엄친다. 만물은 제정신을 지니고, 제 민족의 종교를 신앙해야 한다. 그것이 정도이며, 자연의 순리다. 한국인의 본원종교는 천지인(天地人)일체주의의 천교이다. 현재로서는 대종교(大倧敎)이며 천도교(天道敎) 등 민족종교이다. 한국인이라면 민족종교를 신앙하는 것이 자연의 순리이며, 정도이다.

그러나 한국인은 한국인이면서 유교, 기독교, 도교(일관도), 창가학회, 천리교, 이슬람교 등 외래종교를 신앙한다. 그것은 장녀의 순리 위반이다. 따라서 한국인은 이들 외래종교 신앙을 버려야 한다. 한국인은 한국정신을 지녀야 한다. 그것이 정도이다.

〈3〉 나를 낳고 키워주고 교육시켜 준 부모와 조상은 아무리 무식하고 빈천(貧賤)하더라도 자손 대대에 이르도록 모셔야 한다. 그것은 천륜(天倫)이기 때문이다.

그러나 나를 키워주고 교육시켜준 양부모(養父母)는 은인으로서 내 당대에는 모실 수 있지만 손자에 이르러서는 모실 수 없을 것이다. 그것은 가변적인 인륜(人倫)이기 때문이다.

그와 같이 외래종교 신앙은 양부모처럼 가변적인 것이다. 그러므로 안타깝지만 외래종교 신앙을 버려야 한다. 기독교의 교리가 아무리 훌륭하더라도, 남의 나라와 사회를 혼란시키고 있으며, 부정부패와 사회악의 근본원인이라면, 반드시 기독교를 신앙해야 할 이유가 없는 것이다. 예수의 십자가를 땅에 묻어버려야 한다는 보도를 본 바 있으나(《해외종교》, 2003년 6월 4일, 제1363호), 기독교의 상징인 십자가에 문제가 있는 것은 아니다. 이스라엘 인 외의 다른 민족이 기독교를 신앙하는 데에 문제가 있는 것이다. 그러므로 다른 민족으로서 기독교 신앙을 버리라는 것이다. 자연의 순리에 순응하는 것이다.

〈4〉 한국인이 기독교와 이슬람교를 신앙함은 동양인이 서양종교를 신앙하는 것이며, 농경민족이 유목민족의 종교를 신앙하는 것이다. 그것은 장녀의 순리 위반이다. 그러므로 한국인 특히 위정자는 기독교와 이슬람교 신앙을 버려야 한다. 그것이 장녀의 순리에 맞는 것이다.

〈5〉 한국은 정치적 법률적 자주독립 국가이며, 한국인은 독립국가의 시민이다. 그러므로 만약 한국인 내지 한국정부가 로마와 미국, 영국과 아랍, 중국과 일본의 지시와 간섭을 거부하지 않고, 무조건 따른다면, 그것은 스스로 자주독립을 포기하는 것이다. 소[牛]에게 멍에를 씌우는 격이며, 새를 새장에 가두는 격이다. 특히 한국의 기독교 정부는 군사·정치·종교·경제 등 문제에 대해서 미국의 지시와 간섭을 배제해야 한다. 그때 한국정부는 정치적 자주독립국가라는 대우를 받게 될 것이다.

〈6〉 원불교·증산도 등 한국산 종교를 다른 나라에 전도함은 장녀의 순리 위반이다. 그것은 다른 민족의 의식침략이며, 신앙 간섭이기 때문이다. 곧 한국산 종교부터 다른 나라에 전도함을 자제해야 한다. 대승불교는 그 경전과 계율에 어느 나라, 어느 민족을 특별히 찬양하거나 훼손하는 내용이 없다. 정치적으로 완전 중립이다. 그러므로 대승불교의 해외전파를 개의치 않는다. 그러나 석가불은 원래 한국인으로서 한국을 제외한 다른 나라에 석가 불을 전파하는 것은 자제해야 한다. 대승불교를 다른 나라에 전파할 경우, 응신불(應身佛)에 석가 불 대신 그 나라 또는 그 민족의 호국 신을 모시는 것이 순리이다.

〈7〉 로마와 미국 등 종주국이 아시아와 아프리카 등 다른 나라와 다른 사회에 기독교를 복음이라는 이름으로 전도하고 있다. 그것이 인류를 위한 진정한 전도인가? 그것은 자연의 순리 거역이며 자연법칙위반이 아닌가? 병 주고, 약 주는 것으로써 세계분쟁과 종교분쟁의 원인이 되고 있다. 로마와 미국은 전도를 중단해야 한다. 진심으로 과거와 현실을 반성해야 한다. 그것을 국가적 차원에서 문서로 공개 사과해야 한다. 그것이 테러를 중단시키고 종교분쟁을 종식시키는 길이며, 세계와 인류를 위한 봉사가 아닌가?

〈8〉 기독교와 회교의 종주국은 종속국의 기독교와 회교를 본국으로 소환(召還)해야 한다. 아울러 종속국은 기독교와 회교 등 외래종교를 축출해야 한다. 그것이 이루어질 때 세계분쟁과 종교분쟁이 없어질 것이다. 그것은 어렵지만 자연법칙에 의한 진실을 촉구하는 것이다.

(2) 이 글의 근본 취지와 제언

첫째, 정부당국에 제언한다.

서울시 종로구 숭인동의 관왕묘(關王廟), 그리고 서울시 중구 예장동(남산)의 와룡묘(臥龍廟)와 와룡상(臥龍像)은 임진왜란 때에 수입하여 설치한 것으로서 경제적 종교적 가치도 없는 무용지물이다. 정부당국은 이들 묘(廟)와 상(像)을 철거하는 것이 정도이다. 이를 강력히 주장한다.

둘째, 한국의 유교당국에 제언한다.

본 연구를 숙지했으면, 유교당국은 공자상과 중국조상의 모든 위패를 철거하고, 거기에 대한 배례를 폐지하는 것이 정도이며, 논어·맹자·대학·중용 등 순수한 동양사상은 한국사상을 가르치는 동양사상 교육기관으로 전환하는 것이 정도라 생각한다. 그래서 진짜 한국인이 되는 것이다. 이를 위해 공개적으로 유생(儒生)들과 토론하기를 제언한다.

셋째, 한국의 기독교당국에 제언한다.

예컨대, 농경민인 한국인에게 기독교를 전도함은 유목민의 사상인 기독교를 초식동물에게 육류(肉類)를 먹이고, 초식사회에 육식동물을 방목하는 격이다. 곧 기독교 사상이 아무리 좋은 양약(良藥)이라 하더라도 병과 서로 맞지 않는 격이다. 그러므로 폐지하는 것이 정도라 생각한다. 그래야 한국이 바로 선다. 내 나라, 내 땅, 내 거물에 남의 나라의 종교 간판을 붙이고, 남의 나라의 조상을 모시는 것은 윤리도덕에 맞지 않는 처사다. 우리 민족의 천교 간판을 걸고 천지인(天地人) 일체주의의 천교를 신앙하는 것이 떳떳하지 않은가? 이를 위해 신도들과 공개적으로 토론하는 것이 어떠한가? 그것이 한국을 살리는 길이 아닌가?

넷째, 기타 외래종교 당국 역시 외래조상숭배를 버리고, 한국인의 본원종교 당국 역시 외래조상숭배를 버리고, 한국인의 본원종교인 천교교단으로 돌아오는 정도이다. 그것이 한국을 살리는 길이 아닌가 사려된다.

3. 기독교는 침묵하며 행동하는 종교이다

기독교는 유태교(Judaism)의 전통을 이어 받았으나 그 전통을 극복한 종교이다.

그 첫째, 전통극복의 요체는 '사랑'에 대한 해석의 차이이다. 유태교의 사랑은 배타적이고 독선적인 개념이었다. 그들이 말하는 사랑이란 자신의 이웃에 국한된 사랑이었다. 그리하여 유태인들은 자기들만이 선택받은 민족이며 이방인들을 야만시하거나 멸시하고 멀리하였다.

그 같은 사랑의 개념에 대한 반기를 든 사람이 곧 「예수 그리스도」였다. 그는 사랑이란 그 같은 좁은 개념일 수 없으며, 이웃의 한계를 넘어 서서 보편적이어야 하며, 모든 것을 포용해야 한다고 가르쳤고 또 그 자신이 그렇게 행동하다가 배타적이고 독선적인 종교가들의 고소로 사형을 당했다. 죽을 때 그는 같이 죽는 죄인들을 위로하며 또 자기를 죽이는 자들을 용서하면서 죽었다. 그래서 기독교의 사랑을 원수까지도 사랑하는 아가페(Agape)의 사랑이라고 한다.

둘째, 기독교의 특색은 신인(神人) 간의 장벽과 인간과 인간의 장벽을 허물고 이해하고(하느님의 뜻이 세상에 인격체인 예수 그리스도로 나타나

보이고 하느님의 나라로 부활시킴) 초월자 하느님과 기도로서 영감의 대화를 하며, 인간들 사이에 있는 질투, 미움, 의심 등을 예수가 보여준 희생적 사랑, 용서의 사랑으로 용해시켜 지상에서 평화의 사회 (Kingdom of God)를 건설하자는 데 있다.

그래서 기독교에서는 어떤 이유에서든지 폭력을 용납하지 않는다. '이에는 이로, 눈에는 눈으로'라는 전통적 동해보복(同害補復)의 윤리 (Tario의 법칙)를 배격하고, 옳은 편 뺨을 때리면 왼편까지 대주며, 십리를 가자고 하면 이십 리를 동행해 주는 절대 희생을 강조한다. 그와 같은 절대적 자기희생에서 하느님의 은총과 위로가 있다고 가르친다.

그것은 세상이 주는 기쁨이 아니고 하느님이 주시는 영원한 위로이며 진정한 축복이라고 한다. 이렇게 보복을 배제한 사랑의 절대성을 강조한 기독교의 사랑은 종래의 인간적 행위의 역동성에 대한 일대 이성적 혁명이었던 것이며, 인간 영혼의 깊이에 있는 영혼의 불꽃을 비추게 했던 것이다.

셋째, 기독교는 용서를 강조하는 특색이 있다. 성자 소크라테스는 죽을 때 빚을 갚아 달라고 제자에게 부탁했고, 공자는 사람이 종신토록 지켜야 할 도리는 자기가 원하지 않는 일을 남에게 시키지 않는 것이라(≪논어≫ 권15)라고 했으며, 나폴레옹은 애인의 이름을 부르며 죽었으며, 괴테는 빛을 찾으며 죽었다. 그런데 예수는 자기를 모함하며 죽이는 원수까지 용서하며 죽었다.

그래서 기독교의 사랑을 용서의 사랑이라고 한다. 용서하지 않은 상태는 언제까지나 원망과 분노로서 남아있어 언젠가는 폭력으로 나타난다. 용서는 모든 인간관계의 출발이며 끝이라는 것을 기독교는 생활윤리로서 강조한다. 기독교인에게 예수가 가르친 기도문(마태 6:9-13)이 그것이다.

인간의 사회생활상의 약육강식(弱肉强食)의 동물적 상황에서 별로 발전된 바 없는 것을 본 예수는 인류의 영원한 공존원리로서 용서의 윤리, 조건 없는 사랑의 윤리(ethic of love)를 강조하였던 것이다.

넷째, 기독교의 특색은 영생을 믿는 데 있다. 사람의 본능 가운데 가장 끈질긴 본능은 삶의 본능이며, 또한 오래 살고 싶은 욕망이다. 그러나 실제적으로 사람은 그 생명의 유한성에 불안해한다. 그 불안은 사람들을 자포자기 내지 무의미로 허탈에 빠지게 한다. 그때 사람의 행동은 가치지향을 하지 못한다. 자기 삶의 종말을 보는 상태에서 절망하는 인간에는 동물적 본능만이 난무하다.

기독교는 인간의 삶의 현세에서 끝나지 않고 영원하다고 가르친다. 그러나 누구나 다 영원한 하느님의 나라에 가서 살 수 있는 것이 아니고, 창조주 하느님의 아들인 예수 그리스도를 믿는 믿음으로서만 가능하다고 가르친다. "하느님이 이 세상을 이처럼 사랑하사 독생자를 주셨으니 누구든지 저를 믿으면 멸망치 않고 영생한다(요한 3: 16)"고 한 말이 이를 뒷받침해준다.

영생은 윤리적 행위의 보상은 아니지만 적어도 믿는 자에 대한 축복이라고 강조하고 있다.

다섯째, 기독교는 신에 대한 의무로서의 신앙과 동시에 사람에 대한 의무 곧 사랑을 강조한다. 기독교는 윤리의 행동강령인 십계명의 4항목은 신에 대한 신앙의 의무를 제시했고, 6항목은 인간에 대한 사랑의 의무를 나열했다. 인간에 대한 비중이 많은 것은 인간의 실존적 상태를 더 강조하기 위한 것이라 여겨진다.

가장 큰 반기독교적 이단행위는 사랑이 없는 행위이다. 왜냐하면 하느님은 사랑이시기 때문이다(요한 1서). 사랑을 행치 않으면서 하느님을 믿고 어떤 의미에서 종교 없는 종교가 된다. 왜냐하면 가장 윤리적이기 때문이다. 왼손이 하는 일을 오른손이 모르게 하라는 순수한 사랑을 윤리로 한다.

다시 말하면 기독교 윤리의 특색은 '신중심의 종교윤리'나 '자기중심의 개인구원윤리'에 있는 것이 아니라 '사랑중심의 사회윤리'라고 할 것이다.

사랑이란 흔히 생각하는 감상적 개념이 아니라 정신적으로나 물질적으로 나눠 주는 일, 즉 공평하게 '분배하는' 사회적 개념(Agape is social idea)인 동시에 자기가 남에게 베푼 행위, 곧 보상을 바라지 않는 은근한 희생인 것이다.

기독교의 사랑은 종교적이며 윤리적인 행동이 따르는 동등의 미덕(parexcellence)이며, 거기에 있어서 신앙이란 이성의 황홀(ecstasy of reason)과 같은 것이 아니라 오히려 자기부정의 윤리적 행위(an ethical act of self negation)를 의미하기 때문에 기독교는 인류정신의 가장 고귀한 정신의 정수가 되는 것이다.

원래 우리 한국인의 뇌리 깊이에는 '사람중심', '나라중심', '가족중심'의 정신적 핵을 가지고 있었다. 즉, 정신과 물질은 각각 하늘[天]과 땅[地]을 대신하며, 하늘과 땅 사이에 있는 존재가 사람[人]이라는 생각이 우리의, 고유한 전통사상이다. 그리하여 경천애인(敬天愛人) 하나님=하느님(the Almighty God)을 공경하고 인류를 사랑함이라고 할 수 있다.

4. 기독교는 한국문화의 소금과 빛인가?

모든 진리는 절대성을 가지면서 시대와 상황에 따라 상대적인 것과 절충 조화되면서 발전한다. 한국인의 정신문화에 토착되어 가는 기독교는 속히 구미문화의 우월의식과 재래의 토착적 무속에서 탈피하여 한국인의 자존심과 문화, 주체적 인간성을 드높이는데 그 사명을 다하여야 할 것이다. 그래야 기독교는 이 민족의 복음이 될 것이다.

기독교의 토착화란 우리의 전통윤리나 문화의식을 뿌리 채 뽑아버리고 그 자리에 유태교 전통으로 얼룩져 있는 성경의 외형적 전통을 새로 심는다는 문화 식민주의화(文化 植民主義化)를 의미하는 것이 아니라, 성경의 가르침을 통해 우리의 자랑스러운 문화유산을 더욱 더 가치 있게 하고 한국인의 선성(善性)과 긍지를 더 높게 자극하고 해방하는 것을 의미한다.

그리하여 한국인으로 점지하여 주신 신의 뜻을 받들어 자랑스러운 한국인 형성에 공헌하는 종교로서 민족종교의 자리를 탄생시킨 것은 우리에게 많은 시사점을 준다.

실상 동양에서 일본 중국과 달리 이 땅에서 기독교가 환영을 받고 널리 번창하여 가는 이유는 무엇보다도 기독교가 이 민족의 아픔에 동참하여 피와 땀을 흘렸기 때문이다. 일제의 압박으로 온 민족이 모두 절망할 때 기독교 선교사들은 우리에게 복음으로 용기를 주었고, 공산주의자들에게 짓밟힐 때 일어설 수 있도록 도와주었기 때문이다.

그렇게 민족의 역사에서 고난의 십자가를 지고 앞길을 밝혀 온 기독교가 오늘에 있어서는 어떠한지 깊이 반성해야 할 것이다.

신을 사랑한다고 하면서 가까운 이웃을 포용하지 못하는 편협한 교조주의(教條主義), 독선주의(獨善主義)에서 벗어나 자신들의 고유한 믿음과 함께 남의 고유한 믿음도 존중해 주는 민주적 사고의 모범자가 되어 민족화합과 인간회복의 선도자가 되고 있는가?

그리고 우리 민족의 고유한 문화를 자극해서 민족정신에 활기를 불어넣는 토착화의 길을 걸어가고 있는가? 이 민족의 율법과 선지자들의 뜻을 완전케 하는데 얼마나 공헌하고 있는가?(마태 5: 17) 깊이 생각해 보아야 하겠다.

성경은 "낙타가 바늘귀로 들어가는 것이 부자가 하느님의 나라에 들어가는 것 보다 쉽다(마태 19: 24)"고 말한다. 이 말은 부자는 절대로 하느님 나라에 들어갈 수 없다는 뜻이 아니라 개인적으로 부자가 되는 것보다 하느님의 나라, 곧 모든 사람이 자유와 평화를 누리는 것이 더 중요하다는 것을 상징적으로 강조한 말이며, 겸손하게 살아야 할 인간의 삶을 교훈한 것이다.

흔히 인간의 유한성을 깨닫고 종교생활에 깊이 들어가다 보면 종교제일주의와 신비주의에 빠져 윤리생활 및 민족애, 나라 사랑의 자세가 흐려지는 경우가 있다. 그리하여 이웃들로 부터 손가락질을 받기도 한다.

그래서 일찍이 성직자의 길을 걷던 에머슨(W. Emerson)은 그 같은 종교주의의 한계를 의식하고 교회의 테두리를 벗어나 전 미국을 여행하며 "인간 밖의 하느님(God out man)에 신취하지 말고 인간 속의 하느님(God in man)을 보라고 하면서 인간 사랑의 실천을 외친 바 있다. 그리고 이 세상에 산 가장 위대한 자는 가장 가난한 자였다(The greatest man in history(Christ) the poorest)"고 하며 가난은 부끄러운 것도 아니며, 모든 부는 이웃과 같이 누려야 한다고 하였다.

오늘날 미국의 정신적 기초가 그 같은 원시 기독교 정신들의 계승에 있기 때문에 자본주의 민주주의를 실현하고 있다는 것을 우리는 깊이 헤아려야 한다.

오늘의 한국 기독교는 이제 외부적인 과시(誇示)의 허영을 중단하고, 기득권의 향락을 떠나서 '오른손이 하는 일을 왼손이 모르는' 은밀함과 겸손의 미덕을 통해 그 향기가 나라와 민족의 가슴에 스며드는 행동 선교로 전환을 했으면 한다. 자기들만 구원받았다는 선민의식(選民意識)의 오만에 찬 중세기적 십자군단(十字軍團)의 과오에서 벗어나 사람이 사람대접하는 사회의 인간화를 위해 애쓰는 '선한 사마리아 사람'의 자세로 돌아갔으면 한다.

그리하여 경제적 생산지수 국민총생산(GNP)에 목을 걸고 오로지 돈만 아는 현대인의 가련한 가슴에 새로운 인식의 국민총생산(GNP)로서 하느님을 믿는 양심을 심고(God), 자연이 주는 혜택을 즐기며(Nature), 희망찬 시인적 삶을 살도록(Poem) 격려하고 본이 되는 기독교가 되었으면 하는 것이다.

참고문헌

강영숙, 『생활예절』, 서울: 문학아카데미, 1995.

김옥희, 『생활예절』, 서울: 양서원, 1992.

김정신, 『생활예절』, 서울: 신정사, 2003.

리선근, 『화랑도와 삼국통일』, 서울: 세종대왕기념사업회, 1974. 58-72쪽, 74-82쪽.

신성우, 『홍익인간 이념과 전통윤리』, 서울: 홍익인간학회, 1991. 20-74쪽.

심우섭, 『한국전통사상의 이해』, 서울: 형설출판사, 1990. 11-20쪽.

안병욱, 「한국의 사상과 평화」, 『현대평화사상의 이해』, 서울: 한길사, 1992. 317-337쪽.

안창범, 『한반도의 완전통일과 세계평화』 개정증보3판, 서울: 심진출판사, 2011. 78-110쪽.

이기동, 「신라사회와 화랑도의 역사적 전개」, 『화랑문화의 신 연구』, 경상북도: 문덕사, 1995. 96-116쪽.

이남영, 「충효일치사상의 한국적 전개와 특징」, 『효사상과 미래사회』, 효사상 국제학술회의, 한국정신 문화연구원, 1995. 665-677쪽.

이상안, 『선진한국 창조 국가개조론』 서울: 대명출판사, 2007. 110-134쪽.

전영배, 『한국사상의 흐름』 서울: 지구문화사, 1995. 153-158쪽, 181-188쪽, 288-295쪽.

조동일, 「한국인의 신명. 신바람. 신명풀이」, 『민족문화연구』 30권, 고려대 민족 문화연구원, 1997. 69-85쪽.

최상용, 『현대평화사상의 이해』, 서울: 한길사, 1992. 317-337쪽.

최종찬, 『신 국가 개조론: 침체 한국경제를 위한 정통 관료의 대제안』, 서울: 매일경제신문사, 2008.

248

나라 사랑, 민족 사랑

참사랑교회 담임목사 김성태

1. 지금까지 이 나라 이 민족을 위해 이 땅을 고쳐주소서 기도하는 성도
   와 교회가 있었기에 무궁한 발전과 성장을 거듭해 온 것이라는 말씀

역대하 7:11-22

(대하 7:11) 솔로몬이 여호와의 전과 왕궁 건축을 마치고 솔로몬의
심중에 여호와의 전과 자기의 궁궐에 그가 이루고자 한 것을 다
형통하게 이루니라.

(대하 7:12) 밤에 여호와께서 솔로몬에게 나타 나사 그에게 이르시되
내가 이미 네 기도를 듣고 이곳을 택하여 내게 제사하는 성전을
삼았으니

(대하7:13) 혹 내가 하늘을 닫고 비를 내리지 아니하거나 혹 메뚜기들
에게 토산을 먹게 하거나 혹 전염병이 내 백성가운데에 유행하게
할 때에

(대하 7:14) 내 이름으로 일컫는 내 백성이 그들의 악한 길에서 떠나
스스로 낮추고 기도하여 내 얼굴을 찾으면 내가 하늘에서 듣고
그들의 죄를 사하고 그들의 땅을 고칠지라.

(대하 7:15) 이제 이곳에서 하는 기도에 내가 눈을 들고 귀를 기울이
리니

(대하 7:16) 이는 내가 이미 이 성전을 택하고 거룩하게 하여 내 이름을 여기에 영원히 있게 하였음이라 내 눈과 내 마음이 항상 여기에 있으리라.

(대하 7:17) 네가 만일 내 앞에서 행하기를 네 아버지 다윗이 행한 것과 같이 하여 내가 네게 명령한 모든 것을 행하여 내 율례와 법규를 지키면

(대하 7:18) 내가 네 나라 왕위를 견고하게 하되 전에 내가 네 아버지 다윗과 언약하기를 이스라엘을 다스릴 자가 네게서 끊어지지 아니하리라 한 대로 하리라.

(대하 7:19) 그러나 너희가 만일 돌아서서 내가 너희 앞에 둔 내 율례와 명령을 버리고 가서 다른 신들을 섬겨 그들을 경배하면

(대하 7:20) 내가 너희에게 준 땅에서 그 뿌리를 뽑아내고 내 이름을 위하여 거룩하게 한 이 성전을 내 앞에서 버려 모든 민족 중에 속담거리와 이야깃거리가 되게 하리라.

(대하 7:21) 이 성전이 비록 높을지라도 그리로 지나가는 자마다 놀라 이르되 여호와께서 무슨 까닭으로 이 땅과 이 성전에 이같이 행하셨는고 하면

(대하7:22) 대답하기를 그들이 자기 조상들을 애급 땅에서 인도하여 내신 자기 하나님 여호와를 버리고 다른 신들에게 붙잡혀서 그것들을 경배하여 섬기므로 여호와께서 이 모든 재앙을 그들에게 내리셨다 하리라 하셨더라.

2. 위정자들과 모든 백성을 위하여 기도하라는 말씀

디모데전서 2:1-2

(딤전 2:1)그러므로 내가 첫째로 권하노니 모든 사람을 위하여 간구와 기도와 도고와 감사를 하되

(딤전 2:2) 임금들과 높은 지위에 있는 모든 사람을 위하여 하라 이는 우리가 모든 경건과 단정함으로 고요하고 평안한 생활을 함이라.

그래서 교회는 항상 나라와 민족 위정자를 위해 기도합니다.

3. 풍랑가운데 있는 대한민국 호를 위해 기도한 성도가 하는 말

사도행전 27:22-25

(행 27:22) 내가 너희를 권하노니 이제는 안심하라 너희 중 아무도 생명에는 아무런 손상이 없겠고 오직 배뿐이리라

(행 27:23) 내가 속한 바 곧 내가 섬기는 하나님의 사자가 어제 밤에 내 곁에 서서 말하되

(행 27:24) 바울아 두려워하지 말라 네가 가이사 앞에 서야 하겠고 또 하나님께서 너와 함께 항해하는 자를 다 네게 주셨다 하였으니

(행 27:25) 그러므로 여러분이여 안심하라 나는 내게 말씀하신 그대로 되리라고 하나님을 믿노라

나라 사랑, 민족 사랑

이 땅의 모든 역사를 주관 하시며 섭리하시는 하나님 아버지!

오늘까지 이 나라와 민족을 사랑하셔서 눈동자와 같이 지키시며 인도해주신 그 크신 은혜에 감사드립니다.

120여 년 전, 이 조국 땅에 영혼에 대한 뜨거운 갈망함을 가진 선교사들을 보내주셔서 복음의 씨앗을 뿌리게 하시고, 하나님의 긍휼하심 가운데 그 복음이 생명이 되어 수많은 성도와 교회들이 세워지게 하심을 진심으로 감사드립니다.

그러나 이 놀라운 하나님의 은혜와 사랑을 경험했던 조국교회였지만 작금에 와서 이 놀라운 하나님의 은혜와 복을 가볍게 여기며 주님의 복음으로 세상을 주님께로 인도할 선한 영향력을 잃어버렸고, 오히려 세상의 거대한 영향력 앞에 갈 바를 잃어버린, 우리의 모습을 보며 하나님 앞에 회개하오니 하나님! 우리의 연약함을 용서하여 주시옵소서.

이 나라의 위정자들을 위하여 기도합니다. 모든 위정자 스스로가 백성들의 심부름꾼임을 알게 하시고, 당리당략이 아닌 공의와 정의를 위해 바른 정치를 이루어갈 수 있도록 그들의 마음과 생각을 지켜 주시옵소서. 세우신 대통령에게 하나님의 거룩한 능력과 지혜를 부어 주셔서 사람의 뜻이 아닌, 하나님의 공의를 이루어가는 대통령이 되게 하여 주시옵소서.

이 나라에서 일어나는 각계각층의 갈등을 회복시켜 주시옵소서.

252

남북의 갈등, 지역 간의 갈등, 세대 간의 갈등, 노사 간의 갈등, 빈부의 갈등, 학연의 갈등, 남녀의 갈등 등이 이 나라에 만연해 있습니다. 하나님 간섭하여 주시고, 주님의 사랑과 은혜로 화합되게 하시고 하나 되게 하여 주시옵소서.

이 땅위에 주님의 복음과 사랑으로 그리스도의 빛과 소금이 되어야 할 조국 교회들이 하나 되지 못했음을 고백합니다. 다시 한번 조국 교회가 복음 앞에 한마음을 이룰 수 있도록 도와주셔서 이 땅에 짓밟히고 버려지는 교회가 아닌 세상을 향한 선한 영향력을 회복하여 복음으로 이 땅을 물들일 수 있는 교회되게 하여 주시옵소서.

하나님! 다니엘 9장 19절을 통해 "주여 들으소서 주여 용서 하소서 주여 귀를 기울이시고, 행하소서, 지체하지 마옵소서, 나의 하나님이여 주 자신을 위하여 하시옵소서. 이는 주의 성과 주의 백성이 주의 이름으로 일컫는 바 됨이니 이다"라고 고백했던 다니엘의 고백처럼 이 땅 대한민국을 긍휼히 여겨주시옵소서.

다시 한 번 주님 앞에 올바로 세워지기를 간절히 소원 하옵나니, 하나님의 진심을 깨닫지 못한 우리의 연약함을 용서하여 주시고 회개의 은총을 부어주시옵소서.

이 대한민국을 축복하사 성령의 새 바람을 불게 하셔서 이 땅이 다시금 진리의 복음으로 물들게 하시고 영적 부흥의 은혜가 흘러넘칠 수 있도록 은혜 내려 주시옵소서. 이 모든 말씀 우리구주 예수 그리스도 이름으로 기도합니다. 아멘.

나라 사랑, 민족 사랑

참사랑교회 장로 이영길

그 땅 이스라엘 모든 산에서 그들이 한 나라를 이루어서 한 임금이 모두 다스리게 하리니

그들이 다시는 두 민족이 되지 아니하며 두 나라로 나누이지 아니할 지라

그들이 그 우상들과 가증한 물건과 그 모든 죄악으로 더 이상 자신들을 더럽히지 아니하리라

내가 그들을 그 범죄 한 모든 처소에서 구원하여 정결하게 한즉 그들은 내 백성이 되고 나는 그들의 하나님이 되리라(겔37:22—23).

그가 열방 사이에 판단하시며 많은 백성을 판결하시리니 무리가 그들의 칼을 쳐서 보습을 만들고 그들의 창을 쳐서 낫을 만들 것이며 이 나라와 저 나라가 다시는 칼을 들고 서로 치지 .아니하며, 다시는 전쟁을 연습하지 아니하리라(사2:4)

내가 에브라임의 병거와 예루살렘의 말을 끊겠고 전쟁하는 활도 끊으리니,

그가 이방 사람에게 화평을 전할 것이요

그의 통치는 바다에서 바다까지 이르고 유브라데 강에서 땅 끝까지 이르리라(슥9:10).

보라 형제가 연합하여 동거함이 어찌 그리 선하고 아름다운고

머리에 있는 보배로운 기름이 수염 곧 아론의 수염에 흘러서 그의 옷깃까지 내림같고,

헐몬의 이슬이 시온의 산들에 내림 같도다. 거기서 여호와께서 복을 명령하셨나니 곧 영생이로다(시133:1—3).

통일의 기원

참사랑교회 장로 박재선

실록의 푸르름이 짖어가는 5월의 촉촉이 비 내리는 이 시간, 세상은 온통 아름다운 초록빛으로 우리의 마음을 시원케 하는 계절. 온 우주 만물을 주관하시며 운행하시는 만군의 여호와 하나님 아버지 하나님께서 지으신 이 세상, 넓고 넓은 땅과 아름다운 청명한 하늘까지 주신 것, 감사드립니다.

급변하는 한반도 이 땅 이곳에 우리의 조국과 민족이 숨 쉬며 살고 있는 이 땅에, 전쟁의 위협. 미사일공포에서 벗어나, 평화의 무드로 무르익어 가는 듯 보입니다. 하지만 아직도 그 두려움이 우리의 마음에 남아 있습니다. 하나님 아버지 이 나라 이 땅. 이 민족의 두 나라를 이끌어가는 위정자 모두 에게 그들의 마음속에 하나님 말씀과 그리스도 예수님의 고난의 길을 기억하는 지도자 모두가 되게 도와주시옵소서. 바라옵기는 정치적보다 먼저 하나님의 말씀이 복음이 동토 땅 북한 땅에 먼저 그곳에 들어갈 수 있도록 하나님 아버지 도와주시옵소서. 그래서 이 땅 이 민족 나라가 하나가 될 수 있는, 그런 나라가 될 수 있도록 도와주시옵소서.

하나님 아버지 이곳 이 땅에서 벌어지고, 있는 여기가 먼저 하나 되어 소통하기를 원합니다. 서로가 정치적으로 갈라져 있습니다. 내가 지지하는 정당 또 성향이 아니면 북한 땅에 있는 민족보다 더 적으로 생각하는 이곳에 우린 늘 바라보며 있습니다. 여당은 여당대로, 야당은 야당대로 서로의 주장만 서로 옳다하며, 소통하지 아니하며,

서로를 인정하지 않는, 위정자 모두와 국민 모두를 긍휼히 여기시며 불쌍히 여기시고, 하나 된 마음을 주시길 원합니다. 그 후에 북한 땅과 민족과 함께 통일을 소망합니다.

한민족이 협력하며 믿음의 선을 이루는 공동체 한나라가 되게 하옵소서. 또한 주님의 몸 된 지체 교회가 이일을 위해 진정과 진심을 다해 기도하는 성도와 교회가 될 수 있도록 하옵소서. 기도하건대 이 땅의 복음화 하나님의 말씀으로 통일될 수 있도록 하옵소서. 더욱 더 무릎 꿇고 부르짖으며 기도하게 하옵소서. 담임목사님 말씀증거 하기 위해 단위에 서십니다. 성령의 은사로 성령의 능력으로 말씀 증거케 하옵소서. 증거 되는 말씀 권세를 주시옵소서. 한 주간 삶속에서 지친 성도모두에게 위로와 평강이 넘치는 소망의 말씀되게 하옵소서. 감사 찬양 올려 드립니다. 예수 그리스도 이름으로 기도합니다.

국가와 민족 사랑

참사랑교회 장로 박영배

하나님 아버지 대한민국을 사랑하셔서,

일찍이 복음을 위해 헌신하는 선교사를 이 땅에 보내주시고, 그들의 희생과 사랑으로 복음을 알게 하신 하나님께 감사와 영광을 드립니다.

이제는 선교사를 파송하고, 여러 민족 가운데 복음을 증거 하는 대한민국이 되게 하시니 더더욱 감사와 영광을 드립니다.

앞으로 선교를 더욱 힘 쓸 수 있도록 남북 간 평화와 번영을 갖게 하시고, 무엇보다 복음으로 하나 되는 민족이 되게 하옵소서. 남북을 넘어 모든 민족이 영광받기 합당하신 하나님을 만날 수 있도록 대한민국이 주님의 일꾼이 될 줄 믿습니다.

우리의 만유의 주이신 예수님의 이름으로 기도 드립니다. 아멘

우리나라 우리 민족 평화통일 기원

참사랑교회 장로 김조경

북한의 미사일과 핵무기 전쟁의 위협으로부터 하나님의 성령으로, 사랑의 평화를 주시옵소서! 악을 버리고 하나님의 사랑의 마음을 축원기도 합니다.

그 땅 이스라엘 모든 산에서 그들이 한 나라를 이루어서 한 임금이 모두 다스리게 하리니

그들이 다시는 두 민족이 되지 아니하며 두 나라로 나누이지 아니할지라.

그들이 그 우상들과 가증한 물건과 그 모든 죄악으로 더 이상 자신들을 더럽히지 아니하리라.

내가 그들을 그 범죄한 모든 처소에서 구원하여 정결하게 한즉 그들은 내 백성이 되고 나는 그들의 하나님이 되리라(겔 37:22-23).

그가 열방 사이에 판단하시면 많은 백성을 판결하시리니

무리가 그들의 칼을 쳐서 보습을 만들고 그들의 창을 쳐서 낫을 만들 것이며

이 나라와 저 나라가 다시는 칼을 들고 서로 치지 아니하며 다시는 전쟁을 연습하지 아니하리라(사 2:4).

내가 에브라임의 병거와 예루살렘의 말을 끊겠고 전쟁하는 활도 끊으리니

그가 이방 사람에게 화평을 전할 것이요.

그의 통치는 바다에서 바다까지 이르고 유브라데 강에서 땅 끝까

지 이르리라(슥 9:10).

보라 형제가 연합하여 동거함이 어찌 그리 선하고 아름다운고!

머리에 있는 보배로운 기름이 수염 곧 아론의 수염에 흘러서 그의 옷깃까지 내림 같고

헐몬의 이슬이 시온의 산들에 내림 같도다. 거기서 여호와께서 복을 명령하셨나니 곧 영생이로다(시 133:1-3).

나라 사랑, 민족 사랑

여의도순복음교회 장로 심재홍

할렐루야.

찬양과 영광을 받으시기에 합당하신 참 좋으신 하나님 아버지! 진정 고맙고 감사합니다. 영원히 죽을 수밖에 없는 우리를 어둠에 세상에서 밝은 광명에 빛으로 발걸음을 옮겨 주시고, 너희는 내 것이라 불러 주시 사 그 아들에 영을 우리 마음속에 보내주셔서, 아바 아버지라고 부르게 하여주신 그 크신 은혜 진정, 고맙고 감사드립니다. 주님 영광 받아주시옵소서.

먼저 이 나라에 6만 교회와 1,200만 믿음에 자녀들을 축복하여 주시고, 원하옵기는 북한의 동포들을 긍휼히 여겨주시고 하루속히 남북이, 화합하여 믿음 안에서 평화적으로 통일되어 분단된 국가를 하나로 이루어 질수 있도록 역사하여 주시옵소서. 북한의 정치인들을 주님께서 간섭하셔서 주님의 뜻대로 사랑으로 섬길 수 있도록 인도하여 주시옵소서.

모든 전쟁무기들을 사용하지 않고 평화적으로 주님 뜻대로 통일이 이루어 질수 있도록 역사하여 주시옵소서. 전쟁은 하나님께 속하였다고, 하였사오니, 전쟁 없이 평화적으로 이끌어 주시옵소서. 이제 국내외적으로 우리나라의 주변 국가들이 전쟁을 종식시키고, 전쟁이 없는 통일국가 시대가 와서 가족이 분산된 이산에 아픔이 사라지고, 평화적으로 서로 왕래할 수 있도록 역사하여 주시옵소서. 이 지구상에 유일한 분단국가를 하루속히 하나가되는 역사가 일어나게 하여 주시옵소서. 능력주시는 자 안에서는 모든 것이 합력하여 선을 이루어 주신다고 하신 주님, 이 나라에 모든 위정자들에게 능력을 주시옵소서. 1,200만 주님에 자녀들에게 기도에 능력 주셔서 하루속히, 민족에 소망인 통일이 평화적으로 이루어 질수 있도록 역사하여 주시옵소서. 그리하여 이 나라가 왕성하며 국력이 튼튼하며, 경제대국에 꿈을 이루어 갈수 있도록 은혜 내려 주시옵소서. 부강한 나라를 만들어 주시옵소서. 이모든 것을 주님께서 역사하여 주실 줄 믿사오며 예수님에 이름으로 감사하며 기도드립니다.

나라 사랑

참사랑교회 안수집사 심재천

이 겨레와 소망이 되신 여호와여 존귀와 영광을 홀로 받으시옵소서. 지난 반만년 실패와 좌절 가난과 궁핍 속에 눈물짓던 이 민족. 복음의 능력으로 일으키시고, 이 나라에 복음에 단비를 내려주시고, 사랑의 눈물로, 이 땅을 기경하신 주님. 이 민족을 떠나지 마옵소서.

그 땅 이스라엘 모든 산에서 그들이 한 나라를 이루어서 한 임금이 모두 다스리게 하리니, 그들이 다시는 두 민족이 되지 아니하며 두 나라로 나누이지 아니할 지라. 그들이 그 우상들과 가증한 물건과 그 모든 죄악으로 더 이상 자신들을 더럽히지 아니하리라.

내가 그들을 그 범죄 한 모든 처소에서 구원하여 정결하게 한즉, 그들은 내 백성이 되고 나는 그들의 하나님이 되리라(겔37:22-23)

그가 열방 사이에 판단하시며 많은 백성을 판결하시리니, 무리가 그들의 칼을 쳐서 보습을 만들고 그들의 창을 쳐서 낫을 만들 것이며, 이 나라와 저 나라가 다시는 칼을 들고 서로 치지 아니하며 다시는 전쟁을 연습하지 아니하리라(사2:4)

내가 에브라임의 병거와 예루살렘의 말을 끊겠고 전쟁하는 활도 끊으리니,

그가 이방 사람에게 화평을 전할 것이요.

주님 다시 오시는 그날 우리에게 허락하신 사명의 금 촛대 높이 들고, 영광의 주님 맞이하게 하소서! 아멘.

하나님 아버지!

참사랑교회 권사 조은미

주님께서 세워주셨고 선조들의 피 값으로 지켜온 조국 대한민국을 권고하여 주옵소서. 북의 침략자로부터, 보호하여 주시고 이 땅의 행악 자들로부터, 지켜주시옵소서. 저희들의 믿음이 연약하고 나태하여, 제대로 간구하지 못할지라도 긍휼히 여기사 이 곤고한 처지에서 꼭 구원하여 주시옵소서. 전쟁을 막아주시고, 평화통일을 이루어 주옵소서. 이념과 지역과 세대 간에 분열된 국론을 통합시켜 주시고 위정자들이 선한 청지기의 의무를 잘 감당케 하여 주옵소서. 보이지 않는 주님의 손으로 휴전선을 지켜주시는 줄 믿나이다.

대한의 아들딸들을 강건케 하여 주옵소서. 병들고 가난하고, 소외된 이웃을 돌보는, 저희들이 되기를 소원합니다. 이 민족이 헛된 우상을 버리고, 주님께 돌아오도록 복음 전하는 일에 게으르지 않기를 소원합니다. 꺼져가는 경제의 불씨도 되살려주셔서 세계에 우뚝한 자랑스러운 나라, 건설하도록 힘과 지혜도 주시옵소서.

오직 믿음으로 간구할 때에 반드시 들으시고 응답해주실 줄 믿사오며 부활하신 예수님의 귀하신 이름으로 기도합니다. 아멘.

나라 사랑, 민족 사랑

참사랑교회 권사 나진숙

하나님 아버지 우리나라를 불쌍히 여기사 사랑하여 주옵소서!

북한의 미사일 핵무기로 계속적으로 우리나라 대한미국을 위협하고 있습니다. 언제라도 전쟁이 일어날지 모르는 긴박한 위협에 살아가고 있습니다. 하나님의 능력과 사랑으로 전쟁을 막아주시기 축원기도합니다.

그 땅 이스라엘 모든 산에서 그들이 한 나라를 이루어서 한 임금이 모두 다스리게 하리니

그들이 다시는 두 만족이 되지 아니하며 두 나라로 나누이지 아니할 지라.

그들이 그 우상들과 가증한 물건과 그 모든 죄악으로 더 이상 자신들을 더럽히지 아니하리라.

내가 그들을 그 범죄한 모든 처소에서 구원하여 정결하게 한즉 그들은 내 백성이 되고 나는 그들의 하나님이 되리라(겔 37:22-23).

그가 열방 사이에 판단하시며 많은 백성을 판결하시리니

무리가 그들의 칼을 쳐서 보습을 만들고 그들의 창을 쳐서 아니하며 다시는 전쟁을 연습하지 아니하리라(사 2:4).

내가 에브라임의 병거와 예루살렘의 말을 끊겠고 전쟁하는 활도 끊으리니

그가 이방 사람에게 화평을 전할 것이요.

그의 통치는 바다에서 바다까지 이르고 유브라데 강에서 땅 끝까

지 이르리라(슥 9:10).

　보라 형제가 연합하여 동거함이 어찌 그리 선하고 아름다 운고

　머리에 있는 보배로운 기름이 수염 곧 아론의 수염에 흘러서 그의 옷깃까지 내림 같고

　헐몬의 이슬이 시온의 산들에 내림 같도다. 거기서 여호와께서 복을 명령하셨나니 곧 영생이로다(시 133:1-3).

나라 사랑, 민족 사랑

참사랑교회 집사 이귀석, 권사 강인순

마가복음 4:26-29

26 또 이르시되 하나님의 나라는 사람이 씨를 땅에 뿌림과 같으니

27 그가 밤낮 자고 깨고 하는 중에 씨가 나서 자라되 어떻게 그리
   되는지를 알지 못하느니라.

28 땅이 스스로 열매를 맺되 처음에는 싹이요, 다음에는 이삭이요,
   그 다음에는 이삭에 충실한 곡식이라

29 열매가 익으면 곧 낫을 대나니 이는 추수 때가 이르렀음이라.

현충일을 맞아 나라를 위해 목숨 바친 이들의 값진 희생을 기억하
고 감사하며, 우리나라의 평화와 안전을 위해 기도하자. 사회 각 분
야에서 특히 그리스도인들이 희생정신으로 앞장서서 무너진 영역을
바로세우고 정의를 실현하며, 모두가 진정한 자유를 누릴 수 있는
'복음으로 통일된 나라'를 이루도록 기도하자.

평화와 안전

참사랑교회 권사 박점자

하나님 아버지 우리나라를 불쌍히 여기시어 사랑하여 주옵소서!
북한의 미사일 핵무기로 언제라도 전쟁을 위협하고 있는 북한을 하나님의 성령으로 사랑으로 전쟁을 막아 주시어 전쟁이 일어나지 않도록 하나님께 축원 기도합니다. 이 나라 이 민족을 구하여주옵소서!

1. 여호와는 나의 목자시니 내게 부족함이 없으리로다.
2. 그가 나를 푸른 풀밭에 누이시며 쉴 만한 물가로 인도하시는도다.
3. 내 영혼을 소생시키시고 자기 이름을 위하여 의의 길로 인도하시는 도다.
4. 내가 사망의 음침한 골짜기로 다닐지라도 해를 두려워하지 않을 것은 주께서 나와 함께 하심이라 주의 지팡이와 막대기가 나를 안위하시 나이다.
5. 주께서 내 원수의 목전에서 내게 상을 차려주시고 기름을 내 머리에 부으셨으니 내 잔이 넘치나이다.
6. 내 평생에 선하심과 인자하심이 반드시 나를 따르리니 내가 여호와의 집에 영원히 살리로다(시편 23편:1-6).

우리나라의 사랑과 안전

참사랑교회 권사 안순희

전쟁의 위협과 북한의 미사일 핵무기 위협으로부터 우리나라를 보호하고 구원하여 주시기를 항상 기도합니다. 악의 전쟁이 아니고, 하나님을 믿고 사랑하는 마음으로 민주평화통일 되기를 원합니다.

마태복음 6:33 그런즉 너희는 먼저 그의 나라와 그의 의를 구하라 그리하면 이 모든 것을 너희에게 더하시리라.

요한1서 5:4 무릇 하나님께로부터 난자마다 세상을 이기느 니라 세상을 이기는 승리는 이것이니 우리의 믿음이니라.

시편 27:1 여호와는 나의 빛이요 나의 구원이시니 내가 누구를 두려워 하리요 여호와는 내 생명의 능력이시니 내가 누구를 무서워 하리요.

잠언 3:5-6 너는 마음을 다하여 여호와를 신뢰하고 네 명철을 의지하지 말라. 너는 범사에 그를 인정하라 그리하면 네 길을 지도하시리라.

데살로니가전서 5:16-18 항상 기뻐하라 쉬지 말고 기도하라 범사에 감사하라 이것이 그리스도 예수 안에서 너희를 향하신 하나님의 뜻이니라.

우리나라의 안전과 평화통일

참사랑교회 집사 **김연경**

전쟁의 불안과 북한의 미사일 핵무기 위협으로부터 우리나라를 하나님의 성령의 사랑으로 구원하여주시기 바랍니다. 남북한 서로 간의 믿음과 신뢰로 하나님의 구원으로 자유 민주평화통일 되기를 축원 기도합니다.

온 땅은 여호와를 두려워하며 세상의 모든 거민들은 그를 경외할지어다(시편 33:8).

여호와께서 나라들의 계획을 폐하시며 민족들의 사상을 무효하게 하시도다.

여호와의 계획은 영원히 서고 그의 생각은 대대에 이르리로다.

여호와를 자기 하나님으로 삼은 나라 곧 하나님의 기업으로 선택된 백성은 복이 있도다.

여호와께서 하늘에서 굽어 보사 모든 인생을 살피심이여

곧 그가 거하시는 곳에서 세상의 모든 거민들을 굽어 살피시는 도다(시편 33:10-14).

많은 군대로 구원 얻은 왕이 없으며,

용사가 힘이 세어도 스스로 구원하지 못하는 도다(시편 33:16).

여호와는 그를 경외하는 자 곧 그의 인자하심을 바라는 자를 살피사,

그들의 영혼을 사망에서 건지시며 그들이 굶주릴 때에 그들을 살리시는도다.

우리 영혼이 여호와를 바람이여 그는 우리의 도움과 방패시로다
(시편 33:18-20).

여호와여 우리가 주께 바라는 대로 주의 인자하심을 우리에게 베
푸소서(시편 33:22).

하나님이여 내 속에 정한 마음을 창조하시고 내안에 새롭게 하소
서(시편 51:10).

인간이 일을 계획할지라도 그 발길을 인도하는 것은 여호와니라
(잠언 16:9).

나라 사랑

참사랑교회 성도 이용호

내가 비옵는 것은 그들을 세상에서 데려가시기를 위함이 아니요, 다만 악에 빠지지 않게 보전하시기를 위함이니 이다.

내가 세상에 속하지 아니함 같이 그들도 세상에 속하지 아니 하였사옵나이다.

그들을 진리로 거룩하게 하옵소서. 아버지의 말씀은 진리니 이다. 아버지께서 나를 세상에 보내신 것 같이, 나도 그들을 세상에 보내었고, 또 그들을 위하여 내가 나를 거룩하게 하오니, 이는 그들도 진리로 거룩함을 얻게 하려 함이니 이다(요17:15-19)

아버지여, 아버지께서 내 안에, 내가 아버지 안에 있는 것 같이, 그들도 다 하나가 되어, 우리 안에 있게 하사, 세상으로 아버지께서 나를 보내신 것을 믿게 하옵소서.

내게 주신 영광을 내가 그들에게 주었사오니

(다같이) 이는 우리가 하나가 된 것 같이 그들도 하나가 되게 하려 함이니 이다(요 17:21-22)